ヘーゲル
講義録
研究

オットー・ペゲラー 編

寄川条路 監訳

Nachschriften von Hegels Vorlesungen. Herausgegeben von Otto Pöggeler

法政大学出版局

目次

まえがき

寄川条路

ドイツのヘーゲル文庫で編集されている新しい校訂版『ヘーゲル全集』（G. W. F. Hegel: *Gesammelte Werke*）は、一九六八年に第一部である「著作集」の最初の巻（第四巻『イェーナ批評集』）が出版されてから、四十六年後の二〇一四年になってようやく第一部の最後の巻（第二巻『初期著作集Ⅱ』）が出版された。これによって『ヘーゲル全集』第一部「著作集」全二十二巻が完成したことになる。

それとともに全集の第二部である「講義録」の出版が本格的に始まり、合わせてヘーゲル研究の対象も、ヘーゲル自身が書いた著作と草稿から、ヘーゲルの講義を聴講して書き留めた学生たちの筆記録へと移ってきた。すでに、『ヘーゲル全集』第二部「講義録」の出版のために、同じくヘーゲル文庫で編集されている『ヘーゲル研究』（*Hegel-Studien*）が第二十六号（一九九一年）のなかで、特集号『ヘーゲルの講義録』を組んでいた。『ヘーゲル研究』のこの号は、講義録にかかわる重要な報告と論文からなり、これからのヘーゲル研究にとって欠くことのできない基礎資料を提供している。

そこで本書は、『ヘーゲル研究』の特集号『ヘーゲルの講義録』に収められた、これらの報告論文をすべて日本語に翻訳して、ヘーゲル哲学に関心を持つ日本の読者にドイツの本格的なヘーゲル研究を紹介しようとするものである。

本書においては、まずは、『ヘーゲル全集』の編集責任者であったオットー・ペゲラーの「ヘーゲル研究」についての概観を序章として、『ヘーゲル全集』の編集者ヴォルフガング・ボンジーペンによる「ヘーゲルの講義録」についての手短な報告を第一章としている。つづいて、『ヘーゲル全集』の第二部をなすヘーゲルの講義録が、初期のイェーナ大学での講義（一八〇一―〇七年）から始まって、中期のハイデルベルク大学での講義（一八一六―一八年）を経て、そして後期のベルリン大学での講義（一八一八―三一年）にいたるまで、『ヘーゲル全集』の各編集者によって報告されている。

各章を内容的に見ると、「論理学講義」についての報告から始まって、「自然哲学講義」、「主観的精神の哲学講義」、「法哲学講義」、「世界史の哲学講義」、「美学・芸術哲学講義」、「哲学史講義」についての報告というように、講義科目ごとに並んでいるのがわかるだろう。それに加えて、終章として、ヘーゲルの弟子たちが行った講義が「ヘーゲル学派の講義」として紹介されてもいる。

ここで、翻訳の元となったテキストの書名を挙げ、その中に収録されている論文名を挙げておく。

Hegel-Studien. Bd. 26. *Nachschriften von Hegels Vorlesungen*. Hrsg. von Friedhelm Nicolin und Otto Pöggeler. Bonn: Bouvier, Hamburg: Meiner 1991.

- Otto Pöggeler: Nachschriften von Hegels Vorlesungen.
- Wolfgang Bonsiepen: Einleitung. Berichte über Nachschriften zu Hegels Vorlesungen.
- Klaus Düsing: Hegels Vorlesungen an der Universität Jena.
- Karen Gloy: Hegels Logik-Vorlesung aus dem Jahre 1817.
- Hans-Christian Lucas: Hegels Vorlesungen über Logik und Metaphysik.
- Wolfgang Bonsiepen: Hegels Vorlesungen über Naturphilosophie.

- Burkhard Tuschling: Hegels Vorlesungen zur Philosophie des subjektiven Geistes.
- Elisabeth Weisser-Lohmann: Hegels rechtsphilosophische Vorlesungen.
- Hansgeorg Hoppe: Hegels Rechtsphilosophie von 1821/22.
- Franz Hespe: Hegels Vorlesungen zur Philosophie der Weltgeschichte.
- Hoo Nam Seelmann: Hegels Philosophie der Weltgeschichte von 1822/23.
- Helmut Schneider: Eine Nachschrift der Vorlesung Hegels über Ästhetik im Wintersemester 1820/21.
- Annemarie Gethmann-Siefert: Ästhetik oder Philosophie der Kunst.
- Pierre Garniron und Friedrich Hogemann: Hegels Vorlesungen zur Geschichte der Philosophie.
- Elisabeth Weisser-Lohmann: Die Vorlesungen der Hegel-Schüler an der Universität Berlin zu Hegels Lebzeiten.

本書を一読すると、いまのドイツで実際に行われている「ヘーゲル研究」がどのようなものであるのかがよくわかる。そして「研究」と呼ばれているものが、そもそもどのようなものであって、これからどのような方向へ進んでいくのかも見えてくる。さらにそこから、ヘーゲル哲学をめぐる日本の状況との違いも明らかになってくるのではないだろうか。

『ヘーゲル全集』の第一部（著作集）は、「ヘーゲルが書いたもの」を集めたものであり、第二部（講義録）は、「ヘーゲルが語ったもの」を集めたものである。ヘーゲル哲学を研究するとは、まずはヘーゲルが書いたものを読み、そしてヘーゲルが語ったものを聞くことである。この当たり前のことだけをはじめに確認したうえで、本書によって、ヘーゲルが書いたのではないテキストを読んでヘーゲル哲学を語ったり、弟子たちによって改竄された講義録をヘーゲルの作品とみなして翻訳したりしている、日本の出版状況に一石を投じておきたい。

序章　ヘーゲル研究

オットー・ペゲラー

アカデミー版『ヘーゲル全集』の第一部には、出版されたヘーゲルの著作と、ヘーゲルが書いた草稿が含まれている。草稿の中にはヘーゲルが講義の際に使ったメモ書きもある。さらに、ヘーゲルがニュルンベルクのギムナジウムで行った授業の口述筆記と、ハイデルベルク大学とベルリン大学で行った最初の数年にわたる講義の口述筆記が、出版された著作や草稿と同じように収められている。『ヘーゲル全集』の二十二巻からなる第一部のうち、一九九一年までに十三巻が出版された。第五巻、第十八巻、第二十巻が組版中である。第一部の残りの巻は、計画されているだけではなく、すでに編集中である。したがって第一部は、ここ十年で完結するだろう〔その後二〇一四年に完結した〕。アカデミー版『ヘーゲル全集』の第二部は、ヘーゲルの講義を筆記録から再現しようとしており、いまから準備される。

『カント全集』をモデルにして考えてみると、ヘーゲル自身が印刷に付した著作が、草稿や口述筆記といっしょに置かれることに疑問を感じるかもしれない。著作と草稿と筆記を並べて置くのは、保管されているヘーゲルのテキストを発展史の順序で並べたからである。発展史的な構成には有用な点があって、校訂版『シュライアーマッハー全集』にも引き継がれている。たとえば、ヘーゲルのイェーナ時代におけるノートの一部は、ミシュレが編集したヘーゲルの『哲学史講義』から再構成されていた。このテキストは、技術的な理由からしても、原則の上からいっても、アカデミー版『ヘーゲル全集』の第一部には収められない。(カール・ローゼンクランツとミシュレは、ヘーゲルがイェーナ時代に書いたノートの最後にある小さな部分を文字通りに再現したが、しかしこの部分は古い『ヘーゲル全集』では第一部に置かれていたのだった)。そのほかにも、たとえば、カール・ヘーゲルが編集したヘーゲルの『世界史哲学講義』のように、テキストを再構成して置き換えたものがある。しかし、テキストが確かなものであっても不確かなものであっても、そのように置き換えられたテキストは、構成の点からいっても配置の点からいっても、アカデミー版『ヘーゲル全集』では第二部に属する。

これから新しい『ヘーゲル全集』の利用者は、全集の第一部と第二部をいっしょに使用することになるだろう。出版された『法哲学綱要』の節と注も、そしてまた、出版以前からあった法哲学の節についての口述筆記も、全集の第一部に収録されている。筆記録の中に書き留められた叙述と説明は、新しい『ヘーゲル全集』の第二部に属する。もちろんこの叙述も説明ももはや、古い『ヘーゲル全集』のように、出版された『法哲学綱要』の「補遺」にされることはない。ヴァンネンマンとホーマイヤーは、最初の二つの法哲学講義の口述を筆記して、説明を書き残していた。これらの筆記ノートは切り離したほうがよいのだろうか。両者を切り離したほうがよいのは、口述筆記されたものと、メモ風に書き留めた比較的自由な講義とが、確実に別のものである場合である。ともかくも読者は二つの巻から、これらのノートを十分に使って、その全体を具体的に思い描くことができる。ヘーゲルが法哲学講義のために作り上げたメモ書きを見ると、ヘーゲルは『法哲学綱要』を出版したあとにも、出版された『法哲学綱要』に従っていたのではないことがわかる。これらのメモ書きは『ヘーゲル全集』の第一部に属するが、筆記録から再現される口頭での説明は『ヘーゲル全集』の第二部に置かれる。グリースハイムの筆記録から早まった判断をすると、ヘーゲルは印刷された綱要を少しずつ読み上げたり、口述をして説明したりしたことになるだろう。しかしヘーゲルはそのようなやり方で授業をしたのではない。すなわち、グリースハイムが作った完成稿はヘーゲルが行った講義の改変なのである。グリースハイムは、印刷されたテキストと講義ノートを自宅に持ち帰って使っており、ときには実際の講義での語り方とは逆に組み合わせて変形していた。ヘーゲルの『法哲学綱要』から写し取られたこのようなテキストは、原典としての独自の価値をまったく持ってはいない。そこでテキストを二つの種類に分けることは、『ヘーゲル全集』を読む者にとっても利点がある。筆記者は自宅に帰ってから、ヘーゲルの講義を聞いて書いたメモを正しい位置に置いたり、あるいは適当な形に変えたりもした。どちらであっても、それは編者が古い『ヘーゲル全集』の中に入れたものだから、それだけの理由からしても、もはやそれらをヘーゲルの表現とみなしたり、ヘーゲル自身によるものとみなしたりすることはできない。

アカデミー版『ヘーゲル全集』第二部のために、目下のところ、約八十のヘーゲルの講義の筆記録が集められている。ヘーゲルの講義録の中にはよくできたものもあって、それらの多くはずっとまえから知られていた。しかし、新たに発見された講義録や発見されたとする講義録も、できるだけ早く編集して個々に出版する傾向が強まってきたように見える。このような仕方で校訂版『ヘーゲル全集』を編成するとすれば、すぐにも数十巻からなる講義録ができるだろう。しかしそのときには、全体の見通しがきかなくなってしまうだろうし、資料が重複して退屈なものになるだろうし、大量の文字によって人間の精神までもが押しつぶされてしまうだろう。たびたび指摘されてきたように、一人の作者の全集を編集して出版するのには、死ぬまでかかるだろう。本が大量になれば、研究所や図書館を維持するための財政負担も耐えきれないものになる。無数にある作品の前に博士課程の学生を連れてきては、「まずは一通りこれを読んでみなさい」と促すとすれば、どんな学生でも逃げ出してしまうだろう。しかも、かつての『ヘーゲル全集』によって、これまでに確認されている筆記録には、すでに失われてしまった筆記録から伝えられた文言や、ヘーゲルのメモ書きから伝えられている文言が付け加わっている。全体としてみると、ヘーゲルのハイデルベルク大学とベルリン大学での講義で証明できる筆記録は約百三十に達している。したがって全体を圧縮することが必要なのであり、しかしそうはいっても、ヘーゲルが語ったことばはどれも、どのような意味においても失われてはならないのである。

ヘーゲルの哲学はウィーン会議後、王政復古の時代にあったプロイセンに影響を与えていた。では、どのような具体的な影響を与えたのだろうか。これを調べるためには、学生たちが、ヘーゲルの講義をどのようにノートに取っていたのか、ヘーゲルの講義をどのように復習していたのか、ヘーゲルの綱要をどのように読んでいたのか、という点に注目する必要がある。カローヴェと復習講師のレオポルド・フォン・ヘニングは、官憲に対抗する学生組合の一員として、信用を失っていた。ヘニングはそれどころか逮捕されてしばらく拘留されてもいた。しかしその後、ヘニングは立場を変えて、『学的批判年報』を保守的な方向へと導いていく。エドゥアルト・ガンスはこれとは違った影響を与えていた。ガンスはたしかにヘーゲルの『法哲学綱要』を読んではいたが、しかしその綱要をまったく違うように仕上げていたのである。その結果、ヘーゲル自身が法哲学講義を新しいかたちで語らざるをえなくなり、そのためにヘーゲルは（明らかに皇太子派によって）学生たちに対抗するかたちで引きずり出されてきたのである。ホトーとグリースハイムの法哲学の筆記録は、構成と仕上げの点でかなり異なっている。すなわち、ホトーは哲学的な意味において興味深くて重要であるが、グリースハイムはかなり具体的に歴史的な出来事を叙述している点で注目に値する。グリースハイムはすでに『法哲学綱要』の序文の説明で、なぜライン宮中伯が「全ドイツ帝国の鋳掛屋に免許を授ける」特権を持っていたのかを、はっきりと記載している。グリースハイムはおそらくヘーゲルの講義の筆記者の中でもっとも影響力があったのだろう。彼は一八四八年には高級将校として、ベルリンの革命家やヘーゲル学派の哲学者に対抗して登場してきたが、それでもなぜ匿名のパンフレットでもって、「民主主義者ではなく兵士を助けよ」という一文を押し通そうとしたのか、このことははっきりとしない。

このように非常に偏った仕方の筆記録、完成稿、編集物の中で、そもそも何をヘーゲルの講義から本物の遺産として受け取ってもよいのだろうか。この問いにとってはすでに、筆記者のさまざまな筆記方法が肝心なものとなる。へーゲルのニュルンベルクの生徒たちは、どのようにしてヘーゲルの講述や説明を記録していたのだろうか。教育学者はこのことを知りたくはないだろうか。ヘーゲルの本からさまざまな心づかいや動き（細かな態度を引き出すまでの描写）を再現するのはまず不可能だろうが、しかし、個々の筆記録を書き取り、失われた筆記録から一部を再構成するためにも、筆記録は一度、専門の研究者がすぐに情報を取り出すことができるところに集められて保管されなければならない。

アカデミー版『ヘーゲル全集』第一部の編集方針については、第一巻（『初期著作集Ⅰ』一九八九年、四一九―四三七ページ）のところにすでに書かれている。第二部のために付け加わる特別な方針については、第二十三巻の中で一度詳しく説明されなければならない。第一部と第二部の作業は依然として、全集の第三部になるはずの内容、つまり書簡と書類を引き合いに出さなければならない。書簡と書類の作業は、しかしまだ始まったばかりで、大部分は暫定的な版において編集され改訂されている。さらに全集に付け加えられるべきは、事項索引すなわちインデックスである。これまでの巻にはただ人名索引だけが付けられていた。設定されたページ数は限られているので、事項索引は非常に限られたものになるから、はじめから諦めざるをえない。ある巻で行われた事項の選択も、他の巻では誤解を招くものとなるだろうし、あるところでしばしば登場してくる概念も、他のところではほとんど現れてこないとすれば、見過ごされることもあるだろう。また、索引を簡単に作成することのできる電子植字が行われるまえに、全集の中のいくつかの巻がすでに出版されていたことも、事項索引がない理由となっている。

本書『ヘーゲル講義録研究』は、『ヘーゲル全集』第二部の作業への第一歩となるものである。すなわち、ヘーゲルはどの講義を実際にしたのか。どの筆記録がこれまでに確認され利用されていたのか。どの筆記録がいまでもまだ保管されているのか。伝えられているテキストは、さしあたって個々の学問分野にどのようなイメージを与えたのだろうか。こうした問題をまずは概観しようとするのが本書の試みである。さらにつぎの段階として、個々の筆記録が厳密に把握され検討されなければならない。そしてまた、どのような原則にもとづいて、ヘーゲルの作品と影響のこの重要な部分が編集されるべきなのか。この問いについての意見が一致しなければならない。ありとあらゆる原則が今日すでに激しく議論されている。しかし原則についての決定は、講義資料の全体が概観されてはじめて下されるものである。

ヘーゲル文庫を訪れてくる人はたくさんいる。しかし、その中のだれ一人たりとも、ヘーゲルの後継者になることもなく、ヘーゲル自身になることもない。こうしたことは考えられないし、空想であってもそう思い浮かべるのは難しい。いずれの場合も、ヘーゲルの名前が付いた研究を見にくるなど、ヘーゲル自身には思いもつかなかっただろう。いったいヘーゲルはコンピュータを使うことができたのだろうか。ヘーゲルは自分の作品のどこか一箇所を理解するのに数千冊に及ぶ二次文献を見直したのだろうか。ヘーゲルはプラトンの翻訳を理解するのにマルシリオ・フィチーノの翻訳を見て済ませようとしたのだろうか。若いころの作品を重視するのは、ヘーゲルにとっては奇妙な話ではないのだろうか。ヘーゲルは『ヴァート地方についてのカールの親書』を、自分が翻訳したものであると家族や弟子のだれもがわからないように、手放さなかったのだろうか。ヘーゲルがイェーナで書いた作品が体系とみなされて、初期・中期・後期に分けられることで、ヘーゲルは悲しい思いをしたのだろうか。ヘーゲルは講義の中で法哲学にだけ努力を注いだがために『法哲学綱要』ができたとすれば、そのことでヘーゲルは後悔したのだろうか。ヘーゲルが弟子や同僚と『学的批判年報』を創刊したのは、そもそもヘーゲルが自分の試みを超える以上に、弟子たちが仕事を進めるためだったのだろうか。ヘーゲルはシュライアーマッハーやサヴィニーのような有名な同僚たちをあれほど挑発することができたのである。だとすれば、重要なことは差し置いて些細なことばかりに取り組む編集作業に、ヘーゲルは一度たりとも満足することはなかったであろう。たとえそれが個々の点でいわゆる研究と呼ばれるものに長年の論争をもたらしたとしてもそうである。ヘーゲルにとっては、そのような細かなことはニュアンスのようなものであって、たとえばシュライアーマッハーの名前を「シュロイアーマッハー」と発音するように、あっさり片づけるだけで十分であった。

社会の中には、共生というような生のかたちが一方にあるように、他方には知のかたちもたしかにある。両者は関係していて歴史とともに変わっていく。ヘーゲルが作り上げた哲学的な作品は、彼自身にとってもすでに、みずからの人生の歩みの中で、さまざまな仕方で描き出されてきた。ヘーゲルの作品は死後にもまた生き生きと発展し、さらに洗練されたかたちを取って、さまざまな状況へと入り込んでいった。そしてついに、ヘーゲルの作品は体系へとまとめられるにいたった。しかしそのとき、初期のヘーゲルが後期のヘーゲルに合うように解釈されるようにもなった。ヘーゲルが及ぼした影響の中で作品はさらに具体化していき、その過程の中にさまざまな出版の試みも属することになった。重要な作品の新版であっても、どのような全集であっても、同時にそれは、一つのヘーゲル解釈であって、ヘーゲルの作品をさらに形成したものである。技術的な水準からしても手順や方法からしても、これまでに作られてきたどのテキストもかならず制約を持っていた。そこで、校訂版『ヘーゲル全集』が目指す歴史的で批判的な位置づけが、作品を提示するさいの適切な方法となるのである。

第一節　ヘーゲルの作品の出版史

ヘーゲルは若いころに家庭教師をしていた。そのころの作品を見てみると、ヘーゲルが哲学の新たな試みとして宗教や政治という現実の問題を扱おうとしていたのがわかる。たしかに心理学と超越論哲学についての草稿もある。それによれば、家庭教師をしていたベルンですでに、ヘーゲルは手元にあった学問上のすぐれた作品を吸収して自分のものとしていた。そこにはまた、さまざまな組み合わせを試してみながら独自の体系へと向かっていく後期の手法も示されていた。いわゆる『ドイツ観念論の最初の体系プログラム』には、その当時に行われていた議論の主題が要約されていて、すでに体系的な試みも示されていた。それにもかかわらず若いヘーゲルは、のちに大学教員として綱要の中でみずからの体系を節ごとに示すことになるとは、思いもしなかっただろう。

その後、ヘーゲルはイェーナ大学の哲学教員になる可能性を得たのだが、ヘーゲルの講義はそれがどのようなものであれ、友人のシェリングが手に入れていた成功にはほど遠いものがあった。イギリス人のロビンソンは一八〇二年にイェーナにやって来て、ヘーゲルのフランクフルトでのかつての友人であったレオンハルディとユングからの手紙を渡すために、ヘーゲルの講義に行ってみた。しかし一八〇二年十一月二十六日のこの手紙は、ロビンソンの遺稿集に残ったままである。ロビンソンは崩壊に瀕していた当時のドイツにいて、ヘーゲルについてサヴィニーにつぎのように伝えている。「私は一度哀れなヘーゲルの講義を聴いたことがあります。あなたは彼の講義ほど惨めなものを想像できないでしょう。彼は咳き込んだり、咳払いしたり、どもったりして、二つの文もはっきりと発音することができなかったのです。ヘーゲルは予告していた講義を行いませんでした。だから私はヘーゲルに手紙を渡すことができなかったのです」。ヘーゲルがのちにシェリングを「玉座」から引きずり下ろすことになるとは、そのときのロビンソンには予想もできなかったであろう。(1)

ヘーゲルはイェーナに来るとすぐに、シェリングといっしょに『哲学批判雑誌』を編集した。すでに有名になっている友人のシェリングの影に隠れて、ひっそりと公の場に登場したのである。しかしヘーゲルにとっては、自分の関心にもとづいて哲学の体系を展開することが問題だった。すでにイェーナ大学において、ヘーゲルは体系的な哲学に関心を寄せる弟子たちを獲得してもいた。(その中には、文化行政において重要な役割を果たすオランダ人のファン・ゲールトもいたし、それほど幸運とは言えないものの三十年後のベルリン大学でヘーゲルの後継者になったガブラーもいた)。ヘーゲルの『精神現象学』は、学問の体系を構築しようとして生まれてきた結果であった。『精神現象学』は体系への導入であって、具体的なものを経験して、論理学と形而上学の基本概念にかかわりながら結びついていくはずであった。だからこそ『精神現象学』は哲学の基本問題をさまざまな実例と結びつけていた。たとえば、「これ」ということばの使用、ディドロの小説、フランス革命前の崩壊する世界の叙述、良心問題の発展としてのヤコービの小説『ヴォルデマール』、ソフォクレスの『アンティゴネー』におけるギリシアの人倫の叙述などがそうである。このようにヘーゲルの哲学は、歴史を導き時代を推し進める衝撃によって成り立っていたのである。ヘーゲルの『精神現象学』は、影響史の中にあってゆっくりと動き出し、その中ではヘーゲルがベルリンの体系家であったことも目立たなくなり、シェリングとヘルダーリンという友人たちのうちにあった若いころの出発点へと、しだいに引き戻されていったのである。

ニュルンベルクのギムナジウムの校長であり哲学教師であったころ、ヘーゲルは生徒に授業をしなければならなかった。しかしヘーゲルは、生徒に向かってみずからの体系を語ろうとしたとき、もちろん生徒に過大な要求をしていた。ニュルンベルク時代は、公的な場面では教育的配慮をしつつ授業を行い、私的な場面では『論理学』を完成させていた。だがそれだけではなかった。ヘーゲルは『哲学的諸学のエンチクロペディー』のために書き留めておいたものを仕上げ、すでにイェーナ大学にいたころに約束していた体系の概略を十分な輪郭で仕上げてもいた。そこでヘーゲルは、ハイデルベルク大学での授業を『エンチクロペディー』でもって始めることができたのである。これは驚くべきことではない。ウィーン会議後のヨーロッパでは、新たな編成の機運が熟していた。そのときにヘーゲルは法哲学を完成させ、出版されたばかりの『エンチクロペディー』の体系を超えて、最終的なかたちへともたらすことができた。

ヘーゲルがハイデルベルク大学で始めたことは、ベルリンに移ってからさらに効果を及ぼして実現されるはずだった。たとえば、ヘーゲルはアカデミーの院長となって文化行政に携わることを望んでいたが、ヘーゲルのこの望みは実現されなかった。ヘーゲルはあいかわらず大学で哲学を教えることしかできなかったものの、高齢になると、このやっかいな仕事から解放されることを望んだ。しかしついには、『学的批判年報』によって、「反アカデミー」なるものを設立するという計画に到達した。このとき『学的批判年報』の編集を助けていたファルンハーゲンがヘーゲルに伝記的作品を捧げている。それは、ヘーゲルが『学的批判年報』にゾルガーやハーマンについての論文を発表していて、著者をその時代と対決させる哲学的な伝記という新しいジャンルを確立していたからである。

しかし、ヘーゲルの影響力が強かったのはとくに講義においてであった。たいていは講義によってヘーゲルは自分の弟子を獲得したのであり、自分の学派を形成していたのだった。ヘーゲルの突然の死によって、書き始められていた作品も中断してしまい、記録に留められるところまではいかなかった。ヘーゲルの弟子たちと「故人となったヘーゲルの友人たち」は、保管されているものをまとめて、大きな全集を作ることになった。その際に、講義録にも多くの場所を与えようとしたのは驚くべきことではない。これらの講義録の中には、カントやフィヒテの場合とは違って、実際にヘーゲルの作品にとって大事なものがあったからである。ヘーゲルは哲学を学問の中で完成しようとしたが、ヘーゲル学派の哲学者たちは、ヘーゲルが実現しようとしたこの試みを成し遂げることができるものと信じていた。それだからこそ、(イェーナ時代の論文と『精神現象学』のような) ヘーゲルの思想発展を記すものが、ほんのわずかなものであっても、確かな証拠として受け入れられたのである。そのときにミシュレは、まさにこれらの証拠となる書類の中に、師であるヘーゲルが体系への道を首尾一貫して歩み続けていたのを見た。そこで、講義用の綱要であった『エンチクロペディー』と『法哲学』が「補遺」によって拡充されることにもなったのである。(しかしその際、一八一七年の『エンチクロペディー』にかかわる講義の一部分は、広範囲で詳細な一八三〇年の『エンチクロペディー』の中へと差し込まれてしまった)。

『エンチクロペディー』と『法哲学』以外の分野には綱要がなかったので、歴史哲学から哲学史までの講義は『ヘーゲル全集』の中の九巻に収められた。これによって、かつての友人であるシェリングがいまではヘーゲルを攻撃するようになったとしても、その攻撃をうまく跳ね返すことができるものと思われた。シェリングは『世界時代』を出版しなかったので、ガンスはヘーゲルの『歴史哲学講義』のまえがきで、「ヘーゲルの四つの世界時代は少なくとも出版はされた」と、みずからの優位を勝ち誇った。自然哲学の生みの親であるシェリングがベルリンに招かれたとき、まさにヘーゲルの『自然哲学』が補遺を付けて出版されたことに、ミシュレは運命的なものを感じ取った。『哲学史』の記述では、シェリングの本には半分しか書かれていなかったが、ヘーゲルの本の中にはすべてが書かれていた。シェリングは黙ったままであったが、哲学は語り続けていたのである。論争するにしても、シェリングはいまや学問的な反論にのみ徹することができた。しかしヘーゲルの宗教哲学にかかわる表現からは、二つの相反する価値が生まれてきた。そのときに宗教哲学は、相反する評価を正すのではなく、むしろヘーゲル学派を左派と右派に引き裂き、争いの開始を告げたのである。

たしかに、弟子や友人たちが作ったヘーゲルの講義録は、それぞれが個別に評価されなければならない。ヘーゲルの死後には『宗教哲学講義』の二つの巻がすぐに出版されたが、しかし急いでいたあまり、師であるヘーゲルのことばを論争へともたらし、傷つけてしまうだけになった。ブルーノー・バウアーがこの巻を改訂したものの、それによっても被害は取り除かれなかった。『歴史哲学講義』はもっとていねいに扱われていたように見える。編者のガンスは筆記録に立ち戻って、ヘーゲルの息子であるカールが父の目の前で書いたように（そうでなければならないのだが）ヘーゲルの最後の歴史哲学講義を仕上げた。ヘーゲルはヨハネス・フォン・ミュラーをよりどころに世界史上の年代を記述していたので、ガンスはカール・ヘーゲルの筆記録から、ミュラーの記述にかかわる論争をも引き継ぐことになった。カール・ヘーゲルはまだ若い学生だったので、難しい数字を再現する際に間違えてもいた。そこで第二版を編集するときには、これらの間違いを訂正する必要があった。（ラッソンは、ヨハネス・フォン・ミュラーを引き合いに出してはいたが、しかしそれはヘーゲルのやり方ではなかった）。[2] カール・ヘーゲルは『歴史哲学講義』の第二版にヘーゲルの草稿を挿入して補足した。しかし不適切な場所にヘーゲルの代議制の考えを押し込んだので、これによってのちの研究は、ゲンツと同じようにヘーゲルが代議制国家を嫌っているかのような、間違った方向へと導かれてしまった。とはいえカール・ヘーゲル自身が都市歴史家になったので、都市の歴史と新しい組織について、ヘーゲル自身の関心を保持することもできた。ルイス・マンフォードは『都市』という有名な本の、中世の都市の歴史のところでヘーゲルを引用しているが、それは父親のヘーゲルではなく、息子のカール・ヘーゲルである。かつては、編集されて出版された本とそれについての独自の研究がいっしょにされていたが、しかし今日では、両者は厳密に区別されなければならないのである。

ハインリヒ・グスタフ・ホトーは、ヘーゲルの『美学講義』三巻でもって不朽の名作を残した。ヘーゲルはこの講義を通して、まさに生まれつつあった美術館という領域に立ち入り、考古学と美術史の新しい関係の中に入っていった。そこでは、体系の出発点と詳細がすぐにも修正されなければならなかった。ホトーは、草稿と筆記録の中で伝えられているものを忠実に保ちつつも、収集家や研究者が持っている新しい傾向とみずからの体系的な思想とのあいだでバランスを取る必要があった。そのためホトーはみずからの作品『生と芸術の予備研究』（一八三五年）を仕上げたあとで、友人であり画家でもある修復技術者クリスチャン・セラーに、パリを旅行しながら助言を求めたのである。それからホトーは自分の講義と仕事とともに、ヘーゲルの美学にも関心を寄せるようになった。セラーは一八六八年にアンドレア・デル・サルトの絵を不適切な修復のためにだめにしてしまったが、そのときベルリン美術館長のオルファースが脳卒中を起こして倒れたというスキャンダルが公になった。画家が古い絵画を修復するのは時代遅れのやり方なのだ、ということが理解されなければならない。(3) 修復について哲学者はそれほど敏感ではなかったので、あたかもヘーゲルのことばを読んでいるかのように、ホトーが修復したヘーゲルの美学をひきつづき読むことになる。

ヘーゲルの弟子であるボウマンは、一八四五年に『ヘーゲル全集』の最後の巻として『精神哲学』を出版した。そのときボウマンは、『ヘーゲル全集』が「ミシュレやローゼンクランツやダウプによってなされた協同作業であり、大変な功績であって、名誉ある地位を主張してもよい」との希望を語った。それに対してカール・マルクスは、ヘーゲルが「カラーラ産の大理石」で作ったものを、弟子たちはたんに「蠟や石膏や銅」で似せて作ったにすぎないと批判した。(4) ヘーゲルの弟子たちが作ったものにはヘーゲルの体系的な作品の発展があり、草稿と講義録にはヘーゲルの試みが再現されて編集されていた。今日では、この両方にヘーゲルの影響を見なければならない。いずれについても、ヘーゲルの試みは決してヘーゲル学派の敵に対して難攻不落の防壁を築くものではなかったし、一つの体系へとまとまってゆくようなものでもなかった。ヘーゲルの関心を発展させたものはむしろ、ドロイゼン、マルクス、キルケゴールであり、あるいはヘーゲルとベルリンで仲が悪くなった後期シェリングの講義に見られるように、ヘーゲルから離れていった人たちであった。ヘーゲルの試みを急いで体系化しようとするのでないならば、（たとえばイェーナにいた「ロマン派」のように）ヘーゲルが時代の決定的な影響から排除しようとしたものとそこに結びつけようとしたものとが、入れ替えられたり削り取られたりしたところから見えてくるだろう。

「故人」となったヘーゲルの弟子、友人、後継者たちは、『ヘーゲル全集』を『書簡集』によって補って完成させた。そのときヴィルヘルム・ディルタイがはじめて、ヘーゲルの発展史を残された草稿からまったく新しく書き直すべきだと要求した。しかし、一八八八年にこの『書簡集』を批評したとき、ディルタイは「草稿の模範的な扱いと偉大な哲学者の講義」のゆえに、ヘーゲルの死後にすぐに作られた『ヘーゲル全集』を称賛した。「ヘーゲルの弟子たちのこころはまだ、体系が持っていた歴史的な影響力に完全に満たされている。だからこそ弟子たちは、教師のように杓子定規ではなく、本が与えたのと同じだけの影響を遺稿に与えることができたのである。この仕方は、シュライアーマッハーの講義録で扱われた仕方と、どれほど対照的だったことか」[5]。ディルタイによれば、ホトーがヘーゲルの美学を再生したことは、過去の時代を聞き取ることであったが、ディルタイは称賛こそすれ、このやり方を排除することはなかった。それだからこそ哲学であっても美術史であっても、ヘーゲルの主題を受け入れるところでは、ヘーゲルとヘーゲル学派に対抗することにもなった。というのも、美学と美術史の新たな試みがまったく違うようにも始められるからである。ディルタイの『精神科学序説』は、そもそも形而上学の歴史の破壊を、ヘーゲルの『論理学』や講義と照らし合わせたのではなく、『精神現象学』というヘーゲルの初期のすぐれた作品と対比していた。そのときにはじめてディルタイは、あらためてヘーゲルの発展史を草稿にまでさかのぼって書き始めたのであり、ヘーゲルの青年時代の主題に戻っていったのである。

フランツ・ローゼンツヴァイクとハンス・エーレンベルクは、一八〇〇年の思想に注目しながら一九〇〇年の思想を取り上げた。そのときには、少なくともヘーゲルのイェーナ時代の草稿と講義に注意が向けられたが、ヘーゲルの『美学講義』を美学の歴史や社会の変遷から新たに理解したり、ヘーゲルの時代の哲学的な問題設定から理解したりすることは、まだ課題とならなかった。決定的な影響を与えていたのは後期シェリングの哲学であったが、しかし歴史記述や哲学と宗教の意味合いにおいては、ローゼンツヴァイクの影響を強く受けていて、形式的にはむしろヘーゲルの仕方で規定されたままだった(6)。

ヘーゲルの思想の源泉に帰ろうとするとき、ヘーゲルがハイデルベルク大学とベルリン大学の講義で展開していた豊富な素材が掘り起こされようとした。ヘーゲル学派のアドルフ・ラッソンの息子、ゲオルク・ラッソンは、ヘーゲルの作品を全集へと統合するような、新しい版を企画していた。ラッソンの編集業務はもっぱら、ベルリンの牧師という彼の本業のかたわらでなされたにすぎないが、しかし第一次世界大戦半ばの一九一七年に、ラッソンはヘーゲルの『世界史哲学講義』の新版第一巻を発行した。この新版は一九一九／二〇年に、つづく三巻でもって完結し、そこに第一巻の二刷り増補版と大きな序文が付け加わったのである。

ヘーゲルは一八三〇／三一年冬学期に最後の「世界史の哲学講義」をしている。そのときにヘーゲルははじめて、世界史哲学を法哲学から独立させ、一つのまとまりのある作品として講義した。それによってまた、一八二二／二三年の冬学期の講義からは完全に形を変えていくのである。ヘーゲルは、長男のカールが講義を聴講して筆記をしているのを喜んでいた。弟子と友人たちはこの講義録の最後にある一連の作品に集中して、そこにそれ以前の講義からの資料を追加して編入した。最後の作品にあたるカール・ヘーゲルの筆記録が使えなかったのは、ラッソンにとっては大きな不都合であった。そこでラッソンは、グリースハイムがかつて残していた筆記録を利用することで、この講義の素材を補足した。だがこれによってますます、いくつもの学期からなる講義のさまざまな試みが見えなくなってしまった。またラッソンは一九二五年に、『宗教哲学講義』をかなり増補したうえで新版を出版した。ラッソンは個々の学期の素材の特殊性をはっきりさせようとしたのだが、しかしいつのまにかあらゆる素材が一つにまとめられてしまった。そのときになってはじめてラッソンは厳しく批判されたのである。ラッソンが一九三一年に『美学講義』の新版を出し始めたとき、すでにラッソンの計画はあらゆる面で失敗したものとみなされていた。

そのときにリヒャルト・クローナーは、まだできあがっていなかった『イェーナ体系草稿』を編集するために、若いドイツ文学者ヨハネス・ホフマイスターの協力を得た。ホフマイスターは、古い版の中で批判されていた講義録に取り組んで、編集作業を続けていった。それはとくに『哲学史講義』であったが、課題は、一方で統一的なテキストを作りながらも、また他方で各学期のさまざまな講義の試みや詳細を提示するというものであった。しかしこの課題はそもそも解決不可能なものではなかったか。ホフマイスターは編集作業を何度もはじめからやり直さなければならなかった。一九四〇年にはホフマイスター編『ヘーゲル全集』の第一巻が出版されたが、そのときにはすでに校訂版を出す可能性も考えられていた。しかしこの試みは一つの妥協にとどまっていて、第二巻が続いて出されることはなかった。一九四〇年という時代はまた、政治的にも暗い影が差していた時代だった。落ち着いて人文科学の仕事に当たることが、きわめて難しくなっていた時代なのである。

ユダヤ人であるためにリヒャルト・クローナーはドイツの大学を追放され、一九三八年十一月のユダヤ人迫害ののちにイギリスへ渡り、そしてアメリカへ逃れた。クローナーは大著『カントからヘーゲルへ』の中で、弁証法を哲学的な方法として正当化しようとしていたが、ヘーゲルの弁証法は自己内に完結した体系へと導かれていくのだろうか。時代の激震の中で、しかしこのことはクローナーにとっては疑わしかった。では、ヘーゲルは勝手な方法で正当化しえない問いと答えを提示しただけなのだろうか。課題はいまやヘーゲルの最初の試みに帰って、そこから他の解決を導き出すことであり、とりわけ宗教と哲学を適切に区別することであるように思われた。そこでリヒャルト・クローナーはアメリカで、スコットランドのセント・アンドルーズにいたコリングウッドの弟子、T・M・ノックスとともに、ヘーゲルの『青年期著作集』の英語訳を編集したのである。

ヘーゲルの最初の試みに帰っていくことによってのみ、思想の連続を正当化することができるように見えた。しかしそのことによって、ヘーゲルののちの講義活動が軽視されることにもなった。リヒャルト・クローナーは一九四四年十月のT・M・ノックスへの手紙の中で、アメリカではおもに講義録のテキストによってヘーゲルが知られていると書いている。ところが、講義録のテキストとヘーゲル自身の作品とのあいだには、「とても大きな隔たり」があった。クローナーはヘーゲルの講義録についてつぎのように語っている。「ヘーゲルが実際に書いた著作はすべて、講義録のテキストよりももっと深淵で緻密で繊細だった。講義録からわかるように、ヘーゲルは著者なのではなく教師であり、聴講者のレベルに合わせて教えているのである。その際にわかるのは、決して書かないであろうことをヘーゲルが講義の中で語っていることである。したがってヘーゲルの宗教哲学は、その他の素材についての表現と比べると非常に単純で、それどころかしばしば平坦で粗野で大ざっぱなものなのである」(7)。たしかにヘーゲルとの対決のためには、青年時代の草稿が示しているようなヘーゲルの初期の試みに帰っていくことが必要だった。だが大事なのはそれだけではない。ヘーゲルはじっくりと考えたうえで、しっかりと論拠を組み立てて講義をしていた。とくに講義の中では、ヘーゲルは実験的に語っているのであって、新しい試みに取り組んでいたのだった。たとえ教育上の配慮がたくさんあったとしても、そしてまったく自由な活動ではなかったとしても、ヘーゲルの講義活動は重要であり続けたのである。

第二次世界大戦後、ヨハネス・ホフマイスターは新しい校訂版『ヘーゲル全集』によって編集作業をより高い段階にもたらそうとした。すなわち、これまでの版にはない重要なもの、たとえば『ヘーゲル書簡集』の新しい版を付け加えたのである。ホフマイスターが一九五五年に四十七歳で亡くなったとき、『ベルリン著作集』の巻がちょうど完成した。この編集作業に向き合うとき、どのような状況でその作業がなされたのかを考慮しなければならない。独裁制と戦争によって図書館や文庫での仕事は難しくなり、しばしば不可能になっていた。ヘーゲルの小さなテキストを写し取るときの作業状況がどのようなものであったのかもすでに明らかになっている。ホフマイスターは、お金をかけないようにと、一ページ目を写し取るとつぎに二ページ目の残りを写し取るという具合に、手で書き写していたのである。だが戦争と戦後の混乱によって、このような試みはふたたび放棄された。『ベルリン著作集』は三回も組み直されて、細部まで校正されなければならなかった。この巻が出たとき、利用された資料の多くは図書館員にはもはや利用できないものとなっていた。しかしホフマイスターは、ヘーゲルの著作と草稿の編集作業をほとんど成し遂げたものと信じていた。ホフマイスターは晩年にはあらゆる力を注ぎ込んで、同僚の力も借りてヘーゲルの講義録を編集しようとして、この企画のためにドイツ研究振興協会の力をも借りることになったのである。

ホフマイスターがヘーゲルの『法哲学綱要』を編集したとき、印刷されたテキストにヘーゲルの講義メモが付け足された。ガンスは古い版の中で、ホトーとグリースハイムの筆記録を抜粋して節に添えていたが、しかしホフマイスターはこれらの補遺を取り除いた。補遺は適切に選ばれている場合はヘーゲルの重要な説明を再現するものであったが、ときには、ヘーゲルの思想を完全に歪曲しているものもあった。「ヘーゲルの教育についての考えの中でもっとも有名な文章」が、そのような歪曲された補遺であった。それは、当時から指摘されていたように、「教育とは人間を倫理的なものにする技術である」というものだった。ガンスはグリースハイムの筆記録から、まとまりのある一部分を短くしたり、新たにつないだりした。そこでついには、とんでもない表現が生まれてきたのであり、文章が変わってしまったのである。ホトーの筆記録の中から、教育における「訓育」についての一節が取り出されてきたのである。この一節をヘーゲルが語ったことになったので、あとには怒りと腹立ちだけが残ってしまった。(8) ヘーゲルの『法哲学綱要』と講義メモに筆記録を新たに関係づけるという課題は、そのまま取り残されていた。グリースハイムとホトーの筆記録はすでに書き写されており、出版社は発行の予告をすることもできた。同様に、ヘーゲルの口述筆記とともに法哲学の以前の形式を含んでいたホーマイヤーの筆記録も再検討され、多くのページが利用されていた（ホーマイヤーの筆記録は第二次世界大戦後にはじめて見つかったのではない。すでにゲルハルト・ドゥルカイトが一九三六年の『法の概念と形態』の中で指摘していた）。世界史の哲学に関していえば、グリースハイムとカール・ローゼンクランツが書き留めたもっとも重要な筆記録が写し取られ、他の筆記録と対照されていた。そこで明らかになったのは、ヘーゲルの講義が始めと終わりでどれほど異なっていたのかということである。それと同じことが宗教哲学にも美学にも当てはまったのである。

ホフマイスターが突然亡くなってしまったとき、彼が立てた計画を続行するかどうかが問題になった。目標に到達することは不可能と最初は疑われていたが、ホフマイスター自身はすでに著作と草稿の校訂を大体のところまで完了していたものと思っていた。このことだけは指摘されてもよいが、しかし他方で、ホフマイスターによって校訂された版の第二部にあたる講義録が必要とされてもいた。一九五六年には、まだ残されている講義録の編集作業について告げられたし、この予告はまったく当然のことであった。「これらの課題はすでにいたるところで着手され、大体のところまでできてはいる。しかしまだ仕上げるべきところがある。したがって課題は、何としても新校訂版『ヘーゲル全集』の第二部を完成させることである。作業が継続的になされるならば、六年から八年で完成するだろう」。ノール版に依拠した『青年期著作集』の改訂版は組版中だった。『イェーナ体系草稿』と『精神現象学』はすでに一度印刷されていた。講義メモの付いたハイデルベルク時代の著作の草稿は完成していた[9]。しかしそのあとになって、よく知られているように、ヘーゲルの『初期著作集』があらためて編集されたのである。イェーナ時代の草稿の執筆時期はすっかり訂正され、『精神現象学』の構想の変化が新たに問い直された。『エンチクロペディー』がかつての構想と連続しないのも、その現れだったのかもしれない。出版社には、一八二七年の『エンチクロペディー』の異文を一八三〇年の『エンチクロペディー』の中に差し込んで完成させた版があった。念のために調べてみると、それによって根拠のない主観的な選択が、それどころか間違いを導くような選択がなされていたことがわかった。テキストの異同を示すために考証資料を補おうとすると、二つの版を校訂版の中で別々に提示し、編集の手を借りて両者の相違を示すことが必要だった。一九五五年にホフマイスターは、ハイデルベルク時代の一八一七年の『エンチクロペディー』と、それに付属する講義メモの編集作業が終了したと思った。しかし、そのテキストを数年後に手にすることができるかというと、それはできなかった。

最大の困難を前にしながらも、講義録の編集はさらに進められなければならなかった。ホフマイスターが一九四〇年に『哲学史講義』を作り上げたのは、さらなる作業のための基礎だったのだろうか、それともさまざまな試みのあいだでの妥協だったのだろうか。ヘーゲルの『哲学史講義』の講義形式から、そのほかの講義（論理学・形而上学の講義、世界史の講義）も理解されるのだろうか。すでに印刷された著作や草稿の出版が予想もしていなかった問題に行き着いたので、講義録の編集作業はいったん中止することになった。研究支援機関たるものがそもそも、『青年期著作集』の組版を却下したり、『イェーナ体系草稿』と『精神現象学』の初期の編集作業をやり直したり、『エンチクロペディー』のできあがった草稿を撤回したりすることができたのだろうか。ドイツ研究振興協会は、ヘルマン・グロックナーが編集した記念版『ヘーゲル全集』を旧版として、それをもとに編集し直して新版を作るように求めてきた。旧版を新しい全集の主要部分にしたうえで、『青年期著作集』、『イェーナ体系草稿』、講義資料の補遺のような個々の作品でもって拡充していくべきだというのである。つまり新しい計画は、ドイツ研究振興協会の職権によって完全に拒否されたのである。

グロックナーの記念版『ヘーゲル全集』は、補巻の『ヘーゲル事典』をもって「ヘーゲル哲学集成」となるはずだった。しかしグロックナー版の全集は正確にいえば二次的なものであった。つまりそれは、ヘーゲル哲学の集成ではなくて、ヘーゲル学派の集成だったからである。この集成が校訂版として再検討されて最初の試みに還元されたならば、まだ意味を持っていたであろう。ガンスは『法哲学綱要』を講義録の補遺によって拡大したが、このような編集方法でカール・マルクスと同時代人たちばかりか、二十世紀の新ヘーゲル学派にヘーゲルの標準的なテキストが提供されることになった。ホトーが編集した『美学講義』は、ヘーゲルが講義で実際に語ったこととの改変だったのだが、それがまさに失われることのない価値を持ってしまったのである。[10] しかし今日、テキストの扱い方は、ヘーゲルの弟子たちが師の哲学をさらに発展させていくというやり方ではない。ホフマイスターは一九五五年に新校訂版『ヘーゲル全集』が完成するといったが、そのときの基準ももはや受け入れられないのである。

ヘーゲルの校訂版全集はずっと構想されてはきたものの、ヘーゲルとの対決はもちろん、校訂版がヘーゲルの作品のすべての領域に達するまで待つことはできなかった。そこでヘーゲルの講義の個々の筆記録が編集され、熱心に議論されるようになった。若いころのヘーゲルとヘルダーリンの交友関係に最初の試みが見られることも、二十世紀になってようやくわかってきた。ヘーゲルの『精神現象学』はイェーナにおける哲学と文学の高揚によるものであったが、それは、ヘーゲルがみずからの学派とともに、ベルリンにおいて哲学によって実現しようとしたものを超えていたのかもしれない。ヘーゲルの哲学は、変革を迎えていたヨーロッパに進むべき道を指し示したばかりか、近代の世界を解釈する学問としても受け取られたのである。そうであれば、ヘーゲルがハイデルベルク大学とベルリン大学での講義で提示した体系との対決が求められなければならない。若者たちは、ベルリン大学という新制大学の哲学者ヘーゲルに大きな期待を持っていた。その期待を博士課程の学生だったヴィルヘルム・ファトケが、多くの若者にもわかるように、一八三〇年にゲオルク・ファトケにつぎのように伝えている。「ヘーゲルの哲学は、キリスト教と世界史が私たちにもたらしたものを、経験に先立って見つけたのです」。それは、伝統的なものの多くを捨て去ることにはなるが、しかし「憧れ」で満たされているようにも見える。「神を面と向かって見たのだというと、君はそれをばかげたことだと思うだろう。しかしそうなのだ。……私にはあらゆる学問がはっきりと透き通るように見える。歴史が望むものを私は知っているし、芸術がどのようにできあがり、宗教がどのように作り出されるのかを、私は知っているのです[11]」。

ヘーゲルはベルリンで孤立していたわけではなかった。シュライアーマッハーやサヴィニーのような手強い競争相手に対して自己を主張しなければならなかった。そもそも思弁哲学は人文科学の多くの領域においても、ヘーゲル自身が大いに嫌っていた個別科学の仕事によってすぐにも取って代わられた。一八九三年のベルリン大学の学長就任演説において、ルドルフ・ウィルヒョーは科学の勝利を確信して、ヘーゲルのかつての興隆を回顧している。一八三一年にヘーゲルが突然亡くなり、哲学者のあとには「忠実な弟子たちの形骸化された組織」だけが残った。「閉ざされたヘーゲル学派には確固としたものは何も引き継がれなかったように見える。神学、法学、国家学、美学はヘーゲルのことばと考えの中に受け継がれた。ただ医学と自然科学にのみ個々の主張の入り込む余地が残されていた。師はいなくなったけれども、名声はまだ十年間はずっと保持されていた。熱烈なヘーゲル学派であった首相アルテンシュタインの好意で、国王フリードリヒ・ヴィルヘルム三世の死まで保持されてはいた。しかし弟子の中のだれも創造的なものを持たなかったし、多くの人を熱狂させることも感動させることもできなかった」[12]。ここでヴィルヒョーは真実の半分を語っていたにすぎない。ヘーゲルの敵対者であるマルクスやキルケゴールやディルタイは、ヘーゲルの関心を変更するというやり方でヘーゲルを受け入れていった。そしてヘーゲルの哲学はヨーロッパを二十世紀における最大の危機と破滅へと導いていった。没落へ向かうこの歴史を新たなものへと向け変えようとする試みには、ヘーゲルとの対決が必要不可欠なのである。

ヘーゲル講義録をたんなる編集にとどめることは、だれも考えていなかった。編集は将来のより大きな注釈のための準備であるべきだし、注釈を付けて哲学することは、別の未来を開いていくための試みなのであった。しかし、これまでの努力を振り返ってみると、断片的な編集だけが見えてきて、注釈はまだ現れてはいなかった。編集作業のなかでも、ヨハネス・ホフマイスターは講義録のすべてを編集して出版しようとしたが、この試みは挫折したのだろうか。はじめのうちは、このような問いはまったく考慮されず議論もされていなかった。たとえば、ヘーゲルの書斎を復元したり、遺稿の歴史について重要な資料を収集して解説したり、テュービンゲン神学校でヘーゲルがカントを受容したのを解明したりしていた。そうしているうちに、長期にわたるさまざまな作業の中から、必要だけれども予想を超えた難しさが明らかになってきた。当然のことながら、それ以外の計画も目標には達しなかった[13]。いずれにしても、講義録を編集するための試みはすでに、ディルタイがヘーゲルの遺稿を取り上げてからすでに百年もかかっている。ヘーゲルの本を出版するために、さまざまな試みへと逆戻りしていったからである。多くの試みは、しばしば一生涯にわたる仕事をもたらしてくれるが、たがいに独立したままで、いやそれどころかしばしば対立し合っていることもあった。このようにしてできあがってしまった個々の作品をただ残念に思うかもしれない。断片的な破片やむだな要約だけが大量に残ってしまったのも不思議なことではない。編集というこの分野で何かを成し遂げようとすると、それは完成できるものに限るべきだし、そのためには適切な作業方法を探すべきだろう。『ヘーゲル全集』の出版の試みにとってはいずれにしても、いまや全集の編成からしても、講義録の編集へと進んでいく新たな始まりが必要とされているのである。

第二節　新たな始まり

一八二六年夏学期の美学講義の中でヘーゲルは、自分がアカデミーの院長であれば『諸国資料集』を作成するだろうと学生たちに語っている。ヘーゲルはベルリン大学への招聘の際にアカデミーの院長の座を約束してもらったわけではない。たとえアカデミーとの約束があったとしても、招聘した大臣のほうが（まもなく同僚の中では唯一の改革者になるとしても）、ヘーゲルをアカデミーの院長にはしなかったし、アカデミーの会員にもしなかっただろう。ヘーゲルは重要な研究活動が一国の歴史に制限されていることに反対していたのだが、ヘーゲルの反対もむだに終わってしまった。一八二六年には長い準備ののちに、二つ折り判で約七百ページにもなる『中世ドイツ資料集』の『史家部』第一巻が出版された。ヘーゲル自身は好ましいものとは思っていなかったが、しかしヘーゲルが言いたかったことは筆記者であるグリースハイムには見逃されていたし、そしてまたホトーが編集した『美学講義』にも記録されなかった。(14)『中世ドイツ資料集』は実際に出版されて、そこにはシュタイン男爵の決定的な影響力が見られた。この資料集には四百以上もの予約注文があった。たとえば、イギリス国王兼ハノーファー国王は二十四部、プロイセン国王は十二部、オーストリア皇帝は一部、それぞれ予約していた。この予約リストはメッテルニヒが出版事業を条件付きで承諾したことを反映していた。しかしヘーゲルの反対はシュタインにもメッテルニヒにも届かなかった。ヘーゲルは諸国民の偉大な叙事詩についての説明の中で、資料集を中世のドイツへと制限することに反対して、インドとギリシアの叙事詩や、聖書とタッソとカモンイスの作品などの中世の伝説でもって、世界全体を取り上げようとしたのである。『中世ドイツ資料集』の歴史を見ると、一つの国に関心が閉ざされていたわけではなかった。むしろこのように長期的で大規模な出版事業では、マックス・ウェーバーのような学者にはそこに魂の救済がかかっているように、校訂こそが問題だったのである。[15] ヴィンケルマンとフンボルトがローマを訪れてそこにとどまってからは、考古学的な作業を研究所内で行う動きが広まってきた。そこには碑文についての研究など、長期の大事業が付け加わったのである。十九世紀には、過ぎ去った時代の詩人たちのためにすぐにも記念碑を建てた。マールバッハでシラーの生家が見つかると、そこは記念の場所へと変えられた。こうして今日では、マールバッハ、ヴォルフェンビュッテル、ワイマールにある大きな文学館が、大学のドイツ文学とともに、文学の遺産を保護するようになったのである。(古典学はパルメニデスやプラトンも取り扱っているが)、しかしドイツ文学は、カントやヘーゲルのような哲学者を取り扱っているわけではなく、世界的な文献学になったわけでもない。それでは、家族や「故人の友人たち」の力が及ばないときには、いったいだれが偉大な哲学者の遺稿を守るのだろうか。この問いは残されたままであった。

ヴィルヘルム・ディルタイは、発展史的に構成された『カント全集』を模範として、古典となった哲学者の全集を作り上げようとした。広く精神史に関心を持っていたディルタイは、一八八九年には「ドイツ文学会」の設立総会において、「文学館」を創設するように呼びかけている。カントが書いた草稿も小売商人にはニシンを包む紙に使われることがディルタイにはよくわかっていたからである。そこでディルタイは、一八八九年に発表した二つの論文のうちの一つで、「哲学の歴史研究のためには」文学館が必要であることを強調した。ディルタイは『カント全集』の最初の部分を、大学教授の協力を得て完成することができたが、しかしいまでは、助手を使わないこの方法はほとんど成果を上げないやり方である。しかもディルタイが考えた文学館は、ヘーゲルの場合にはもはや役には立たない。というのもヘーゲルの遺稿のほとんどが、特定できない個人や機関に保持されていたからである。そこでディルタイの構想は変更されたうえで受け入れられることになった[16]。したがってそこで立てられた目標は、小さな研究所という意味での「文庫」によって、新しい『ヘーゲル全集』を完成させることになったのである。ワイマールのニーチェ文庫はとんでもない事件を起こしていたが、ルーヴァンのフッサール文庫は、きわめて不幸な時代にも哲学者の遺稿を救って公開していたのである。さらに恐怖が迫っていた時代に、ひょっとすると最後のときに、価値のあるものを伝承して、きちんとしたかたちで将来のために保持しておくことは、何にもまして大事なことではないだろうか。

哲学は伝統から切り離されながらも、しかしその切断において伝統によって導かれ、伝統をさらに担っていくことになる。このようにして哲学は生き続けていくのである。限られた個々の分野ではなく全体を見るとき、哲学することにはいかなる完結も要求されない。決定的な問いは開かれていなければならないし、問いの場では、どのような場合であっても、さらに問い続けていけるのでなければならない。だからこそ、哲学を安定させる「古典」が必要なのである。古典は模範となって、すぐれたものや不変のものを示す。明確な問いには可能な回答をいつも見つけてくれ、重要な問いを生き生きと保ち続けてくれる。古典は私たちに教え諭すように、問いを立ててくれる。たしかに哲学にとっては、古典は現在とは違う当時の状況にとどまるが、しかしいろいろな視点を持つことは哲学にとっては必要不可欠なのである[17]。

伝統はまったく異なった仕方で継続されてきた。アンモニオス・サッカスはプラトンをアレクサンドリアで解釈し、プロティノスはプラトンをローマで解釈した。そのときにプラトンは改変されたのである。アリストテレスは翻訳されたときに、アラビア語、ヘブライ語、ラテン語の中世で真価を発揮した。マイスター・エックハルトのドイツ語による教説は、遺稿の中から発見されて再現された。このようにして多くの場合、ヘーゲルからハイデガーまで、私たちのすぐ身近のところにまで最新の哲学の遺産は増えてきている。しかし、どんなに身近な結びつきがあったとしても、そこにはもはやヘーゲルはいないのだし、ヘーゲル主義も必要とはされない。距離を取って対象を受け入れるためには、ここでは、きわめて単純な手がかりが欠けているのである。それは、一八〇〇年頃の「移行期」の哲学にとっては、キッテルの『新約聖書神学辞典』のような基礎資料が欠けていたということである。いずれにしても最大の課題がテキストの保護であることには変わりがない。

精神的な遺産を校訂版全集の中に収録しようとする試みは、歴史的な批判を通して一定の歴史的位置の中で確保しようとするものである。ヘーゲルの基本的な考えでは、精神の歴史のみが全体として意味を持っているから、シュライアーマッハーのプラトン研究やシュレーゲルの『哲学修業時代』のような、個々の発展に集中したものは間違った方法であった。ただしヘーゲルはハーマン論やゾルガー論では違う考えを持っていた。実際に、カントからフィヒテへ、フィヒテからシェリングへ、そしてヘーゲルへと、哲学の論理は形成されていく。この形成過程を事柄の必然性から把握しようとする試みは、それ自身としては正当なものである。しかしそうかといって、より強く個別化へと向かうことが、発展史としての構想や全集への方針から排除されるわけではない。ゆっくりと成長していくのは、たしかに哲学の分野に限られるわけではない。ただしそのような傾向は、哲学の分野では一度たりとも取り上げられたことはなく、むしろ詩人の遺産をめぐる努力の中から生じてきた。

音楽の歴史の中でも、一九五〇年代は「全集の時代」と呼ばれていた。この時代は、一方では作曲家へと向かっていた新たな時代であり、他方では危機的な状況にあった草稿を全集の中で救うことのできた最後の時代でもあった。ドイツの偉大な伝統である哲学と音楽が、新しいかたちで世界という開かれた場所で提示されようとした。これは、ドイツの研究がはじめて提供できたものであると同時に、他の国が努力して獲得しようとしたものであった。しかしまた、ドイツ以外の国が精神的な遺産にここまでの努力を払うことはできないことも、まぎれもない事実であった。そこでユーディ・メニューインは、一九七五年に『ドイツ音楽家全集』の演奏の際に、文化財を失わずに残すことは、とりわけドイツ人の課題であり、状況からしてもドイツでなされるべきことだと語った。[18] これらの努力は、荒廃していたドイツにおいて、細々とではあるが古くからの伝統と結びついていた。このことは、全集が一定の安住地を見つけたことに現れている。すなわち、ベートーベン全集は新しく設立されたボンのベートーベンハウスに受け継がれ、バッハ全集はゲッティンゲンの昔ながらのバロック音楽へと引き継がれた。そしてハイドン全集は、伝統との結びつきは直接にはなかったが、ケルンにとどまっていた。

同じことが哲学の分野にも当てはまった。ニコラウス・クザーヌス、ライプニッツ、フッサールの全集に加えて、ドイツ観念論の偉大な哲学者、フィヒテ、フリードリヒ・シュレーゲル、ヘーゲル、シェリング、そしてついにはヤコービの全集も登場してきた。ラッソンの仕事をホフマイスターが引き継ぐためにベルリンのアカデミーに支援を要請したとき、(哲学者でアカデミーの会員でもあった)ハインリヒ・マイアーは、つぎのように説明した。「ヘーゲルと同じように、ホフマイスターも早くに死なななかったならば、アカデミーの会員になっていただろう。そして私たちも彼のために何かをすることができただろうに」(19)。ヘーゲルの死後にも、真理は(歴史の動きを)支配して、理解の得られなかった計画にも影響を与えることになった。これによって第二次世界大戦後に、新しい全集の企画が研究振興協会の支援を得て実現されることになったのである。

新しい全集を作るのであれば、作業計画はもはや個々の作品にとどまってはいられない。ではその仕事は、どのような研究機関に任せられるのだろうか。なるほどドイツ研究振興協会は、一九六九年の報告書で計画の作成を指示していた。「研究振興協会ということばには、あらゆる時代を通じてほとんど諦められてきた概念、つまり研究計画を立てることが必ずや義務づけられている」。しかし、計画を立てるだけではなく、研究と応用の二つの領域を発展させるためにも、新しい基礎部門の設立が必要であった。ドイツ研究振興協会は、まずは(各種の全集、集大成、事典、辞書など)、人文科学の「資料を解明するための長期的計画」を立てたうえで、一九七一年になってようやく委員会を設置したのであった。

ところが、それからというもの若手の研究者にも一定の権利が認められるようになり、法律の面で社会の中での雇用関係もかなり複雑なものになっていった。ドイツ研究振興協会は(学問上の必要から生まれた団体であるが)、雇用の規則を変えて長期的な契約を可能にしたならば、長期的な計画も維持できただろうが、しかし、そのような変更の見通しはなかったので、他の選択肢が求められなければならなかった。すでに一九七二年の連邦政府の第四研究報告は、出版の任務をアカデミーに割り当てていた。そのためにアカデミーは協力して、すべての州のために尽くさなければならなくなった。もう一つの可能性は連邦政府の介入であったが、それが可能であれば新しい大きな研究を発展させたことであろう。一九四五年以後、アデナウアーとハイゼンベルクはいずれにせよ研究の集中を望んだのだが、しかしそれは実現しなかった。ドイツ研究振興協会という公的ではない協会組織によって、大学と研究機関の自主管理を強化することは、受け入れられなかったのである。[20] ドイツ連邦共和国の基本法第九十一条は、連邦と州の共同作業を緊急事態の場合に限っている。この九十一条には一九六九年にb項が付けられて、連邦と州の共通の課題であれば、アカデミーの計画も立案できるようになった。『ヘーゲル全集』は、この分野での実験的な企画となったのである。そこで一九六七年から、出版作業を（当時はまだ研究チームであったにすぎない）デュッセルドルフのアカデミーとライン＝ヴェストファーレンの大学に委ねるための予備交渉が始まった。そして担当の委員会によって連邦と州との研究協力のリストが作られ、そこからたくさんの長期的な計画がアカデミーに委ねられた。これによってついに議論を通じて一つの合意へと到達したのである。[21]

ライン＝ヴェストファーレン科学アカデミーは第二次世界大戦後に、かつての和平交渉を再検討して、平和への努力を推し進めようとした。『ヴェストファーレン講和文書』のような人文科学の計画に並んで、『ヘーゲル全集』は登場するはずであった。伝統あるミュンヒェンのアカデミーは規模も大きく自力で運営されていたが、デュッセルドルフのアカデミーは他の機関と協力して研究計画を進めようとした。『ヘーゲル全集』を出版するための機関は、三つの州立大学に並んで、当時新設されたばかりのルール大学ボーフムであった。ボン大学、ケルン大学、ミュンスター大学にはすでに、カント文庫、トマス研究所、フッサール文庫、ライプニッツ研究所があった。そこで、ルール大学にはヘーゲル文庫が置かれることになったのである。ヘーゲル文庫は、一九五八年にノルトライン＝ヴェストファーレン州の研究機関としてボンに置かれた研究所だったが、一九六八／六九年にはボーフムに移ってきたのである。

ヘーゲルの本を編集して出版することは、（音楽家の出版ではそうした傾向がよくあるように）、もっぱら研究という領域に属するのだろうか。それとも、大学での教育と結びつけるべきなのだろうか。どちらかに決定しなければならなかったので、ヘーゲル文庫はルール大学と結びつくほうを選んだ。たしかにそれによって余計な負担が生じたのだが、第二の選択肢が選ばれたのである。その結果、ヘーゲル文庫が設置されてから、博士論文が書かれるとともに、八人もの研究員が教授資格論文をボーフム大学で、あるいは他の大学で発表した。これによって計画をさらに発展させることにもなった。さまざまな部門にかかわり編集作業を実際に見るためにやってくる研究者も多く、つねに長期滞在の客員研究員がいた。編集作業をこのように大学での研究と教育へと組み込むことが当初からの目標であった。

当時はまだ、大学政策と呼ばれるものがあって、それによって規約の案文が必要とされていた。すでに古紙に変わっているものの、今日ではもはや数えることのできないほどの多くの案文があった。その中でも一九七〇年の報告は「第二節第一項」をつぎのように伝えていた[22]。

ヘーゲル文庫の任務はつぎのとおりである。

a　校訂版『G・W・F・ヘーゲル全集』のために必要なあらゆる条件を整えること。

b　ヘーゲルのすべての著作、ヘーゲルの草稿の写真、ヘーゲルの講義録の写真、場合によっては自筆原稿も、さらにはヘーゲルによって使用された文献と、ヘーゲルについての文献を集めて整理すること。

c　ヘーゲル研究をみずから支えていくこと。

d　ヘーゲル研究の協同の可能性を示すこと。

e　ヘーゲル文庫に課せられた任務を果たすための有能な後継者を育てること。

校訂版『ヘーゲル全集』の出版によって、哲学の中の「古典」を際立たせるべきである。そのとき、この作業は外界から隔絶された学者の小部屋の中ではなされてはならない。出版の作業はヘーゲルをめぐる議論と結びつけられなければならず、ヘーゲルの作品は古典として模範的な役割を演じなければならない。ヘーゲルを学ぶというような、これまでの態度は避けなければならない。つまり私たちは、歴史的な批判を経たヘーゲル受容によってのみ、私たちに影響を与えるヘーゲルの試みに向き合うことができるはずである。まさにそれゆえにヘーゲルの作品への手がかりが新たな可能性として解明されなければならなかった。そこで、校訂版『ヘーゲル全集』の最初の巻には、いくつもの異なった版が生まれた。たとえば、見本となるべき試行版や学生用の廉価版があった。また、ヘーゲル研究の国際的な協同のための機関誌として『ヘーゲル研究』という年報も生まれた。さらには、個々のテキストに焦点を定めたり、観念論哲学や時代状況との関連の中にヘーゲルを置いたりする討論会の論文集もあった。出版された本を合算すると、全部で百冊にもなるだろうか。しかし本来出版されるべきものは、これらのものよりもより大きな発展の中心にあった。こうした関連の中で再検討されて、『ヘーゲル全集』の最初の巻として現れきたのが、イェーナ時代の著作と草稿だった。ディーター・ヘンリヒはすでに一九七七年にツヴェットルでの学会「イェーナのヘーゲル」の中で、ヘーゲルのイェーナ時代の著作や草稿についてつぎのように語っていた。「これまでの十五年でテキストの解釈は、ヘーゲル文庫の出版物によって、かつては予測もできなかった水準へと高まっている」(23)。

校訂版『ヘーゲル全集』を出版することこそが大事な課題であったから、課題の一部に集中することで成果を上げられるはずだった。すなわち、作業ははじめ『ヘーゲル全集』の第一部に制限されるばかりか、第一部においても青年時代の著作と並んで、最初にイェーナ時代の著作が仕上げられなければならなかった。『初期著作集』という書名を得た青年時代の著作の中でも、第一巻と第三巻は完成して提示されたので、若いヘーゲルのこれまでのイメージを修正することが求められた。残念ながら第二巻の全体的な編集作業は、いまようやく始まったばかりである〔その後二〇一四年に完成した〕。第二巻には、ヘーゲルがヘルダーリンとの関係の中で新たな出発点を形成し、そしてそこから自分の道を歩みはじめたフランクフルトでの作品が入っている。いわゆる『ドイツ観念論の最初の体系プログラム』

をめぐって新たに引き起こされた論争は、ヘーゲル、フィヒテ、シェリング、ヘルダーリンの研究を結びつけた。ヘーゲルがフランクフルトで歩んだ道はどのようなものであったのだろうか。新たな試みはまだ暫定的なものにとどまっている。というのも、とくに(ディルタイによればヘーゲルが書いたものの中でもっとも美しい)『キリスト教の精神』という作品は、編集作業のための解明もされていないし、分類のための整理もされていなかったからである。イェーナ時代の著作と草稿を集中して取り扱うことで、これらのテキストは新たに配列し直され、哲学的な評価も新たに要求される。このような最初の実験的な取り組みがなされたあとで、ヘーゲル『精神現象学』の出発点と構造と発展史が解明された。それによってまた、論理構造ばかりか体系が発展する際の重要な段階も解明された。したがって、ヘーゲルの画期的な作品『精神現象学』は、もはやだれもが自分に都合よく解釈することのできるものではなくなり、厳密さを欠くような学問にとどまることもないのである。

『ヘーゲル全集』の第一部となる巻については、すでにこれまでに十分な計画が練られてきた。このことは少なくとも第十一巻についても当てはまる。この巻はまったく新たな基礎資料にもとづいて作成された。ヘーゲルはニュルンベルクのギムナジウムで教えていたが、そのときの哲学的教育学の重要な資料が再現されたからである。二十世紀のはじめ、図書館の司書は使用したヘーゲルの資料を、ヘーゲルのところに戻すのではなく、間違ってモーリッツ・ハウプトのところに置いてしまった。行方不明になったこのテキストは、その後の二度の世界大戦をも生き延びて、資料を点検した際にベルリンで見つかったのである。この幸運な発見によって、ヘーゲルの作品のイメージは変更されることになった。これによって校訂版『ヘーゲル全集』の第一部の作業は、大体のところで、最終的な成果に達したのである。

一九六八年に校訂版『ヘーゲル全集』の最初の巻が出た。そしてルール大学ボーフムにヘーゲル文庫が設置された。そのときには、毎年一巻ずつ出すことができるだろうと期待していた。しかし一九九一年には『ヘーゲル全集』第一部の全二十二巻のうちの十三巻しか出ていなかったので、そのときには理由が問われるべきであった。理由はたしかに、具体的な作業がますます困難に直面していることにあった。そこでたとえば、イェーナ時代の草稿の順序がやり直されなければならなかったし、新たに発見された資料が細かなところで補足を必要とした。ヘーゲルの出版にかかわる哲学的な関心とは違うが、副次的な結果として、ヘーゲルの草稿の値段がおよそ三十倍にも値上がりした。したがって、注意深くヘーゲルの草稿を探し求めることも必要になった。そこで年報の『ヘーゲル研究』ではたえず、未出版のテキストをまえもって発表することになった。しかし、作業の難しさや拡張よりももっと重要なのは、人手の問題であった。すなわち、人文科学の仕事のためには、長期の教育期間と経験の集積が必要とされたのである。そこでは、担当者が替わって困ったこともあれば、逆に、定められた任期で職を移るのが難しい場合もあった。大切なのはつねに、たんに編集者を養成することではなく、むしろ編集作業を研究に結びつけることであり、大学の教育に結びつけることであった。騒々しいだけで協同作業が成果を挙げず終わってしまわないように、小グループで作業がなされなければならなかった。かつての共産主義による独裁は、ぜいたくな出版事業であっても、致命的な欠陥を教訓として残した。たんに計画を上から決めたとしても、所員の数を増やしたとしても、それによってもたらされるものは何もないのである。とはいっても、『ヘーゲル全集』の出版のために約束されていた六つの職がすべて認められたわけではない。むしろ、不安定な雇用政策がたえず編集作業に大きな負担をかけていた。一つの職が空席になると、連邦政府から来たアカデミーの計画の財源であっても、州の財政立て直しのために九か月間も職が空けられたままとなった。不均衡を是正するように求められた時代ではあったが、比較的大きな規模の計画もそれなりに認められていた。こうしてヘーゲルは新たな仕方で、哲学の古典として世界中で学ばれるようになったのである。

人文科学は計画を立てることができない。このような苦情や非難がいつも公然と表明されてきた。研究を支援する組織であれば、たとえ多くの出版企画が（『プラトン索引』から『哲学事典』まで）中断したままであるとしても、より大きな計画を立案すべきではないだろうか。たとえば、『古代ラテン語集成』は二十世紀のはじめには完成するはずだったと、自嘲的に言われることがある。長期計画についての研究政策の説明には、そういう古い予告を引き合いに出すこともできるだろう。（たしかにそれは二十世紀には完成しなかったけれども、しかし多くの古典文献学者が堅実な専門分野を形作ることができた）。考慮すべきは、古い『バッハ全集』が完成したときに、新しい『バッハ全集』が着手されたということであり、『ルター全集』が完成したときに、新しい版の出版が求められたということである。考古学においては、かつての発掘が不十分だったため、新たに発掘しようとしてもすでに破壊されている場合がある。そうであれば、考古学はもっと具合が悪くはないだろうか。ヘーゲルの出版においても、こうした経験があったからこそ、編集作業の全体が分割され、個々の部分をそれぞれで完成させようとしたのだった。したがって最初はただ、著作と草稿を編集することになったのである。『ヘーゲル全集』の第一部は完結した一つの部門であるから、部分的には完結した結果を示すことにもなるだろう。このように課題を設定することは、一生のうちで働ける時間にもかなっていたし、一定の原則を守ることにも見合っていた。設定された課題は、相互に関連する部分的な計画へと分解された。その結果として今日では、計画の完成を見通すことができるようになったのであり、それによってまた、ヘーゲルの講義の筆記録である『ヘーゲル全集』の第二部の具体的な編集作業への道も開かれたのである。

第三節　講義の筆記録

ヘーゲルの哲学は、歴史がどこに向かい、芸術が何をもたらし、宗教がどのように神に高まるのかを示して、人間の生き方を新たに決定するものとなった。このことでヘーゲルは、大学の中でももっとも優秀な学生たちを獲得することにもなった。ヘーゲルは時代に影響を与えたが、時代が受けた精神的な衝撃は、知識の全体が形成する確固とした組織によって支えられていただろうか。そしてヘーゲルによって構想された学問の体系に支えられていたのだろうか。ヘーゲルは最初の主著『精神現象学』を新しい版で出すはずであったが、そのときにはじめて、この作品が過去の時代によって決定されていたことも明らかになった。つまりは、ヘーゲルが到達したと思っていた体系へと、支障なく入っていけるものではなかったのである。では、どうして思弁哲学である論理学は現象学の弁証法を前提にして発展しなかったのだろうか。この決定的な問題をヘーゲルが取り上げることはなかった。(知の知・精神・精神の自己知という論理学の章に従えば、『精神現象学』の最後の部分は、最初のところの理解に合致するものでなければならなかった)。しかし『エンチクロペディー』の第二十五節は、あいまいな暗示と解釈でもって、『精神現象学』の最後の部分を実在哲学に関係づけてしまった。そこでヘーゲルは、死ぬまえにもう一度、少なくとも『論理学』の第一部にだけは手を加えて形を整えようとした。『エンチクロペディー』は講義のための基礎であり、『論理学』の全体を再生産したものだったが、しかし最後のところでは、精神が歴史を通じて絶対精神となって芸術・宗教・学問へと分かれていくように、ただ簡単な示唆を与えただけだった。世界史の哲学、美学、宗教哲学、哲学史に該当する個々の学問にとっては、『エンチクロペディー』は綱要ではありえなかったのである。

それにもかかわらずヘーゲルは、のちのベルリン時代には『エンチクロペディー』で手短に述べているように、宗教哲学の講義でもあらかじめ決められた体系的な設定へとより積極的に向かっていく。この点を見過ごしてはならない。しかし体系の概略は断絶も不足もない基礎だったのだろうか。まさに『エンチクロペディー』においては、概念の論理が単純に再現されただけだった。これはヘーゲルがニュルンベルク時代に『論理学』の節で仕上げたものである。しかし論理学のこの部分は、論理学の中心をなす理念論とともに問題を孕んでいた。そのための外的な兆候はすでに現れていて、生命の理念は詳しく展開されていたが、善の理念はまったく不釣り合いに短く叙述され、絶対理念がただ未分化のまま提示されていたにすぎなかった。(『精神現象学』はこれとは反対だった。すなわち、存在の全領域に対応する感覚的確信の弁証法は、ほんのわずかしか書かれなかったが、善の理念と絶対的理念に対応する精神と精神の自己知は、幅広く展開されていた)。(すでにカール・ローゼンクランツが提案したように) 理念論をすべて論理学から追放する必要はなかっただろうか。あるいは、理念論はまさにヘーゲルの特別な試みを示していたのだろうか。同じような問いは、主観的精神の哲学にも向けられる。青年時代の著作では、まだ感覚への志向が強かった。イエーナ時代の終わりにヘーゲルは、直観と表象と思考の区別を絶対精神の区分の原理として導入した。『エンチクロペディー』の三つの版は、このような規定を異なった分類と重要さでもって語っていた。直観と表象と思考は、絶対精神を分類するための手引きとして、そもそも理論的精神の代わりに自由な精神のうちに入れられるべきであろうか。ヘーゲルのベルリン大学での講義は、欠くことのできない確固とした基盤を持っていたのだろうか。こうした問いが解明されなければならないのである。

ヘーゲルにとって学生に講義をするのは「やっかいな」仕事で、ハイデルベルク時代とベルリン時代にはもっとも手間暇のかかる仕事となっていた。しかし、講義によって得られた成果はヘーゲルの主要な作品をさらに仕上げていくことにもなった。とりわけそれは、『学的批判年報』に発表された論文や、『学的批判年報』の発行のための共同作業において、体系を具体的な問題へ適用していくときに見られた。これによってのみヘーゲルは学派を形成することができたのである。その後、ヘーゲル学派は逆に、学派が与えた衝撃と成果をもってヘーゲルの講義に影響を与えることにもなった。一八二〇年代のはじめには、レオポルド・フォン・ヘニングは政府に敵対する学生組合の一員とみなされていたが、しかしゲーテの愛好家で大学の役人でもあったシュルツとともに、そしてヘーゲルとともに色彩論の実験を行うことで、名誉を回復することができた。ベルリン時代の最後、ヘーゲルは自然宗教の概念を宗教の初期の直接的なあり方へと狭めることになった。これはおそらくカール・ローゼンクランツの『自然宗教』の叙述が影響していたのだろう。ヘーゲルはのちに公的な筋からエドゥアルト・ガンスとの争いに引き込まれたが、これもヘーゲル学派がヘーゲルの作品へ及ぼした影響の現れだったのかもしれない。また、見過ごすことができないのは、自治都市と新設団体とによる間接選挙で代議制度を支えるという、ヘーゲルの当初の計画が失敗に終わったことである。プロイセンの都市制度はこの通りにはならなかったからである。ヘーゲルの講義は数多くの講義録によって広く伝えられて、他の人にも使われていた。このこともヘーゲルは気にしていたようだ。ヴィンディッシュマンがヘーゲルに『東洋における哲学の基礎、中国とインドについて』の第一部を送ったとき、ヘーゲルはそこに自分の考えを見つけたのではないか。そうしたうわさがヴィンディッシュマンにも届いていたので、彼は一八二九年八月一日のヘーゲルへの手紙の中で、「盗作」だという非難に対して弁解しなければならなかったのである。

ヘーゲルはハイデルベルク大学とベルリン大学で三十一学期にわたって講義をした。（一学期も休むことなく、あるいはその他の中断もなく）、しかもずっと二つの講義を並行して行っていた。ヘーゲルは少なくとも講義の一つを平日の六日間すべてを使って始めた。ベルリン大学では五日間に減らしたが、ついには一つの講義を週に五回、もう一つの講義を週に四回するようになった。ヘーゲルはハイデルベルク大学では一つの講義を午前に、もう一つの講義を午後に行ったが、ベルリン大学での最初の数学期には二つの講義を午後続けて行い、それからまたもとの仕方に戻した。講義はすべて「私的に」行われていたが、一八二九年の夏学期には、一時間の講義を水曜日の昼に「公的に」行うと予告した。すなわちそれが、神の存在証明についての講義であった。一八一七年の夏学期の論理学・形而上学の講義のために、ヘーゲルは学期の半ばから土曜日を面談に当てると予告していた。そのまえの学期にヘーゲルは、手紙の中の表現によれば、エンチクロペディーの講義のための面談を「筆記された完成稿」に結びつけたかったと述べている。ベルリン大学では、レオポルド・フォン・ヘニングがヘーゲルの二つの講義の復習を引き受けていたし、さらには、（ヘーゲルが「雑談」とも呼んでいた）面談も担当していた。（たとえば、学長任命やアウグスブルク信仰告白祭のように）、ヘーゲルは講演をいつももっぱら公式の機会にしかしなかった。

ヘーゲルの講義形式は、十八世紀に確立した綱要を使った講義で、ドイツの伝統的な方法に従っていた。膨大な授業時間数をこなしていたカントはまだ、他人の綱要に従って講義をすることもあったが、ヘーゲルはイェーナ大学で数学のためにシュタールとローレンツの綱要を使っただけだった。哲学史の講義では、ヘーゲルはいくつもの綱要を参照するように指示していたが、自分ではそのうちの一つも手に取ろうとはしなかった。しかしヘーゲルは、エンチクロペディー、自然哲学、主観的精神の哲学、法哲学の講義では綱要を使っていた。（つまりは、『エンチクロペディー』と『法哲学綱要』である）。他の講義では、綱要は使わずに、自分の原稿とメモを見て話をしなければならなかった。(二十世紀であれば、力を振り絞って講義をしていたハイデガーように)、草稿を読み上げる講義でも、ヘーゲルは完成稿でもって独自の試みと思考の歩みを語るような形式には達していなかった。また、草稿を使った講義ではすべて、試行的なものであっても最終的なものであっても、体系はいつも新しく作り直されていた。

ニュルンベルクでギムナジウムの校長をしていたヘーゲルは、エアランゲン大学、ハイデルベルク大学、ベルリン大学からの招聘を期待していた。ヘーゲルはベルリン公使で歴史家であるラウマーに一八一六年八月二日の意見書の中で、大学での哲学の講義について見解を述べている。ヘーゲルは、かつての形而上学である論理学の講義を希望し、自然哲学と精神哲学の講義を希望した。精神哲学には人間学を含む心理学と法律学と義務論が入っていて、さらに美学と宗教哲学が入っていた。そこに哲学史が加わることになっていた。数年後にベルリン大学の学長は、哲学部における「すべてを網羅した授業」について所見を求めてきた。それに対してヘーゲルは、一八二〇年五月五日に、彼の考えではいかなる法的規制もありえないので、授業では自分の考えを述べることができるだけだと答えている。全部そろった哲学の授業とは、通常の区分に従えば理論哲学の講義と実践哲学の講義である。「そこで私は一つの学期には論理学と形而上学を講義して、同じ年のもう一つの学期には、倫理学または義務論を含む自然法と国家学すなわち法哲学を講義することにした。したがって両方の学問は同じ年に置かれる。学問を広く網羅するために、さらに自然哲学と精神哲学が、すなわち人間学と心理学が続いてくる。美学は同時に宗教哲学にもかかわり、その全体に哲学史が続いていく。これらの四つの部門の中からどの学期にも交互に一つを講義すると、二年間で一巡することになる[24]」。一方には論理学と形而上学があり、他方には自然法と国家学がある。中核となるこの二つの部門に、他の二つの部門として、さらに特殊な学問と哲学史が加わってくる。

ヘーゲルはベルリン大学ではどの夏学期にも、論理学と形而上学を全体の基礎として講義していた。一八一九年の夏学期から四学期は実際に、所見の中で学長に伝えていた「網羅的な」授業をしている。イェーナが崩壊しつつあった最後の学期には、ヘーゲルは他の人と同じようにイェーナからハイデルベルクを目指していた。そのときにヘーゲルは、フォスに対抗して文学や美学の講義も担当できると伝えていた。ヘーゲルはハイデルベルク大学で一八一七年の夏学期には美学を予告したが、しかしこの三つ目の講義を「時間不足のために」そして「健康上の理由から」休講にした。ところが一八一八年の夏学期には、ヘーゲルにとってはハイデルベルク大学での最後の学期になるのだが、美学を予定通りに講義したのである。ヘーゲルは口述筆記に従って講義をしたようで、実際にこの講義の口述筆記はごくわずかだが残っている。ベルリン大学では、ヘーゲルは一八二〇／二一年の冬学期に芸術哲学としての美学を講義した。これは新たな試みであって、講義は草稿とメモにもとづいてなされた。すでにつぎの夏学期には、ヘーゲルは宗教哲学を独立したものとして講義している。外的な状況から、とくにプロテスタント教会が目指していた同盟の教義上の方針をめぐる争いからも、このような方向へと進んでいった。講義をしているあいだにもヘーゲルは、シュライアーマッハーが教義学を『信仰論』として出版したことを聞いていた。つまりヘーゲルの視野の中には、シュライアーマッハーというもっとも手強い敵が入ってきたのである。一八二二／二三年の冬学期にヘーゲルははじめて、自然法と国家学を講義するばかりか、この講義の結論部を独立したものとして扱った。すなわち、これが世界史哲学の講義である。一八二四／二五年の冬学期には、ヘーゲルはもう一度法哲学の講義を世界史哲学の講義と組み合わせて行い、その後は、法哲学の講義を弟子たちに任せることにした。そのころウィーン会議は身分制議会によって領邦国家体制を推し進めるとともに、このような統治体制の形成を優位に進めていた。そこでヘーゲルは、新しい綱要とともに教科書らしい記述に行き着いたとき、みずからの目標を他のところへ向けることができた。しかしその後は、ガンスがあまりにも自由主義的な傾向を現してきたので、ヘーゲルは亡くなるまで法哲学を自分で講義しなければならなくなった。健康上の理由から講義は縮小され、一八三〇／三一年の冬学期には、ヘーゲルは予告した法哲学講義を休講にしたけれども、世界史哲学の講義だけは行っていた。これも理由のないことではなく、歴史はヘーゲルのいくつもの法哲学的な思想を超えて歩み出ていったのだろう。ヘーゲルがつぎの冬学期にふたたび法哲学の講義を始めようとしたとき、突然の死が彼を襲ったのである。

ヘーゲルは四回、いずれも特別の機会に、エンチクロペディー全体の講義を予告した。それはヘーゲルがハイデルベルク大学での最初の学期で、ニュルンベルク時代の草稿を教科書にしたかったからである。(一八一七／一八年の冬学期にヘーゲルは明らかに、予告なしにスウェーデン皇太子グスタフのための私的な講義をした。しかも『エンチクロペディー』の本の中にあるメモが示しているように、すでに出版されていた『エンチクロペディー』について講義をしていた)。ハイデルベルク大学での最後の学期には、ヘーゲルはもう一度同じ講義をした。しかしそのときには「哲学体系の全領域。ヘーゲル教授、彼の教科書と詳細な口述による」ものとあった。口述されたものはすでに筆記されていたものを超えていたのだろうか。いずれにしてもヘーゲルのハイデルベルク大学での最初の授業はエンチクロペディーではなかった。ヘーゲルは、(がっかりするほど少ない聴講者を前にして)『エンチクロペディー』を使うこともなく哲学史の講義をした。哲学史の講義では、ヘーゲルはイェーナ時代のノートを受け継ぐことができた。しかし、細かいところを利用しているうちに、哲学史の講義が持っていた本来の構想に亀裂を取り込むことにもなった。(というのも、この講義はイェーナでは『精神現象学』の構想と近いものがあったからである)。ヘーゲルはハイデルベルク大学では、哲学史を「独自の計画で」講義して、一年後には「口述により」講義すると予告した。一八一七年の夏学期には、ヘーゲルは論理学と形而上学を「まもなく出版される『哲学的諸学のエンチクロペディー』の手引きに従って」講義しようとした。しかし、人間学と心理学のほうは「口述により」講義しようとしていた。これらのことからわかるように、ヘーゲルは一八一七年の夏学期のはじめにはまだ、論理学と形而上学のために本を予定していたが、しかし主観的精神については本を予定することができなかった。また、美学も口述で講義されるはずで、それは実際に一年後になされたのである。驚くべきことにヘーゲルは、一八一七／一八年の冬学期には、自然法と国家学を『エンチクロペディー』によってではなく口述で講義している。ヘーゲル自身が国家体制をめぐる激しい論争に巻き込まれると、体系のかたちを変えて権力を持つ組織を明示することがあらためて求められた。(たとえば、代議制度の中に二つの議院があることを考えると、一つの議院の代表として市民社会が相対的に自立することになった)。

ベルリン大学でヘーゲルは、目的をしっかりと定めて、最終的なかたちで『法哲学綱要』を出版した。哲学史と美学の講義は、もはや口述筆記されたものに従ってはいなかった。ヘーゲルがハイデルベルク大学の友人クロイツァーに書き送ったところでは、クロイツァーの作品によってヘーゲルは美学についても語ることができるようになってはいたが、まだ節ごとのかたちでの綱要は考えていなかった。主観的精神の哲学についての新たな叙述が、ヘーゲルにとってはとりわけ急を要するものであった。ここには独立した綱要のための草稿が、まだ節ごとのかたちで提示されている。しかしヘーゲルは亡くなるまえにすでに、公的な講義で語った神の存在証明についての完成稿を出版するために契約を結んでもいた。一八三〇／三一年の冬学期には、ヘーゲルは世界史の哲学の第一部のみを予告して、法哲学を休講にした。ヘーゲルはまもなく出版される本を念頭に置きながら、世界史の哲学のための新たな試みへの序文として、歴史における理性についての草稿を書いていた。しかしこの草稿は完成にはいたらなかったので、ヘーゲルはふたたび世界史全体について講義をした。いずれにしても六十歳にもなると、もはや新しい綱要を出したいなどという気分ではなかったのだろう。むしろヘーゲルは、講義草稿という大きな作品を新しいかたちで出版することを考えていた。さらにはガンスとの争いによって、教科書にふさわしい体系のかたちでは、大事なところで問題が生じることも明らかになってきた。

ヨハネス・ホフマイスターはすでに一九四〇年に、『哲学史講義』のまえがきで、ヘーゲルの講義についての大事な報告をしていた。これまでヘーゲルの講義の仕方については、まったく異なった視点から見られてきたので統一しなければならないという。しかしいまでも、ハイデルベルク大学とベルリン大学でのヘーゲルの講義の聴講者については、概観されてもいないし分類されてもいない。多くの賛同者がいたのは確かだが、カール・ローゼンクランツは『ヘーゲル伝』の「学派とその賛同者」の章で、そこには「ヘーゲル流とその見せかけに任用資格を得るための手段」があったと記録している。ただしそこで示されたのは、ヘーゲルの講義にヨハネス・シュルツェのような枢密顧問官や将校が来ていたということである。(たとえば法律家のホーマイヤーのように) ヘーゲルに傾聴してはいたが、しかしヘーゲルとは別の道を歩んだ者もいた。ヘーゲルはオランダ旅行のあとで美学講義を行い、そのときの印象がホトーを虜にして、生涯にわたって離れることはなかった。ヘーゲルは美術史家とも親しくなったが、ヘーゲルの賛同者であったホトーには、思弁的な考えとはほど遠い美術の専門家や館長が対立していて、グスタフ・フリードリヒ・ワーゲンはその一人であった。思弁的な考え方によってファトケは『旧約聖書』の律法と預言を保持しようとはしなかったが、しかしファトケにはフォイエルバッハが対立していたし、フォイエルバッハのヘーゲル研究は、ついにはヘーゲルから意識的に離れていった。フォイエルバッハ、バウアー、シュトラウスらにとっては、『精神現象学』は画期的な作品であり、講義用に固定された体系よりもはるかに重要な意味を持っていた。

もちろんヘーゲルの影響はさまざまな学問分野で異なるものだった。思弁的な自然哲学にはのちの世代がはじめて嘲笑を浴びせたのではない。アレクサンダー・フォン・フンボルトが思弁的な自然哲学に対して不当な論駁をしたのでもない。その証拠として、フンボルトは講義メモをヘーゲルに送っているが、しかし「ヘーゲルに対する抗議」は、フンボルトの『コスモス』講義の出版においてもはっきりと見て取れる。(ファルンハーゲンは争いを仲裁しようとしたが、ヘーゲルが一八二七年十一月二十四日に送った手紙はそれとは逆のことを示していた)。二人の競争相手は、接するときにはつねに機嫌を損ね、皮肉を交えて距離を取っていた。未来はここではヘーゲルの味方ではなかった。ヘーゲルの学問では、一方には論理学と形而上学があり、他方には主観的精神の哲学があった。それらの学問のために、ヘーゲルの弟子たちもすぐにそれに見合った教科書を提示してみせた。ヘーゲルの現象学が主観的精神の中にあるのは論理的で必然的なことなのかもしれないが、しかしここでもまた妥協なしにはうまくことは運ばなかった。人間学と心理学の材料は部分的には与えられていたが、合理的で経験的な心理学では、材料となるものは与えられていなかったのだから。たしかにヘーゲル自身が講義の題目で人間学と心理学という名前を用いていたので、ヘーゲルの弟子たちもこのやり方に従ってはいた。ところが、ヘーゲルに追随する亜流の哲学者たちは、論理学と形而上学でも、人間学と心理学でも、ヘーゲルが時代の問題に触れていたことを示しはしなかった。つまり精神哲学のような大がかりな講義では、法、歴史、芸術、宗教、哲学史は提示されていなかった。講義草稿がとくに熱心に筆記されたのも驚くべきことではないが、綱要を参照することのできた法哲学の講義でさえも、学期ごとに筆記録によってのみ記録されているだけである。

こうしてヘーゲルの筆記録を読むことがヘーゲルの講義を聞くことになっていった。講義の筆記はたんなるメモ書きにすぎないが、しかし自分で学んで、聞いたことを独自に再現することもなされていた。そしてまた、ヘーゲルの講義を筆記するように依頼することもあった。作成された筆記録は、さまざまな口述筆記から組み立てられたものであり、書き写されたものである。売買されたものでなくとも、しかし取り替えられたり、さらに書き送られたりしたものもある。ヘーゲルの友人のハインリヒ・ベアーは、変わり者の金持ちで、ヘーゲルの講義を何度も聞いただけではなく、学生に筆記録を作るように頼んでもいた。身分の高い人も関心を持っていて、筆記された用紙を手に入れようとしていた。ファン・ゲールトやラヴェンシュタインのようなかつての聴講者も、クーザンのような同僚も筆記録を頼んでいた。こうした作業から講義録を守ろうとして、ヘーゲルは一八二四年一月十九日にフランツ・フォン・バーダーへ依頼の手紙を送っている。「私の講義についてノートが出回っていますが、どのみち阻止することはできません。ヘニング氏があなたにノートを与えたとしても、そのノートの中にあるものに私はいっさい責任が持てません」。ヨハン・エドゥアルト・エルトマンは、「ヘーゲルのあらゆる労力」が講義のために注ぎ込まれていたことを伝えて、つぎのように語っている。「ヘーゲルは聴講者の中によくできた筆記録があると聞いていた。そこで筆記録を書き写させたうえで、その筆記録を講義の際の基礎に据えていた。その結果として筆記録は変更されて拡大されていった」。マールハイネッケは『宗教哲学講義』のまえがきのところで、ヘーゲルが一八二七年にはグリースハイムの筆記録の一部を教壇に持ってきたこと、一八三一年にはスイス人のマイヤーの筆記録を教壇に持ってきたことを伝えている。たしかに、他の人が読むことのできたものでも、ヘーゲルが読めないものもあった。ヘーゲルは、かつて語ろうとしたことがこのように固定されていることに、むしろ驚いていたのではないだろうか。いずれにしてもヘーゲルは、みずからの思想を個々の学期にそのつど独自の仕方で、しかも異なった重点を置いて再生産していったのである。

講義録の出版準備において重要なのは、個々の筆記者の意図、作業の仕方、そもそも筆記者がどういう「人物」なのかを正確に把握することである。グリースハイムの完成稿をめぐって信憑性と価値が争われたが、その争いがすぐさまこうした試みの難しさを現している。解明されなければならないのはまた、どの筆記者が協力していたのか、筆記者はメモや完成稿を交換していたのか、ということである。清書稿や完成稿の作成のとき、筆記者は他の筆記録や、それ以前の学期の筆記録も自由に使えたのだろうか。伝わっている資料を精査して、講義録を区別したうえではっきりと分類しなければならない。口述筆記はいろいろなやり方で講義の中で作られた。これは、書き取られたものを変更することも補足することもなく、自宅で書き写しただけの清書稿からは区別される。そのような清書稿は完成稿からは取り除かれている。完成稿は独自の表現をしているから、おそらくは綱要を使うことができ、授業を欠席したときには他の筆記録をも使っていただろう。これらの完成稿はまた、資料を寄せ集めて編集されたものと混同されてもならない。寄せ集めて編集された本には専門の筆記者がいて、多くの場合にさまざまな書類から、そしておそらくは以前の学期の筆記録を使用したり、復習や面談の資料をも使ったりしてテキストを作り上げていた。このように大規模に寄せ集めて作られたものがまさに、弟子たちが作った『ヘーゲル全集』の講義録なのである。それらはしばしば、他ではもはや使用できない資料を私たちに伝えてくれた。しかし、出版にとって重要な素材としてはもちろん、筆記録をたんに書き写しただけのものは除外される。ちなみにハレのA・マイヤーが書いた世界史哲学の筆記録の予告は、一目見てガンス版からの抜粋であることがわかる。

ヘーゲルの講義録を出版するために、これまでの数十年のあいだにさまざまな試みがなされてきた。設定された目標にはまだ達していないが、それでも重要な準備作業を残してくれている。ヴァルター・イェシュケによる『宗教哲学講義』の編集（一九八三年）によって、十分に満足のいく学生用廉価版を出すことができた。（ドイツ語版と同時に、ピーター・C・ホジソンによる英語版とリカルド・フェラーラによるスペイン語版も出た）。前提となるのは、作業を継続して根気強く取り組むことである。（イェシュケは一九七一年の修士論文『ヘーゲルの宗教哲学講義の構成と従来の版』から継続している）。もちろん学生用の廉価版は校訂版とは違う規則に従っていて、草稿と筆記録をいっしょにしている。考証資料は限られていて、「注釈」は読む助けとはなるが、学生の使用のためには必要であっても、校訂版全集ではほとんど採用されない。この版によってはじめて、ヘーゲルが個々の学期にどのような仕方で講義をしたのかが明らかになった。そこでいまやはじめて、リヒャルト・クローナーが批判的な注釈によって提示した問いを検討することができる。すなわち、ヘーゲルは講義の中で教育的配慮から学生の理解力に合わせていたのか。ヘーゲルの概念操作はさまざまな試みを経て求めていた結果を獲得したのか。ヘーゲルはエンチクロペディーの枠組みの中に講義の試みを取り入れて体系構想の目標に到達したのか。宗教の概念が展開すると循環して絶対的宗教の規定と結びついていくのか。しかしそれによって出発点が「現象学的」に媒介されていくという、かつて求めた方法は排除されてしまったのか。こうした問いが議論の対象となった。

ヘーゲルは、自然法と哲学史という伝統的な講義のほかに、精神哲学と精神史にかかわる最初の試みとして美学講義も担当していた。これは偶然のことではない。変革の時代であった当時、芸術作品はもはや宮殿や教会の中に置かれるものではなかった。絵や彫像は故郷を失い、各々独立して美術館や博物館に運び込まれた。芸術家は自分で新しい道を見つけなければならなかった。ヘーゲルの講義はこうした歴史的な流れの中で理解されなければならない。この中で新しい美術館が形成され、同時に、考古学や美術史という大学での新しい学問が形成された。講義録を書き写したものが保存されていて、その中にはヘーゲルの発展も見られる。ではいったい、ヘーゲルはどのような芸術作品を見ていたのだろうか。どのようにしてハイデルベルクとベルリンで、または大旅行で見たり読んだり聞いたりしたのだろうか。このような問いに答えなければならないだろう。すでにカール・ローゼンクランツが『ヘーゲル伝』に書いていたように、王政復古の時代におけるベルリンでの芸術への関心は、「ただ一つ公衆のものだけ」だった。ヘーゲルは講義の中でベルリンの演劇や展覧会の世界から例を挙げていた。そこで大衆に「大きな衝撃」を与えることができ、「翻ってヘーゲル自身も並外れた人気を生み出すことができたのである」。

象徴的だったのはヘーゲルの法哲学講義をめぐる騒動で、ヘーゲルは時代を決定するほどの大きな力で世界革命の方向を動かした。レオ・シュトラウスは（支援してくれたカール・シュミットから離れて、新たな迫害の時代においてイギリスへ亡命し）、ヘーゲルの『精神現象学』にある生と死をめぐる戦いからホッブズを解釈した。しかしシュトラウスは、歴史の中での理解を政治哲学の解体とも見ていた。それに対して友人のアレクサンドル・コジェーヴは、自己意識の現象学という注釈書を書き、ヘーゲルと協力して歴史がついに国家と宗教のための理性的な原理へと到達したことを示そうとした。専制政治についてのシュトラウスとコジェーヴの議論には、見解の対立と論争の現実が示されていた。エリック・ヴェイユがヘーゲルの『精神現象学』に対して示したのは、ヘーゲルの国家への関係がプロイセンへ向かう道であったこと、プロイセンがヘーゲルにとってははじめは改革の国家であったことである。そこでヨアヒム・リッターは、ヘーゲルの『法哲学』を（アリストテレスやカントの作品と同じように）近代世界を解釈する方法として受け取ることができた。自然法を人倫の歴史の中に入れてみることも、ヘーゲルのように市民社会を国家から切り離してみることも、近代世界を解釈する一つの型を示していた。それはたえず新たな分裂へと向けられながら、ただそこにおいて生き生きとした統一を獲得することができた。リッターのヘーゲル注釈は、解釈学的哲学によくある試みであって、とりわけ実践哲学の復権へと向かっていた[25]。

カール・ハインツ・イルティングは別の方法で実践哲学の復権を目指していた。基本となる主張は、「人間関係に秩序をもたらし、普遍的な拘束力を持つ、合理的に根拠づけられる規範がなければ、すべてのものが許される[26]」というものだった。ドストエフスキーのイワン・カラマーゾフは違うように表現していた。すなわち、神も不死もなければいかなる道徳もないし、そして犯罪も避けられない。そのような過激な考えに対して少なくとも問わなければならないのは、ではどのようにして法や神はそもそも知られ、そして理解されるのかということである。いずれにしてもイルティングは、かつての師であるハイデガーには（まさにヴィトゲンシュタインのように）、「自然法と人倫についてはっきりと態度を決めるための基本的な前提」が欠けていると思われた。つまり二十世紀を代表する哲学者とその後継者は、自由な意識が全面的な危機に晒されていることを告げたが、道徳にかかわる重大で意義のある時事問題を解明するところでは、公衆を神学者のところに押しやってしまったのだという。ハイデガーは実存主義に達しなかったのではない。そもそも法と規範が（たとえば、数学や自然科学において、あるいは芸術・宗教・国家において）何を意味しているのかを問題にしていたのだが、このことはイルティングには思いもつかなかった。どのようにして哲学は普遍的なものを目指すのだろうか。そして普遍的なものを分析して解明することで、どのような哲学の「論理」を獲得することができるのだろうか。イルティングは自然法をめぐる古代の努力を不十分なものと見て、（カール・シュミットが指摘していたように）近代におけるホッブズに問題解決の決定的な糸口を求めた。普遍的な規範から平和条約を導き出す主権者によって、実際に有効な法が作られるのだろうか。マルクスで結果がはっきりしたように、ヘーゲルは古代の試みと近代の試みを媒介しようとしたが、ついには歴史を法と人倫とに分けてしまった。この誤った選択の理由を提示する必要はないのだろうか。すでにまえからそうであったように、プロイセンの国家が突然のように強大になったとき、それは哲学者やニセ哲学者のせいにされて公然と非難された。検閲への不安が本に影響を与えたといわれるが、口頭で行われた講義には、ヘーゲルの胸のうちにはさまざまな思いがあって、そこには肝心の発言のもととなった隠された出来事がなかっただろうか。かつてエドゥアルト・ガンスが重要な節をまったく伝えていなかったので、まずはヘーゲルの隠されてきた哲学が法哲学講義から取り上げられるべきではないだろうか。そこではじめて哲学の実質的な問いは伝記的で歴史的な問いへと結びつくことができる。とりわけ、これらの問いに答えることができるのは、新版を出版することによってのみである。

カール・ハインツ・イルティングは自然法と人倫の概念の発展を叙述したが、そのとき彼はレオ・シュトラウスに反対する立場をあっさりと取り下げた。[27] リッターの研究は一度も取り上げられなかったし、ハイデガーの解釈学的な試みもイルティングには価値がなかった。ホッブズを「法と国家の哲学の試金石」として受け入れることは、すでに問題を孕んではいないだろうか。そもそも自然状態から法状態への移行は完全な断絶と考えられるのだろうか。法の全体は、普遍的な規則に基礎づけられ、一つの体系となりうるのだろうか。ホッブズの試みは契約と主権者とのあいだで揺れ動くにしても、その際に念頭に置かれた敵はアリストテレスだけではなかった。アリストテレスの立場を実質的に引き継いだのはイタリアの人文主義であったが、そこでは、若いころのヘーゲルにとって重要だったマキアヴェリでさえも、自然法による初期の試みを否定するものとみなされていた。（ただし、リッター、ガダマー、ラントグレーベは解釈学的な傾向を持っていたが、それでもマキアヴェリを見落としていた）。カントにおいては判断力が新たな重要さを得ていた。現代的な主題である「他者」が普遍化や相互承認を超えることができるとすれば、それはカントとヘーゲルへの決定的な訂正となるだろう。いずれにしても伝統と対立しているところでは、事柄そのものが扱われて議論されなければならない。そこでヨアヒム・リッターは、新たな編集上の発見らしきものが間接的に差し出されたとき、それを本質にかかわらない不当なことだとして退けた。正しい研究方法は現実の具体的な論争から編集作業を引き離しておかなければならず、編集に関するものが短絡的に事柄に関する問題の解明へと持ち込まれてもならないのである。

それに対してイルティング版は、伝えられてきたテキストをすでに一つの解釈へと向けて批判している。そこでは法哲学の節でさえも切り分けられ、節見出しと小見出しを与えられている。重要な第三十六節には「自然法の規範となる規準」という表題が付けられている。そして法についての一定の見解（自然法的に根拠づけられたケルゼンの分析）がヘーゲルのテキストへとすり込まれる。ヘーゲルの節は法的人格が相互に尊敬されることを要求するものであり、つまり承認を要求するものであった。だが、体系の主題を要約している法哲学の序文は、かつてのヘーゲルが承認論を展開したように、承認をまだ問題としていたのだろうか。承認はヘーゲルではたしかにただ相互に尊敬することを意味するだけではない。それはまた一定の領域で「名誉」を持っていることも意味している。これらの領域は（たとえば法や道徳は）カントの相対的で抽象的な区別に従って、最終的には体系の中で市民社会と国家に区別されるのだろうか。イルティングの節見出しはこの問いを覆い隠して、むしろ『精神現象学』に向けて、体系の全体へと引き戻している。(28) 他のところでも、見出しはヘーゲルが具体的に意味していたものを隠している。第二四五節のところは、グリースハイムの筆記録から作られたイルティング版では、「ヘーゲルの〈最善の方策〉」という見出しが使われている。ヘーゲルはそこで、スコットランドのように労働過程から脱落したものを「公共」の乞食とすることを勧めていた。イルティングの見出しはヘーゲルをたんなる冷笑主義とみなしているばかりか、ヘーゲルがかねてからイングランドとスコットランドの状況を区別して研究していたことを見逃している。イングランドでは救貧税が導入され、社会福祉政策によって失業者は名誉を失うことになったが、スコットランドでは失業者はそのままのかたちで承認された。つまりは、王であっても共同体であっても、（今日とくに現実的でありうるだろうが）大学の学長であっても、そのまま承認されたのである。失業者に保障を与えるこの方針では、失業者をふたたび組み入れることのできる組織が必要とされるから、組織が失業者に関心を持ち続けるという利点を持っていた。

たしかにヘーゲルの『法哲学』はホッブズの衝撃なしに理解することはできない。しかしヘーゲルをホッブズから把握しようとする試みはそもそもの間違いに導くことにもなる。イルティングはテンニースの『ホッブズ』（新版、一九七一年）の序文で、ホッブズが恐るべき宗教戦争と内戦の時代に「法を作る統治者に正義の剣と戦争の剣を結びつけた」と強調した。それゆえトマス・ホッブズの政治哲学の鍵となる重要な語は、カール・シュミット流にいえば、「真理ではなく権威が法を作る」ものとなる。若いころのヘーゲルは『ドイツ国制論』の中で「この思想」に「いささか大げさな表現」を与えていた。すなわち、理想の歴史と虚構の空想に「権力の持つ真理」を対立させていたのである。しかしヘーゲルはこの表現でもって、いったい何に注意を向けようとしていたのだろうか。ヘーゲルの挙げた例が示しているように、人間の能力や権力が増していくと、国家はより大きくなって統合されていく。たとえばナポレオンであれば、遠くのサンマリノの共和国には大砲を使って攻勢をかけ、近くのジュネーブは力で奪おうとするだろう。法の形成がこうした筋道をたどるとは、私たちの時代には、たとえば原子力の使用によって具体的に説明されるだろうが、しかしそれだけではない。このような状況においてもまだ、倫理的・政治的分野における偉大な古典の企てが私たちを導いてくれるのではないか。ヘーゲルが「権力」の歴史と変遷の中に巻き込まれるとき、そこにイルティングはついに基礎づけ問題を台無しにするような間違った道を見つけだしたのである。(29)

このようにヘーゲルの作品を見ていくと、先入観にとらわれてしまって眼差しはさえぎられ、誤解を招くような視点から資料が読み解かれる。一八一九／二〇年の冬学期、ヘーゲルは法哲学講義とともにこれから出る本を予告した。一八一九年十月三十日にヘーゲルは、ハイデルベルク時代の友人クロイツァーに対して、聴講者のうちには少佐や大佐や枢密顧問官もいて、まさに公的な聴衆を持っているのだと説明していた。ヘーゲルはクロイツァーの『象徴と神話』の新版に『法哲学綱要』のいくつかの節でもって答えようとしたが、しかし（こと出版については）クロイツァーほど熱心ではなかった。明らかにヘーゲルは『法哲学綱要』をいつもどおり少しずつ印刷に回すつもりでいた。最後の草稿を作成しながら、ヘーゲルはただゆっくりと計画を進めていった。扇動家を追放するカールスバート決議によって、いまや検閲の規則が決定された。そこでヘーゲルはつぎのように書いている。「連邦議会の決議がなされたとき、私はまさに印刷を始めようとしていました。いまでは私たちの本が検閲の対象にならないことがわかっているのですから、私は近いうちに印刷に出そうと思います」。ヘーゲルが最初の部分を印刷に回すまえに、すでに検閲の問題ははっきりしていたのである。そのことをヘーゲルは喜んでいたにもかかわらず、イルティングはヘーゲルの報告を誤解して、ヘーゲルのありえない草稿を想像して、誤った解釈を導き出している。ハインリヒ・ハイネのように騒ぎ立てた人も、たった一度だけヘーゲルの話を聞いて、ヘーゲルの本を読んだだけだった。しかし時代は哲学者が被ったのとは違う損害を被ってしまった。騒々しい人たちはすでに、検閲によってヘーゲルは気後れしたのだというわさを広めていたのである。このようなうわさによっていまでも、ヘーゲルの文章を一行たりとも読んだことのない新聞記者が筆を取ることになった。哲学的な作品は感覚的な騒ぎから遠く離れていて、そのうちにこのようなうわさも消えてしまう。ヘーゲルは作業の継続に集中していたからこそ、わずかな年月で『法哲学綱要』を仕上げることができたのである。『法哲学綱要』の序文は、急進派の学生ザントが保守派の劇作家コッツェブーを殺害したあとで、思いもかけなかった事態をもたらした。その他の点では、さまざまな重点が個々に補足され、それに加えて詳細な訂正がなされた。聴講者の中に将校や枢密顧問官がいたにもかかわらず、迫害がひそかに行われていた時代だったから印刷された作品には書かれていない思想があるなどというのは、ありえない話なのである。

ディーター・ヘンリヒが編集した一八一九／二〇年の冬学期の法哲学講義の筆記録にも、残念ながら、アクチュアリティーと新しさを早急に求めることが受け継がれている。たしかに理性的なものは現実的であり、現実的なものは理性的ではあるが、しかしそれだけではない。ヘーゲルはここでは「生成」について語っているのであって、「真理」は「権力」のうちにあるというかねてからの理解が、新たな可能性を生み出そうとしている。そこで、現実的なものと理性的なものについてのよく知られた異なる表現を正しく理解しようとするならば、論理学に当たってみなければならない。編者のヘンリヒはここで、市民社会の中で生まれてきた貧民にヘーゲルが革命の権利を認めているものとするが、しかしそれはつぎの世代のことである。たしかに革命はヘーゲルにとってとても重要な経験だったし、ヘーゲルは革命がさらに進んでいくための十分な条件に達することにも注目していた。しかし、生命を保持するための手段と、職業と権利を行使するための手段が断たれたときにのみ、ヘーゲルは緊急権を認めているのであって、これは伝統的な考えであるにすぎない。そもそもの問題は、ヘーゲルがどのようにして体系を練り上げて正当化しているかという点である。この点をよく考えて正確に見定めなければならないのに、一八一八／一九年の講義はあいまいな編集によって寄せ集めの本になっている。その中で体系化へ進んでいく過程を議論するのはむだな努力であろう。このように寄せ集められた本の中に、読者はまだ「ヘーゲルの声」を聞き取ることができるだろうか。編者のヘンリヒは（復習講師のヘニングが「法と政治の哲学」を語っていたにもかかわらず）、『法哲学と政治』というもともとの書名を『法哲学』に置き換えている。そのことで編者は、レオポルド・フォン・ヘニングによる復習授業とのつながりを断ち、手がかりを消し去ってしまった。著者名も、よく知られているように、ゲオルク・ヴィルヘルム・フリードリヒ・ヘーゲル（真ん中の名前「ヴィルヘルム」が呼び名である）ではなく、「ゲオルク・フリードリヒ・ヴィルヘルム・ヘーゲル」となっている。このようにして間違いが作り出されていくのである。

ある哲学者の理論を解き明かして一定の議論に達するのに、数十年も忘れられていたテキストが決定的な役割を果たすことがある。それは、P・ヴァンネンマンが一八一七／一八年にハイデルベルク大学でヘーゲルの『自然法と国家学の講義』の筆記録を書き上げたときだった。第二次世界大戦後、ある地理学者がこの筆記録をハイデルベルクの古書店からたんなる古紙として持ち帰ってきた。しかしのちに、その筆記録は哲学の同僚であったフランツ・ヨーゼフ・ブレヒトに手渡された。ブレヒトは師であるハイデガーの講義を熱心に書き留めていたので、ブレヒトが亡くなったあとに、ヘーゲルの講義録はハイデガーの講義録とともにネッカー川のほとりにあるマールバッハのドイツ文学館へと移された。これが大きな関心を呼んだのだった。(30) ヴァンネンマンによるヘーゲルの口述筆記は信頼できるものであったし、この口述筆記は、ヘーゲルのシュトゥットガルトの国制論についての先行する論文とともに、ヘーゲルの法哲学がその最終的な形態をヨーロッパの国制論の議論に負うことを、とくにウィーン会議後の南ドイツの立憲政体についての議論に負うことを裏づけていた。しかし、ヘーゲルの最終的な体系は、そもそも唯一可能で、適切な仕方で問題を処理していたのだろうか。発展史的に見れば、こうした問いに行き着かなければならならなかっただろう。また、ヘーゲルはニュルンベルクのギムナジウムで、イェーナでの第二の自然としての人倫の「ポテンツ」論を、担当していた法論と義務論の授業に適用した。そのときにヘーゲルが、体系を十分に仕上げていたのかどうかも明らかにされなければならない。もちろん『法哲学綱要』も『精神現象学』と同様に直接的なものから出発していく。つまり、もっとも抽象的なものから始まるのであるが、この直接的で抽象的なものとは『法哲学綱要』では所有権であり、国家権力についての学説ではローマ字の「i」の上に点を付ける君主の仕事である。しかし法と道徳についての学説が変わることによって、かつてはポテンツ論を組み立てていたものが、人倫的な教養を通じて法形式の基本要素をなす学説になったのだろうか。

法哲学の発展史を追っていくと、批判的な問いが立てられる。それはまた、実際に、『法哲学綱要』がヘーゲルの最終的な主張だったのかという問いである。その際に大事なのは、ヘーゲルの講義の中に、出版された綱要には隠されていた思想を見つけることではない。講義によって示されるのは、体系への道が問題の解明には適さなかったということである。すでにハイデルベルクにおいてヘーゲルは、当時の代表的な法学者であったティボーとサヴィニーの論争に注目していた。ベルリンではヘーゲルは、新しい「人文科学」を推進する大学に勤めていたので、新しい研究の試みに敏感に反応していた。そこでは、深遠な意味を持つ思弁も挫折していく運命を免れず、シェリングもまた二十年後にはベルリンでこの悲劇を経験しなければならなかった。ナポレオンが失脚したのち、法律、国制、経済をめぐる問題がヨーロッパに、さらに激しい動きとなって押し寄せてきた。歴史そのものが前進して、ヘーゲルが『法哲学綱要』の中で行った提案は時代遅れのものとなった。ヘーゲルが死の直前に『精神現象学』を新たに書き直して出そうとしたとき、もはやこの初期の主著を体系の中に統合することはできなかった。かりに死によって一八三一／三二年の冬学期の法哲学講義が中断されなかったとするならば、ヘーゲルは『法哲学綱要』にもとづいて講義を行うことができたのだろうか。実際には、ヘーゲルは法哲学の講義を彼の弟子たちに任せていたので、「法哲学」にかかわる基本問題は他のところでよく考えていた。とりわけそれは、「法哲学」から離れた政治的な著作や論文の中で、そして歴史哲学の講義の中で議論されていたのである。

ヘーゲルの法哲学が最終的なかたちを取ったとき、宗教改革後のフランスは憲法で新しい国家体制を定めた手本だった。しかしその後も、ヘーゲルはロマンス語圏の革命をしっかりと見届けている。一八三〇年に革命はパリを震撼させ、統一国家オランダを引き裂いた。ヘーゲルは宗派の違いを時代遅れのものとみなしていて、フリードリヒ大王、ヨーゼフ二世、ナポレオンの寛容政策に新しい道を見ていた。しかし、ヘーゲルはベルリン時代の終わりには、ただプロテスタントの宗教だけが理性国家を可能にし、カトリックの宗教はいつも新たな革命を引き起こすだけだと語っている。ベルリン大学の教授だったヘーゲルには、パリでは古い貴族への補償に対して民衆が立ち上がり、言論の自由を求めて街頭に出ていたことなど思いもつかなかったのだろう。こうしてヘーゲルの歴史哲学の講義の中で、フリードリヒ大王のイメージは変わっていく。かつてのヘーゲルはフリードリヒ大王に「一時的な」影響力を認めていたにすぎなかったが、一八二二／二三年の冬学期では、国家を「立憲政体」として基礎に据えて、歴史の中へと新しい大国を導き入れた「世界史上の人物」になっていた。それに対して一八三〇／三一年の冬学期には、フリードリヒ大王は「プロテスタンティズムの英雄」として登場してくる。大王の友人であるヴォルテールは、宗教を理性的に把握するとともに、新しい国家を可能にした最良のキリスト者となっていた。ヘーゲルが若いころに厳しく批判していたプロイセンの州法も、フリードリヒ大王の不朽の業績となるのである。(31)

一八二四／二五年の冬学期にヘーゲルは、ついに法哲学講義を最後まで講義することができた。そのときヘーゲルは第二五〇節の解説において、シエイエスの国制論とフランス革命に対抗して、つぎのように述べている。「共同体とその下にある職業団体が、いまでは世界中で国制へのかかわりでもっとも重要な要素となる」。下院における市民の代表は、共同体とその中で小分けにされた職業団体による間接選挙に委ねられるべきだという。だが、ヘーゲルがまだ手にすることのできた一八三一年の『プロイセン修正都市法』は、プロイセンにおけるこうした運動が挫折したことを物語っている。そこで、ヘーゲルの論文『イギリス選挙法改正法案』は、イギリスにおける選挙権の新しい規則について議論をしているのである。ヘーゲルが恐れたのは、選挙権の問題がイギリス（したがってプロテスタントの国）を革命へと駆り立てることであった。ヘーゲルの『法哲学綱要』の予想をはるかに超えて、議会主義はまさにイギリスにおいて立憲君主制によって追い払われていたからである。ヘーゲルにはまだはっきりと知られていなかったが、このこともしだいに目に見えてきた。エドゥアルト・ガンスは一八三二／三三年の冬学期に、ヘーゲルの死後も、ヘーゲルの『法哲学綱要』にもとづいて講義をしていた。イマヌエル・ヘーゲルによる筆記録からわかるように、共同体のしくみと選挙方法にかかわるところで、ガンスは決定的にヘーゲルとは異なっていた。つまりそこでは、ヘーゲルの職業団体の考えは中世的な原理に引き戻されている。「中世の身分は国家を代表するのではなく、職業を代表する。中世の身分はそれ自身で法の中に現れるのであって、国家の普遍的な法の中に現れるのではない。そこで、私たちの身分は国家を代表すべきなのである」。ここでは、ヘーゲルが求めている上院（貴族の身分）ではなくて、国を安定させる組織としての参事会が求められ、これによってヘーゲルの学説が歴史的に相対化されていく。「かつては貴族の身分は歴史的なものとしてあったが、いまでは国家の中の家族と市民社会という二つの構成要素が代表するという考えから導き出される。家族の代表が貴族の身分なのである」。ガンスはもう一度代議制についてのシエイエスとヘーゲルの見解の違いを取り上げる。「二つの意見があって、激しく言い争っている。つまりは、議員は職業団体や身分によって選ばれるべきなのか、民衆や地域区分によって選ばれるべきなのか、ということである。前者を取ると、職業団体から選ばれたものは、専門知識を持つ同業者を代表することになり、後者を取ると、市民社会の身分は国家の中で消滅して、すべてのものは市民となり、身分の違いがまったくなくなってしまう」[32]。歴史は進んでいって、ヘーゲルの『法哲学綱要』に反論したのだろうか。歴史の問いにはそう簡単には答えられない。ヘーゲルの試みは新しい関連の中で一定の権利を扱うものであった。（それは、今日の議会が目指しているように、議員の中にたとえば一定数の農民の代表者を入れたり、一定の女性比を実現したりするものだった）。いずれの場合であっても、ヘーゲルが生きていたならば、法哲学の基本問題をもっとよく考えなければならなかっただろうが。

一八三七年にエドゥアルト・ガンスはヘーゲルの『歴史哲学講義』を編集した。そのときまえがきでヴィーコを歴史哲学の発展に位置づけて、ヘーゲルよりも高い立場で際立たせた。（おそらくは皮肉も含まれているのだろうが）ガンスはヘーゲルの『歴史哲学講義』のモットーに「世界を支配しなければ、世界史は理解できない」というヴィルヘルム・フォン・フンボルトの一文を掲げた。それによってガンスは、偉大な学者であり熱心な改革者でもあったフンボルトとよい関係を保とうとするヘーゲルに従ってもいた。しかし今日まで、ヘーゲル自身がフンボルトのアカデミー論文「歴史記述者の課題について」（この論文に『歴史哲学講義』のモットーは由来するのだが）を知っていたという事実は、証明されていない。ガンスはヘーゲルの『歴史哲学講義』のまえがきの中で、ヘーゲルは一八三〇／三一年の歴史記述についての最初の序文を、歴史における理性についての大きな草稿に取り替えたと述べていた。しかしガンス版の『歴史哲学講義』は、さまざまな序文をつないで一つのテキストにまとめたものだった。世界史そのものの叙述においては、ガンスはヘーゲルの講義の中でも最後のものをとくに信用していて、その中でヘーゲルは（最初の予告とは反対に）中世と近世のところを詳しく扱っていた。当時はまだ十七歳の学生だったヘーゲルの息子カール・ヘーゲルは、この講義を筆記して、正確な完成稿を作り上げていた。ガンスが亡くなったあとに仕事を引き継いだカール・ヘーゲルは、一八四〇年にヘーゲルの『歴史哲学講義』の第二版を完成したとき、前任者のガンスが「器用にもいくつもの講義を一冊の本にした」と称賛していた。そこにはおそらくはまた皮肉も込められていたのだろう。カール・ヘーゲルは本の構成と枠組みだけはしっかりと保持していたが、しかしその中にある表現については、うまい表現であっても信頼のおけないものは訂正しようとした。そこからさらにカール・ヘーゲルは、一八二二／二三年の冬学期にグリースハイムが完成させた筆記録へとさかのぼっていった。この最初の世界史哲学講義の中では、国民精神の展開が叙述されていて、中国とインドという「停滞した」文化にヘーゲルの新しい世界史の視点が向けられていた。ヘーゲルの草稿からカール・ヘーゲルは主要な概念と重要な表現を借用している。（ヘーゲル自身のテキストは大部分が失われているので、息子カール・ヘーゲルのテキストから復元しなければならない）。そこからわかるように、カール・ヘーゲルはかつて書き留めていた世界史の年代記述を訂正しなければならなかったのである。しかしその際カール・ヘーゲルは、テキストの中にさらに表現を書き加えていくことで、新たな誤解を導き入れることにもなった[33]。

『歴史哲学講義』のテキストをガンス版とカール・ヘーゲル版とで比べてみると、有名なヘーゲルの「作品」がどれほどの困難を経て伝えられてきたのかがよくわかる。カール・ヘーゲルはガンス版にある不正確な名前と歴史上の重要な年号をいくつか訂正している。たとえば、メディアの歴史とアッシリア・バビロニアの歴史の詳述（ガンスでは一九〇ページ、カール・ヘーゲルでは二四八ページ以下）、あるいは初期ローマ史の年代（ガンスでは三〇九ページ、カール・ヘーゲルでは三八八ページ）などに訂正がある。ガンス版ではニブールとの論争（三一一ページ）とあるものが、カール・ヘーゲル版ではむしろローマの歴史記述に対する論争となる（三九一ページ）。テキストにある小さな相違によって、意味がまるっきり変わっているところもある。ゾロアスター教の善神オフルマズドが悪神アフリマンに打ち勝つところは、ガンス版では「しかしアフリマンと永遠に戦っている」（一八三ページ）とあるが、カール・ヘーゲル版では「オフルマズドはアフリマンと戦い、ついにはアフリマンを打ち負かす」（二四一ページ）と訂正されている。ガンス版にある「どのジャイナ教徒」（一八四ページ）は、カール・ヘーゲル版では「かのジャイナ教徒」（二四三ページ）となっている。ガンス版は中国の章のあとの「中国とモンゴル人」の節に、「仏あるいはブッダの宗教とモンゴル人」という章を続けているが、それに対してカール・ヘーゲル版は、中国とインドの節のあとに「仏教」という付説を添えて、この配置のほうが最近の研究に「より多く」一致するし、ヘーゲルの最初の講義にも合うことになるという。ヘーゲルはモンゴルの原理について第二、第三、第四の講義で詳しく述べているが、そこではたとえば、中国のモンゴル帝国への関係が、世界帝国の精神的な統合への関係となっている。この論述はもちろん、あとから発生した仏教を完全に誤解しているので、カール・ヘーゲルはこの論述をこれまでのように再現すべきでないと考えて、そこにさまざまな序文を結びつけている。一八二二／二三年と一八二八／二九年にヘーゲルは、歴史記述の仕方についての説明を序文に付けた。この序文はすでに、一八二四／二五年のそれとは別の仕方による序文と対立している。(34) ここで明らかになるのは、たしかに世界史哲学講義はずっとあとになってかたちが整うのだけれども、しかし五年間で二年ごとにかなり大きな変化を遂げていたということである。

ヘーゲルはベルリン大学での講義で、たとえば法と国家について、世界史と宗教について語っていた。それらの講義はいろいろな仕方で一つの全体に結びつけられている。どの場合にも他の講義を考慮しなければならないし、どの講義もヘーゲルの精神哲学全体へと引き戻され、主観的精神の哲学に結びつけられている。しかし、ヘーゲルはさまざまな講義において、そもそも同一の構想に従っていたのだろうか。これらの講義を大まかに区分すると、すでにそこから違いが見えてくる。『法哲学』では、まずは抽象法と道徳の場面で善の理念を法的に取り扱うところから出発して、そこに人倫の大がかりな形式を付け加えていった。歴史は法哲学の補遺を超え出て、みずからを切り離して独立したのであるが、『美学』は、美の理念の展開と芸術の主要ジャンルの叙述とのあいだに芸術形式の歴史を差し込んだ。講義はまずは二つに分けられて、しだいに三つに分けられていく。『宗教哲学』もまた、これとは違う仕方で形成されていく。つまりそれは、宗教の概念で始まり、規定された宗教の歴史を経て絶対宗教へと向かっていく。宗教の領域、たとえば教団の形態と組織は、それだけでは叙述されない。ヘーゲルの『哲学史』は、代表的な哲学が論理的な要素を継続するようにして規定されていくことを説く。しかしこの区分原理はどうも明らかにはされていない。ヘーゲルはベルリン大学でイェーナ時代のノートにまでさかのぼって詳しく論述したが、イェーナ大学での哲学史講義における試みと、ハイデルベルク大学とベルリン大学での講義のあいだには断絶がある。(35)

(すでに知られているものを無視してしばしば)ヘーゲルの講義録をそれだけで新しいものとして提示したり、あるいはアクチュアルなものとして提示したりすることができるにしても、そうした時代はすぐに過ぎ去っていく。たしかに出版されたものや翻訳されたものがその時代の動きに合うこともあるし、新しい方向に向けて力を貸すこともある。たとえばそれは、第一次世界大戦頃の数十年では、ルターの初期『ローマ書講義』がそうだったし、キルケゴールやドストエフスキーの翻訳にも、ニーチェの遺稿集にも、ヘルダーリンの後期賛歌にも言えることである。しかし時代が変わると、出版されたものや翻訳されたものから生まれてきた輝きも、ふたたび色あせていく。出版物を改訂したり、翻訳物を完成したりしても、この輝きはもはや呼び戻されることがない。エラスムスの仕事やルターの衝撃が精神史に影響を与えたかどうかは、まだ決着がついていない。長期にわたる出版事業か一時的に流行る単行本か、どちらがより大きな影響力を持つのかは、はじめから決まっているのではない。いずれであっても、あわててアクチュアリティーを求めたりしないのが、学問に携わる者の倫理であろう。歴史的・文献学的な努力は著者の味方でなければならず、場合によっては、アクチュアリティーを求めることに、「古典」としての重要さを対立させなければならない場合もある。全体の見通しが立ってはじめて、時代の課題をも超えるような、そして私たちの時代の理解にとっても決定的となるような衝撃を与えられるのではないだろうか。ヘーゲルの講義についてはまだ解決していないので、どちらであるのかはわからない。

パリのコジェーヴはヘーゲルについて講義をし、モスクワのルカーチはヘーゲルについて叙述をした。そして、京都の西田学派がシェリングとヘーゲルを対決させたとき、ヘーゲルの哲学はついにドイツとヨーロッパの狭い影響史から抜け出した。さらにその視点から見ても、ヘーゲルはハイデルベルクからベルリンを経て当時の代表的な書き手となったのである。その後はまた、ヘーゲルにとっても「持てる者にはさらに与えられる」という影響史の原則が妥当したわけではない。新制大学のモデルとなったベルリン大学で、ヨーロッパの五国支配における新しい大国の中心点で、ヘーゲルは学問の核としての哲学を説くことができた。しかしドイツの国々を統一したプロイセンは、過去に例を見ない世界大戦と政治的な崩壊のなかで歴史から消え去った。ドイツ連邦共和国で実現した新たな始まりは、かつてプロイセンが獲得した優位とはまったく逆のものだった。中央ヨーロッパは一面的な国家主義に向かうのではなく、ヨーロッパへと方向づけられるべきであり、新しい世界秩序へと差し込まれるべきであった。ヘーゲルの講義への一面的で暴力的な干渉はしばしば、このような歴史の中で形成されてきた動機にもとづいていることを誤解してはならない。カール・ハインツ・イルティングは責任と権利の概念をあらためて基礎づけようとしたが、この試みはついにはどこへ行き着いたのだろうか。たとえばカール・オットー・アーペルは、イルティングの試みをもっと極めるべきだと考えた。[36] しかし、アーペルは現代の哲学によって、「倫理的な原理についての意識が麻痺し、その結果として、埋め合わせのための国家主義が生まれ、日和見主義がいつでもどこでも見られるようになり、第三帝国における〈知的エリート〉の無力が生まれてきたのだ」といった「思い違い」をさせたいわけではない。しかしイルティングの試みは、そもそも正しい道だったのだろうか。この問いはヨーロッパの再編にかかわるだけではない。それは核戦争が起こりうる状況のもとでは、格差が避けられない地球全体のなかで、起源と教養が異なる文化のあいだでの共生にかかわるときに差し迫った問題となるのである。

必要とされている新しい方向づけからすれば、ヘーゲルの講義をめぐる努力は小さな問題であり、不要なことかもしれない。それにもかかわらず、ヘーゲルが法と国家を基礎づけ、芸術の新しい役割を規定したように、よくよく考えてみることは役に立つだろう。その際見過ごしてならないのは、ヘーゲルの講義全体の十分な出版にとっての出発点をまずは獲得しなければならない、ということである。この課題にとっても、情熱がなければ大事は成し遂げられないというヘーゲルの文章が妥当するであろう。ヘーゲルはのちに、『世界史哲学講義』の「序文」において、「一部の人たちの利害、利己心の満足」が「もっとも強力なもの」であると述べている。「手間をかけて感情を抑える人工的なしつけ」よりも、「情熱という自然の力」のほうが人間の「すぐ近く」にあるからだが、しかし歴史の中では、幸運なことだけが起こるわけではない。静かな岸辺からは、「粉々に打ち砕かれた大量の瓦礫」が遠くの景色となって見えてくる。歴史の中では情熱が力を使い果たしたときに理性が登場してくるのだとヘーゲルはまだ信じているが、この信頼は私たちには失われてしまった。そこでは、ヘーゲルの講義の全体を再構築するという地味で困難な課題を解決するために、私たちはますます理性を必要とし、落ち着いてじっくりと考えなければならないのである。

（寄川条路　訳）

第一章　ヘーゲルの講義録

ヴォルフガング・ボンジーペン

ヘーゲルは、ハイデルベルクとベルリンで、論理学と形而上学、自然哲学と精神哲学、法哲学、芸術哲学、宗教哲学、世界史の哲学、哲学史、神の存在証明、そして哲学のエンチクロペディーについての講義を行った。思弁的体系の展開期に属するイェーナ期におこなわれた講義には、部分的にはもっと限定されたタイトルが付いているものもあった。現在のところ、ヘーゲルの講義（イェーナ期のものも含む）のうち一二九点の筆記録が知られている。このうち保存されているのは、きわめて多様な形式で伝えられた八十九点にすぎない。こうした数え方は本書掲載の以下の記事に依拠しており、この算定は、向こう数年のうちに必ずや何度か見直されることになるに違いない。各々の筆記録の個数を挙げる際には、ヘーゲルの宗教哲学講義の筆記録が参考にされてきた（なお宗教哲学講義を対象とする報告は本書にはない）。この筆記録の大部分はすでに記録され、編纂されている。(1) これには新たに発見されたJ・コルヴォンによるもの（一八二四年）とH・ドゥリュイによるもの（一八二一年—二六年）の二つの筆記録が付け加えられねばならない。さらに加えて神の存在証明についてのヘーゲルの講義（一八二九年）を参照しておく必要がある。これについては、現在のところ二つの筆記録（A・ヴェルナーによるものとローリンによるもの）がある。(2)

もっとも知られていて数が多い筆記録（二十五点）は宗教哲学講義のものであるが、残されているものは少ない（十二点）。数の多い筆記録の中で宗教哲学講義のつぎにランクインするのが哲学史講義（二十点が知られ十六点が保存されている）であり、ついで世界史の哲学講義（十九点が知られ十六点が保存されている）と続く。あとは哲学のエンチクロペディーの講義についての唯一の筆記録に似た報告だけが保存されているにすぎない。それはつまり白紙ページを挟み込んで製本された『エンチクロペディー』の初版への匿名の書き込みである。ハイデルベルク期ならびにベルリン期の各講義の筆記録の分布を見てみると、ハイデルベルク大学での一八一六／一七年冬学期の講義については、現在のところまったく何の筆記録も知られていないことが確認される。一八二四年と一八二六年の夏学期のものとしては多くの筆記録を確認することができる（知られているのは各々十点ずつであり、一八二四年のものとして八点、一八二六年のものとして七点が保存されている）。個々の講義の周期における重点も、やはり強調しておくことができる。宗教哲学講義の筆記録は一八二四年（九点が知られ七点が保存されている）および一八二七年（七点が知られ三点が保存されている）に、哲学史講義の筆記録は一八二五／二六年（五点が知られかつ保存されている）と一八二九／三〇年（五点が知られ四点が保存されている）に、世界史の哲学講義の筆記録は一八二六／二七年（六点が知られかつ保存されている）と一八二二／二三年（四点が知られかつ保存されている）、一八三〇／三一年（四点が知られかつ保存されている）に、美学講義の筆記録は一八二六年（九点が知られ六点が保存されている）と一八二八／二九年（七点が知られ三点が保存されている）に、それぞれ集中している。

さて、筆記録は、若い学生、講師、役人、法学者、詩人など、さまざまな教育を受けた多岐にわたる人々によって作成された。しかも筋金入りのヘーゲル学徒ばかりでなく、ヘーゲル哲学にたいして中立の立場の人が、さらには身分にしても貴族だけでなく庶民もが、そして国籍にしてもドイツ人ばかりでなく外国人もが、この作業を行ったのである。こうした事情も手伝って、それぞれの筆記録がもつ特色や価値はとても多様であるとともに、したがって保存されているすべての筆記録が十分に推敲されているわけではないし、完全に残されているわけでもない。してみると、講義の時間に直接筆記したままとみなされるものと、家で推敲されたもの、つまり清書されたとみなされるものとが原則的に区別されなければならないことになる。他方ではまた、直接口述筆記されたものに、ほとんど推敲といってよい特色をもつ欄外注が加えられているような混合形態もある。講義中に筆記されたものは、それが完全にあるいは部分的にでもヘーゲルの語った内容の口述筆記であるならば、特段の価値をもつといってよい。推敲ということを考えるに際して考慮されるべきなのは、あるひとつの筆記録が、他の筆記録の複製であったり、ある年度のあるいはそれどころか複数の年度の筆記録を合わせたものであったりする可能性を持つということである。さらにこうしたものに加えて、講義のテキストから離れて筆記者の独自の思想にもとづいてまとめられたものも見出される。このような例として、たとえば、D・F・シュトラウスはヘーゲルの死後に、ヘーゲルの哲学史講義の筆記録（一八二九／三〇年）を手に入れて、これをもともとの筆記録とは異なる新しい構成のもとにまとめてしまった。さらに、いくつかの筆記録は職業筆記者によって報酬と引き換えに作成されたにもかかわらず、依頼人の名前で伝えられていることが度々あることにも留意しなければならない。加えて、一つの筆記録の作成に複数の筆記者が参加しているという事態までが起こっている。この点では、三人の編集によってできあがった美学の筆記録（一八二〇／二一年）が示唆に富んでいる。つまりこの筆記録の作成に際しては、原稿の大部分が依頼を受けた筆記者によるものでありながら、その筆記者は別の筆記録を書き写していたうえに、最終的には依頼者本人がその筆記ノートを完成させていたのである。法哲学講義のP・ヴァンネンマンによる筆記録は、もともと二つの筆記録、つまり一八一七／一八年冬学期の講義と一八一八／一九年の導入の筆記録を含むという意味で特殊な例である。筆記録を評価するにあたって、ヘーゲルが講義を行う際のやり方を考慮に入れる必要がある。ヘーゲルの講義は、聴講者が一語一語書き取れるようなやり方では行われていなかったことがよく知られている。彼の講義はただたどしくて長ったらしいものだったし、ヘーゲルの講義ノートにはメモ用紙が挟んであって、講義中にヘーゲルはこれをペラペラめくったりしていた。学生は筆記しているあいだ、ほとんど作文を書かされていたと言っても過言ではない。ヘーゲルはきちんと仕上がった授業の草稿を使うことがほとんどなかったし、もともとの草稿を何度も新しく書き直していたので、自分の講義の筆記録はヘーゲル自身にとっても助けになっていた。信用できる筆記者に作成してもらった筆記録にのちに手を加えて、それにもとづいてヘーゲルはその後の講義を行ったのである。

つぎに、筆記者のリストを挙げておく。筆記者の名前の一部は不完全にしか伝えられていない。有名な筆記者には星印（＊）を付けている。[3] 筆記者についての伝記的情報は、ヘーゲルの友人たちが共同で作ったベルリン版『ヘーゲル全集』の個々の巻の序言に書かれていることが多い。名前のあとにはそれぞれ筆記録の数を示しておく。一番目の（　）内の数字は知られている筆記録の数を、二番目の数字は実際に保存されている筆記録の数を、それぞれ示している。

アッカースダイク（1）1
アッシェベルク、ヴィルヘルム・フォン（1）1
ヴァルター・F（2）2
ヴァンネンマン、ペーター（1）1
ヴィヒェルン、ヨハン・ヒンリヒ（1）1
＊ヴェルダー、カール・フリードリヒ（1）0
ヴェルトリヒ・K（1）0
ヴェルナー・A（2）2
ヴォルフ・M（1）0
＊エルトマン、ヨハン・エドゥアルト（3）2

ガイアー（3）0
ガイアー、ルートヴィヒ（1）0
カリエール（1）1
ガルチンスキー、シュテファン・フォン（2）2
＊カローヴェ、フリードリヒ・ヴィルヘルム（1）0
カンペ・J・F・E（1）0
グッド、フランツ・アントン（1）1
＊グリースハイム、カール・グスタフ・ユリウス・フォン（7）7
クロマイヤー（1）1
ケーラー、ヘルマン・フォン（6）6
コルヴォン、ジュール（4）4
サックス・ファン・テルボルフ、ヴィレム（1）1
シュティーヴェ、フリードリヒ（2）2
＊シュティーグリッツ、ハインリヒ・ヴィルヘルム・アウグスト（1）0
＊シュトラウス、ダーフィト・フリードリヒ（3）3
＊シュルツェ、ヨハネス（2）0
ダイタース・P・F（1）1
ディエックス（1）1
ドゥリュイ、アンリ（1）1
ドロイゼン、グスタフ（2）0

＊トロクスラー、イグナツ・パウル・ヴィタリス（1）1
ハーゲンバッハ、ルドルフ（1）1
ハイマン（2）1
バウアー、ブルーノ（1）0
パステナツィ、カール（1）1
ヒュック・A（3）3
ピンダー、モーリッツ（2）2
＊ファトケ、ヨハン・カール・ヴィルヘルム（1）0
＊フェルスター、フリードリヒ・クリストフ（1）0
フーベ、ヨーゼフ（3）3
＊ヘーゲル、カール・フリードリヒ・ヴィルヘルム（3）2
＊ヘニング、レオポルド・ドロテウス・フォン（4）0
ヘルセル（1）1
ベルナー、イグナツィ（1）1
ベルンハルディー、ゴットフリード（1）1
＊ボウマン、ルートヴィヒ（1）0
ホーマイヤー、カール・グスタフ（1）1
＊ホトー、ハインリヒ・グスタフ（9）7
マイヤー（1）0
マイヤー、ユルゲン・ボナ（1）1

＊ミシュレ、カール・ルートヴィヒ（6）0
ミッデンドルフ、ヴィルヘルム（1）1
ムルラッハ（1）0
＊ユクスキュル、ボリス・フライヘア・フォン（1）1
ライホノフ（1）0
リベルト、カロル（3）3
ルーテンベルク（1）0
レーヴェ・I・C（2）2
ローリン（3）3

以上に示した筆記者の名は、それぞれの筆記録のタイトルに書きとめられているか、あるいは推定可能なものであるが、他にも匿名の十七名の筆記者が加算されなければならない。なお先述の通り、アッシェベルク、ミッデンドルフ、テルボルフの三名は、共同で美学の筆記録を作成している。

今日知られているところでは、ホトー、グリースハイム、ケーラー、ミシュレがもっとも筆記録を多く作成している。ホトーはすべての主要な講義（論理学・形而上学、自然哲学・精神哲学、法哲学、芸術哲学、宗教哲学、世界史の哲学の各講義）の筆記録を作成した。グリースハイムは論理学と形而上学を除くすべての講義の筆記録を、さらにケーラーは論理学・形而上学、精神哲学、芸術哲学、宗教哲学、世界史の哲学の筆記録を、ミシュレは論理学・形而上学、自然哲学、宗教哲学、哲学史の筆記録を、それぞれ作成した。ホトーの筆記録で知られている九点のうちでは七点が保存されているが、ミシュレのものとして知られる六点の筆記録はいずれも残存していない。これに加えて目立つのは、ヘーゲル学派のレオポルド・フォン・ヘニングについては一つとして筆記録が保存されていないということである。個々の筆記者は、語られた講義の筆記者であるか、あとで手を加えられた講義録の執筆者であるかという点に即して整理されうるだろう。たとえばグリースハイムの名のもとで伝えられている筆記録に関しては、それが決して講義中に筆記されたものではなく、自宅で推敲されたもの、あるいは清書されたものであることが、いずれについても確認できる。

さて、ここ数年のあいだに新しい筆記録が見つけ出されている。ということは、向こう数年のうちにもさらに新しい発見があると見積もってよいであろう。知られてはいるが散逸した四十の筆記録のうち、すべてではないにせよ確実にいくつかの筆記録は処分されてしまったものと考えなければならない。筆記録がレニングラードからミュンヒェン、チューリッヒ、パリ、さらにはシカゴにいたるまで世界中の地に散らばっている以上、筆記録の捜索の場を特権的などこかに限定することはほぼ不可能である。しかし、こうして数多くの筆記録が世界中にあるという歓迎されるべき事実は、編集作業にとっては困難な要求でもある。編集されるべき材料の全体量を概観するのすら困難である。いくつかの筆記録の草稿は長いものであるにもかかわらず、冗漫なうえにほとんど要約がなされていなかったりするし、またいくつかの草稿群は行間が狭く、しかも略号で書かれていたり、あるいは他のものはまた断片的にしか存在しなかったりする。慎重に見積もると、一つの筆記録につき平均して四つ折り判で一五〇ページあるので、現在の筆記録の保存状況からすれば、全部で一万三四〇〇ページを編集しなくてはならないことになる。たしかに一部はこれまでの刊行や刊行準備によって公開されてはいるものの、批判的編集を行うためには、これらのすでに編集された原稿をいま一度精査しなければならないのである。

本報告や他の個々の報告では詳細には論じられていないものの、とくに取り組まなければならないのは、筆記録とヘーゲルの手書きの抜き書きとの関係という問題である。多くの経験的な内容の材料を扱う講義のなかで、ヘーゲルは数多くの抜き書きを用いたのであった。しかもヘーゲルは、一回の講義や講義の一周期の中だけでなく、むしろ体系のさまざまな部分についての講義でもこうした抜き書きを使ったのである。これらの抜き書きは、一方では部分的にしか残存していないが、他方では講義のテキストのなかでかろうじて引用や抜き書きとして見つけ出されるに違いないものなのである。

（岡崎　龍　訳）

第二章　イェーナ大学での講義

クラウス・デュージング

イェーナ大学の講義目録の中で、ヘーゲルは一八〇一／〇二年の冬学期から一八〇七年の夏学期まで講義を予告している。しかし、そのすべてを彼が実際に行ったわけではない。この中には、実際に行われたのかどうかが不明なものもあり、少なくとも二つの講義をヘーゲルは途中で中断しなければならなかった。しかし、そのうちの多くについては、彼は実際に行った。とりわけこれらの講義は、イェーナ時代におけるヘーゲルの体系思想の急速な発展の証拠資料となっている。

こうした発展はすべての体系部門にみられる。論理学について言えば、たしかにはじめから、ヘーゲルは伝統的な形式論理学との違いを強調していたが、しかしようやくイェーナ時代が経過する中で、彼はその論理学を、形而上学への体系的な導入にすぎない有限な悟性規定の理論から、それ自身形而上学である思弁的論理学へと発展させたのである。これと並行して、ヘーゲルは彼の弁証法を、悟性規定を体系的に対立させあう、たんに否定的であるにとどまる方法から、思弁的な弁証法へと発展させた。思弁的な弁証法は、有限な規定の矛盾から、より高次の統一という思弁的な成果を獲得するのである。イェーナ時代のはじめから、形而上学はヘーゲルにとって、絶対的なものの学であった。しかしその絶対的なものを、最初彼はスピノザ主義的に実体として構想していた。一八〇四年以降ようやく、ヘーゲルは絶対的な実体を絶対的な主体と規定するにいたったのである。自然哲学は、イェーナ期にはじめて詳しく広汎に論じられることになった。そうしてヘーゲルの自然哲学は徐々にシェリングの影から離れていったのである。同様にイェーナ時代のヘーゲルは、精神哲学をはじめて詳しく展開することができた。この精神哲学の中で、彼はまずはプラトンの政治的な倫理学に依拠して、のちにはプラトンに背を向けながら個別者の自由の名のもとに、人倫的実体としての国家理論を展開した。同様に彼は、芸術哲学としての美学の構想にはじめて着手した。しかも、芸術が過去のものであるというテーゼをすでに示していた。最後に彼は、はじめのうちは歴史哲学のうちに現実的な発展を見ることはなかったのだが、のちには絶対的なものの哲学の歴史的側面として、哲学史の弁証法的発展の理論を構想する。

イェーナで、ヘーゲルは全部で六回の「論理学および形而上学」についての講義を予告していた。一八〇一／〇二年冬学期から一八〇二／〇三年冬学期までの最初の三学期の予告によれば、彼は「論理学および形而上学」を講じることになるとされていた。(1) 一八〇六年の夏学期の予告には「近刊予定の自著『学問の体系』により、思弁哲学あるいは論理学」を講義する予定であるとされていた。ヘーゲルがもはや実際に講義を行わなかったことが明らかな、これに続く二つの学期、一八〇六／〇七年冬学期および一八〇七年夏学期について彼は、「精神現象学を前置きにした、論理学および形而上学あるいは思弁哲学」に関する講義を予告していたが、これは著書『精神現象学』を示唆するものである。予告によれば、論理学と形而上学は体系全体についての講義、つまり一八〇三／〇四年冬学期から一八〇五年夏学期までの講義にも含まれている。自分で記入した聴講者リストによれば、一八〇五年夏学期にヘーゲルは、体系全体を扱うという彼の予告に反して、論理学についてしか講義しなかった。(2)

一八〇一／〇二年冬学期における論理学・形而上学についての最初の講義に関しては、ヘーゲル自身の講義草稿と学生のための掲示が伝えられている。しかしこれらはどちらも、ヘーゲルが明らかに講義への導入として講じた全体構想しか含んでいない。講義が開始されたのが一八〇一年十月二十六日であることは、学生への掲示によってはっきりしている。しかし、講義の本体部分のヘーゲルの草稿は残されていない。講義草稿が示しているこの全体構想については、すでにやや短縮されたものがローゼンクランツによって伝えられている。(3) この全体構想は、校訂版『ヘーゲル全集』第五巻に、短縮されない、原本に忠実な形で刊行される予定であり、この巻は上記の学生のための掲示も収録する〔その後一九九八年に刊行された。講義のための掲示は編者報告に収録されている〕。さらにこの講義については、スイス人学生でシェリングの友人であり、のちに医者でもあり哲学者となったイグナツ・パウル・ヴィタル・トロクスラーによる、内容を要約した短いノートが残されている。トロクスラーは、ほぼ全生涯にわたってカール・アウグスト・ファルンハーゲン・フォン・エンゼと文通を行っていたのだが、彼自身が何度も描いているように、もっとも偉大な精神生活者たちのもとで勉強した時代を、人生の栄光時代であったと振り返っている。(4) この講義ノートは十六ページしかなく、文章は簡潔に書かれ、短縮されて濃密である。このノートは講義中に書き留められたものではなく、あとから講義内容を要約したものであり、そのことは、「ヘーゲルの論理学および形而上学講義の主要思想」というタイトルも示している。この講義の聴講者リストが残されており、そこにトロクスラーは登録されているが、直後の二つの学期には論理学・形而上学講義が行われたことが確認されていないことからすでに、トロクスラーの筆記録はヘーゲルの最初の論理学・形而上学講義のものであると考えてよい。(5) ローゼンクランツは、ヘーゲルは一八〇二年にはまったく講義を行わなかったと伝えている。(6) 当時から有名だったイェーナ大学で学んでいたイギリス人のヘンリー・クラッブ・ロビンソンは、一八〇二／〇三年冬学期のこととして、ヘーゲルは「予告していた講義を行わなかった」と報告している。(7) 後者によれば、中断されたかあるいは行われなかった講義が、ヘーゲルの論理学・形而上学講義であったのか、自然法講義であったのか、あるいは場合によってこの両方でもあったのかについては未決定にしておかなければならない。トロクスラーの筆記録がヘーゲル最初の論理学・形而上学講義のものであることはトロクスラー自身の証言によっても確認されている。つまり彼は、一八五一年、ゲーテの甥であるフリードリヒ・シュロッサーの死に際して、シュロッサーも「ヘーゲルの最初の講義の聴講者であったが、この講義はまもなく行われなくなった」とファルンハーゲンに宛てて書いているのである。これによって、同じ学期に行われたヘーゲルの哲学入門講義が考えられているのではないことは、その後にトロクスラー自身が書いたにちがいない一八五三年の履歴書からも、はっきりと見て取ることができる。「この頃にヘーゲルも登壇し、論理学の講義を行った。しかし講義は中断された。というのも、フリードリヒ・シュロッサー（ゲーテの甥、一八五一年一月二十二日死去）やトロクスラーなど少数の人たちしかこの講義について行くことができなかったからである。この人たちはその後ヘーゲルと私的な関係を持つこととなった」(8)。したがってトロクスラーは、一八〇一／〇二年のヘーゲルの最初の論理学・形而上学講義の講義ノートを残したのである。トロクスラーののちの報告から同様に明らかになるのは、聴講者が少なかったという理由から、ヘーゲルがこの講義を中断しなければならなかったということである。筆記録の後ろの方のいくつかの部分は、講義の「終了」後に生まれたトロクスラー、シュロッサーとヘーゲルのあいだの私的な交流に由来するものであった可能性がある。

トロクスラーの筆記録は、ヘーゲルのイェーナ時代の最初の、そしてこれまでにただ一つ保存されている筆記録であるが、それだけでなくヘーゲルのイェーナでの最初の学期の唯一の筆記録でもある。これは、校訂版『ヘーゲル全集』第二部の第一巻で刊行されることになるだろう〔その後二〇一三年に『ヘーゲル全集』第二十三巻として第一分冊が刊行された〕。この筆記録の言葉遣いは難しく、しばしば思考の歩みに飛躍が見られる。トロクスラーはとても才能のある学生であり、またシェリングの親しい友人であったが、シェリングの一八〇一年夏学期の講義については、ずっと明快で理解のしやすい筆記録を残してもいるにもかかわらず、ヘーゲルの講義については、ヘーゲルの個々の説明の連なりを適切に理解しなかったようだ。もっともその場合でも、講義に不慣れであった私講師であるヘーゲルが、講義でそのような無理解のきっかけを与えることも確かにあったであろうことも考慮されなければならない。それに加えてヘーゲルは、シェリングとは違って、一八〇一／〇二年の冬学期までほとんど何も出版していなかったので、トロクスラーはヘーゲルの著作を徹底的に読み込んだりすることもできなかったのである。

しかし、トロクスラーの筆記録は、ヘーゲルの同時期の著作にある示唆や暗示に匹敵する内容を含んでいるから、ヘーゲルの最初のイェーナ論理学について、かなり多くの知識を提供してくれる。この筆記録は、ヘーゲルが、さきに言及した講義草稿では素描にとどまっていた論理学を、長い目で見てどのように展開しようと考えていたのかを示している。とりわけこの筆記録からは、カントに依拠する、そして部分的にはフィヒテに依拠するカテゴリーの発展をヘーゲルが構想していたことがわかる。さらにこれは、定立・反定立・総合という方法論的展開がフィヒテに依拠するものであること、そして最後には、この中にヘーゲルの、さしあたりはまだ思弁的ではない弁証法の萌芽があることを示している。トロクスラーの筆記録にある形而上学にかかわるいくつかの暗示から、ヘーゲルが、絶対的なものの認識としての形而上学の可能性を、カントの形而上学批判と対決しながら示そうとしていたことを、ヘーゲルの当時の著作よりもより明白に認識できる。トロクスラーは「超越論的論理学の完結」という書き込みでこの筆記録を終わらせているが[9]、そこではすでに絶対的なものの思弁的な認識と形而上学的な内容も扱われている。ヘーゲル自身の手による講義草稿ではまだ論理学に属しているが、しかしすでに論理学から形而上学への移行にあたるものとされる推理論とその思弁的な意義は、とりわけここには存在しない。同様にこの論理学の形而上学への移行部に属する無限なもののパラドックス的な現前については、この筆記録では暗示されているにすぎない。「超越論的論理学」の完結が、たんにカントとの対決の終了を意味するのか、それともヘーゲル自身の初期論理学の終了をも意味するのかは、未決定のままにしておかなければならない。おそらく、トロクスラーの筆記録の最後のいくつかの部分は、私的に続行されたヘーゲルの講義のものであろう。この講義の中でヘーゲルは、比較的自由に説明を行っていた。いずれにせよ、トロクスラーの筆記録での予告からもわかるように[10]、論理学とは区別されていた形而上学がこれにまだ続くはずであろうが、しかし明らかにこの形而上学についてはもはや講じられなかった。このように、トロクスラーの筆記録は、少なくとも重要な部分については、ヘーゲルの講義草稿で素描された初期論理学の一般的な枠組みの内容を明らかにするものである。

ヘーゲルが一八〇四／〇五年の冬学期に体系についての講義を行ったことは証明されているが、この講義でも論理学・形而上学を詳細に扱ったあとで、イェーナ時代の終わり頃にはさらに二度、彼は論理学についての講義をした。これはもはや、形而上学をうちに含む思弁的論理学となった。つまりこの講義は、体系全体の講義という予告のもとに行われ、一八〇五年夏学期、一八〇六年夏学期には、まもなく刊行予定の著書『学問の体系』への参照が指示されている。しかしながら、ヘーゲルが一八〇六年に現象学と論理学を講義したのは明らかである。ローゼンクランツはこの一八〇六年夏の講義から、明らかに現象学と論理学のものである「全体からの抜き書き」[11]を所有していたが、これは今日では失われている。当時ヘーゲルの聴講生だったガブラーは、ヘーゲルが論理学の「ただ概要のみを、現象学に続けて」講義したと報告している。[12] ヘーゲルが一八〇六／〇七年冬学期の講義予告といっしょに行った著書の刊行予告は、完全にはっきりとしているわけではないが、すでに『精神現象学』への示唆を含んでいる。その後、一八〇七年夏学期のための論理学・形而上学講義予告において、刊行された著作として『精神現象学』が指示されていることについては疑いない。ヘーゲルは、すでに言及したように、一八〇六／〇七年冬学期以降は講義予告を行っていたにもかかわらず、イェーナではもはや講義を行わなかったと考えてよいだろう。

ヘーゲルはイェーナでたった一度だけ、つまり一八〇一／〇二年冬学期に、「哲学入門」について講義を行うことを予告していた。[13] この「哲学入門講義」については、哲学への「欲求」に関するヘーゲルの講義草稿のおそらく最初の部分、および四部からなる体系スケッチが残されている。これらは校訂版『ヘーゲル全集』第五巻に収録される〔一九九八年に刊行され、二五七―二六五ページに収録されている〕。これについては、ローゼンクランツがすでに部分的にではあるが報告していた。[14] 一八〇一／〇二年冬学期におけるヘーゲルの講義についての、すでに先に触れた学生のための掲示は、論理学・形而上学講義と並んで、この哲学入門講義についても記しており、はっきりとこの入門講義の開始が一八〇一年十月二十日であることを示している。ヘーゲルがどの程度この講義を実際に行ったのかについてはいかなる証言も残されていない。ローゼンクランツが、「哲学への入門。論理学から実在哲学への移行がその中で扱われている。現象学」[15]として一般的な内容描写を与えている、年度の記録もない筆記録ノートがこの哲学入門講義に関わっているということはあまり考えられない。このノートがどの講義のものであるのかは、未決定にしておかねばならない。その後このノートは失われている。

イェーナでヘーゲルは五回「自然法」を予告している。それは、一八〇二年夏から一八〇三／〇四年冬までの各学期と、一八〇五年の夏学期である。この講義のうち、ひとつでも実際に行われたという証拠は残されていない。[16]しかし、自然法講義が一度も行われなかったということはありそうにない。さらに、『自然法論文』の第一部が一八〇二年末に、第二部が一八〇三年春に刊行されており、この論文が自然法講義の草稿にもとづくものであるということはありうるだろう。とりわけ、一八〇二／〇三年の『人倫の体系』の清書稿断片は実際にそのような講義草稿にもとづいていると思われる。この同じ文脈に属することとして、ヘーゲルは一八〇二年初頭にフィヒテ自然法の批判についての無料講義を予告しようとしたが、[17]これはうまくいかなかった。この講義は、ちょうど始まるところだった夏学期か、あるいはそれに続く冬学期のために計画されていたのだが、無料で講義をするかどうかは講師に委ねられていたので、ヘーゲルはその講義を取り止めたのである。

ヘーゲルは一八〇三年の夏学期と一八〇五年の夏学期のあいだに、体系全体についての講義を五回、表現をいろいろ変えながら予告している。彼の哲学体系は、いずれの場合も当時すでに三つの部門からなっており、(a) 論理学および形而上学、あるいはのちには思弁哲学、(b) 自然哲学、そして(c) 精神哲学を含んでいる。一八〇三年夏には、「一般哲学の概要、一八〇三／〇四年の冬には「思弁哲学の体系」を予告している。ヘーゲルはこの予告の中で、「思弁哲学」という用語を体系全体にまで広げて用いているが、これは一度きりのことであった。一八〇四年夏には「哲学の一般的体系」、一八〇四／〇五年冬と一八〇五年夏には、「哲学の全体」を予告している。最後の予告はまもなく出版される著作への指示を同時に含んでいる。[18]それらの予告の中では、通常三つの体系部門がこれに続いている。一八〇四年の夏学期には、ヘーゲルは体系講義を二つの講義に分けようとしたが、しかしローゼンクランツによれば、これらの講義は行われなかった。[19] 実際のところ、証拠となるような記録は何も残されていない。さらに一八〇三年夏の講義についても記録は残されていない。一八〇五年夏には、すでに言及したように、体系の代わりに論理学についてのみ講義を行った。一八〇三／〇四年冬学期、一八〇四／〇五年冬学期の講義が行われたことは、聴講者リストによって証明されている。

一八〇三年夏については、ヘーゲルの手による、精神哲学のためのばらばらの断片的な草稿だけが残されており、そのなかには美学のための最初の草稿も含まれている。これらの草稿はおそらく講義草稿であり、『ヘーゲル全集』第五巻で公刊される〔一九九八年に刊行され、三六三―三七七ページに収録されている〕。それに対して、一八〇三／〇四年冬学期のための講義録の完成稿がほぼ完全に残されており、これらはほとんど一貫して、二度の推敲段階を経たものである。この草稿は、『ヘーゲル全集』第六巻において『イェーナ体系草稿I』として刊行された。[20] この中に論理学と形而上学は含まれていないが、これをヘーゲルはいっしょに予告していたので、ひょっとすると以前の草稿を使って講義したのかもしれない。自然哲学はこの草稿ではじめて、詳細で完全なかたちでポテンツの段階づけをもって示された。精神哲学は完結していないが、はじめて自己意識の体系的歴史の構想を含んでいて、ヘーゲルによって最初に著された承認論を含んでいる。

一八〇四／〇五年冬学期については膨大な清書稿が残されている。この草稿はおそらく、ヘーゲルが講義のために取り組んだ、より以前の草稿にもとづいているにちがいない。おそらくは講義ですでに完成した清書を用いるために、とくに論理学の部門には部分的に慌ただしく推敲された様子が示されている。この草稿は『イェーナ体系草稿II』として、校訂版『ヘーゲル全集』第七巻として出版されている。[21] 草稿の中のいくつかのページが欠けている以外では、序論と論理学のはじめが欠けている。草稿は自然哲学の真ん中で途切れ、ここでは精神哲学には取り組まれていない。この体系草稿は、ヘーゲルの根本的な革新を示すものである。論理学には、形而上学的な内容、とりわけ無限性がカテゴリーとして取り上げられており、したがって論理学はもはや形而上学への純粋な導入ではない。形而上学は、まだ論理学から区別されているが、もはや絶対的な実体の規定として完成するのではなく、この絶対的な実体をさらに絶対的な精神にまで、そして絶対的な主体の規定にまで展開している。ここでヘーゲルは弁証法をはじめて思弁的な方法として構想していて、少なくともいまやアプローチとしては体系全体に貫徹させているといえる。

イェーナ時代の終わり頃に、ヘーゲルは四回、表現の仕方はいささか異なるが、「自然および精神の哲学」を講義すると予告している。[22] それは、一八〇五／〇六年冬学期、一八〇六年夏学期、一八〇六／〇七年冬学期および一八〇七年夏学期である。一八〇六年夏学期の聴講者リストは、講義が行われたことを示している。それ以外の講義については講義が行われた証拠となるものが存在しない。すでに述べたように、最後の二回の予告を、ヘーゲルがもはや実現させることがなかったのは明らかである。一八〇五／〇六年冬学期の「自然哲学および精神哲学」については、いくつかの予備草稿とともに、ヘーゲルの草稿が大量に残されている。この草稿は明らかに講義のために用いられたものであり、校訂版『ヘーゲル全集』では『イェーナ体系草稿Ⅲ』として出版された。[23] その中でヘーゲルは、さらなる重要な体系の改訂に取り組んでいる。ここでは論理学と形而上学は詳述されていないが、最後にスケッチが示されている。これらは思弁哲学に統一されている。自然哲学は、以前とは違い天界力学から始まる。この自然哲学はさらに、これも以前とは異なり、アリストテレスの思想をさらに展開しながら、目的の概念や、たびたび内容的に特定されている推論の論証のかたちを用いている。精神哲学は、以前よりも明白に個別者の自由を強調しており、さらにはじめて自分自身を概念把握する絶対精神の三つの段階、つまり芸術・宗教・哲学の三つを区別しているが、まだ絶対精神の哲学の三部門を区別しているわけではない。

ヘーゲルはイェーナ時代の終わり頃に、シュタールの算術についての著書やローレンツの幾何学に関する著書による「数学」講義を予告していた。これについては言及するにとどめておきたい。つまりそれは、一八〇五／〇六年冬学期、一八〇六年夏学期、一八〇六／〇七年冬学期、一八〇七年夏学期である。[24] このうち最後から三つの講義については、開講された証拠となるものが存在しない。一八〇五／〇六年冬学期の「数学」講義は、実際に行われており、これについてヘーゲルのイェーナ時代の学生ガブラーは、ヘーゲルが彼にはじめて数学に対する正しい理解を目覚めさせたと述べている。(25)

最後に、ヘーゲルはイェーナ時代の終わりに二度、「哲学史」を講義すると予告していた。つまりそれは一八〇五／〇六年冬学期と一八〇七年夏学期である。一八〇五／〇六年冬学期の「哲学史」講義が行われたことは、ガブラーとローゼンクランツの報告が示している。これは、哲学史についてのヘーゲルのはじめての講義であり、この講義がその後、ヘーゲルののちのベルリンにおける「哲学史」講義の基礎となった。ベルリン版『ヘーゲル全集』の『哲学史講義』の編者であったミシュレは、まだヘーゲルのイェーナ時代の「ノート」、つまり一八〇五／〇六年の講義のための草稿を持っており、この版の編集のために用いた。ミシュレは、ヘーゲルはこのノートをベルリン大学での『哲学史講義』の底本として用い、これに多くの書き足しをした、と説明している。したがって、ミシュレ版には一八〇五／〇六年の時期(26)への示唆がばらばらになって含まれているが、やはりこの版の中で、その後失われてしまったイェーナ時代の「ノート」の部分を、ベルリン時代の部分からはっきりと区別することはもはやできない。ガブラーもまたこの講義を聴講していたが、彼は、ヘーゲルが非常に熱心で絶え間ない原典研究を行い、講義草稿を練り上げていたことを報告している。この原典研究にはとりわけアリストテレスの著作の研究が含まれていたとのことである。さらにガブラーによれば、ヘーゲルは「その当時としてはこれまでになく新しい、体系から体系への弁証法的進行」を示し、最終的にはシェリングの体系についても、それは「未完」であることを示し、聴講生を「驚かせた」と報告している。(27)したがって、弁証法的な発展と、もろもろの哲学体系が並ぶ歴史的な発展とが一致するというヘーゲルの原則、そしてこの系列が彼自身の体系においてはじめて完成を迎えるという哲学史理解は、すでに一八〇五／〇六年のイェーナ大学での講義において準備されているのである。

熱烈なヘーゲル崇拝者であったガブラーは、ヘーゲルの講義スタイルについてはただ、ヘーゲルが「いつもながらの哲学的真摯さ」で語り、滅多に外的な事柄に脱線することはなかったとだけ述べている。[28] それに対して、それほど熱を上げていなかった者たちはまったく異なった発言をしている。まさに容赦なく、まだイェーナ時代初期のヘーゲルの講義スタイルを描写しているのは、ヘンリー・クラッブ・ロビンソンである。「私は一度哀れなヘーゲルの講義を聴いたことがあります。あなたは彼の講義ほど惨めなものを想像できないでしょう。彼は咳き込んだり、咳払いしたり、どもったりして、二つの文もはっきりと発音することができなかったのです」。[29] ローゼンクランツの描写は、明らかにこれよりは穏当である。彼は、すべて「事柄にのみ向けられた」「ヘーゲルの飾り気のない流儀」を、シェリングの講義における輝きを放つレトリックと対比して強調するだけである。シェリングの講義はこれによって、そしてもちろん哲学的な内容によって輝かしい成功をイェーナでおさめたのである。[30] ゲーテはすでに一八〇一年十月二十一日にヘーゲルと知り合いになっていたのだが、[31] シェリングがイェーナを去ったあと、一八〇三年十一月九日にシラーがゲーテに、哲学がイェーナにおいて沈黙することはないだろう、「私たちのヘーゲル博士は彼の講義に満足してくれる多くの聴講生を獲得したことでしょう」[32] と希望ある展望を表明したときにも、ゲーテはヘーゲルの語り方について、好意的とはいえない判断にとどまっていた。シラーとゲーテは、そのときヘーゲルをフェルノフと引き合わせることで、ヘーゲルの講義スタイルを改善させようとした。しかしやはり明らかにそれほど多くの改善は見られなかった。それでも一八〇五年初頭に、ランゲという学生がクラウゼに「ヘーゲルの講義はとても改善された」[33] と証言している。ヘーゲル自身後には、自分の講義がこのようにあまり理解されなかったのは、思弁的内容を多く盛り込んだせいばかりではないと理解していた。一八一六年に彼はフロムマンに、自分はイェーナではまだ初心者であって、そして彼が言うには「口頭での講義では、ノートに書かれた文字から目を離すことができなかった」と告白している。[34] ベルリンでのヘーゲルの講義スタイルについての後の描写を信用するならば、自分を批判するようなこうした理解も、それほど長く続いたわけではなかった。

このようにイェーナでのヘーゲルの講義活動は、はじめの学期には苦々しい失敗によって特徴づけられるところもあった。なぜなら彼はしばしば聴講生不足のために講義を中断するか、開講を見合わせなければならなかったからである。後になってようやく彼は、授業で一定の成功を収めた。しかしこの成功も、シェリング、そしてもちろんフィヒテの大きな成功と比べれば、控えめなものにとどまっていた。このようにイェーナでの哲学的でない外的な活動についてはせいぜい月並みな結果にとどまっていたのだが、このこときわめて決定的に対照的なのは、講義の思弁的な内容とヘーゲルの思想の発展である。ヘーゲルの思想の発展が、このイェーナ時代ほど独創的で、さまざまなバリエーションを持ち、転換を重ねていくことは、他の時代ではほとんどありえなかった。学問として絶対的なものの形而上学という立場を取ることを決断したのは、フランクフルトからイェーナへの移行の時期に当たり、この決断は確実にだれかの影響によってなされたのでなく、自分自身によってなされたものであった。それぞれ講義の中で示されていることだが、イェーナ時代の段階の中に、ヘーゲルは、彼が最初に支持していた絶対的実体の形而上学から、絶対的主体の形而上学へ、そして同時に、イェーナではじめに構想していた否定的なままの弁証法から、思弁的な弁証法に到達したのである。さらに彼は、何度も別の可能性を試してみながら、体系全体の詳細な練り上げを成し遂げた。このようにしてイェーナにおいて、ヘーゲルの成熟した体系のための基礎が据えられたのである。

これらの講義の筆記録の公刊のために残されているのは、現在の知識によれば、I・P・V・トロクスラーの筆記録だけである。これは一八〇一／〇二年冬学期に行われたヘーゲルの最初の「論理学・形而上学」講義の筆記録であり、『ヘーゲル全集』第二部の第一巻のなかで刊行される〔その後『ヘーゲル全集』第二十三巻となり、第一分冊が二〇一三年に刊行され、筆記録が収録されている〕。

（大河内泰樹　訳）

第三章　論理学講義（一八一七年）

カーレン・グロイ

1

一九八四年に幸運な偶然が起こった。ルツェルンの文化史家フランツ・アントン・グッド博士はスイスにおけるもっとも重要な個人蔵書の一つを所有しているのだが、蔵書整理の際に、自分と同じ名前の曾祖父の手稿の中からヘーゲルの講義の筆記録を発見した。それは一八一七年に曾祖父が若き法学生としてハイデルベルクのヘーゲルのもとで学生時代を送っていた時期に筆記したものである。筆記録の表題は「ヘーゲル教授による、哲学のエンチクロペディーに従った論理学と形而上学、一八一七年夏学期」となっている。さらなる調査によって、多少とも重要な多くの講義筆記録が公になった。その中には、ハイデルベルクでのヘーゲルの前任者ヤーコプ・フリードリヒ・フリースの講義の筆記録、すなわち一八一五／一六年冬学期の「物理学講義の注記と説明」について、および一八一六年夏学期の「心理学」についての筆記録もあった。後者はフリース全集の編者であるボーフム大学教授ケーニッヒ博士によって判読されているが、また一方でルツェルン大学神学部哲学科がヘーゲルの講義録の出版を準備してもいる。こちらはマイナー社から『ヘーゲル講義録選集』の一つとして出版される予定である〔第十一巻『ヘーゲル論理学・形而上学講義』

（一八一七年、ハイデルベルク大学）として一九九二年に出版された」。

筆記録の発見は二つの観点で関心を引きつける。一つには歴史的な、とりわけ地方史的な観点、もう一つには哲学的な観点である。歴史的観点というのは、筆記録がスイスの著名な一族の一員の人生を見せてくれるからであるし、哲学的な観点というのは、「論理学と形而上学」についての筆記録が、一八一七年から二七年にかけての、すなわち『哲学的諸学のエンチクロペディー綱要』の初版から第二版にかけてのヘーゲルの思想の発展について教えてくれるからである。(1)

2

ヘーゲルの講義の筆記者フランツ・アントン・グッド（一七九三―一八六六年）は、メルスの医師で政治家でもあったフランツ・アントン・グッド（一七五五―一八一八年）の次男であった。彼はすでに早くから法律家へのコースに乗せられていた。彼はプフェッファーのベネディクト派修道院の学校で教育を受けた。そこで彼は最初の四つのギムナジウム課程を終え、つぎに一八〇八年から二年間、ザンクトガレンにあるカトリックのギムナジウムの上級クラスに在学した。そこでの教科には詩学と修辞学が含まれていた。続いてルツェルンのリツェウムに三年間在学した。グッドの追悼文には文字通り以下のように記されている。「当時よくあることだったが、スイス東部の勉学を志す青年たちは、ザンクトガレンからルツェルンのリツェウムに移った。そこでは著名な教師たちが哲学および神学のコースを取り仕切っていたのである。フランツ・アントン・グッドは……自然科学を含む種々の哲学に関する科目で……飛び抜けて優秀な成績を収めた(2)」。

このような基礎教育ののち、フランツ・アントン・グッドは法学分野ではトップクラスの大学であった隣国のハイデルベルク大学での勉学へと赴いた。（ついでながら当時は裕福で教養ある家庭の出身者の多くがそのようにしたのであった。たとえば彼の友人で、バスラーの有名な歴史家一族出身のカール・ブルクハルトのように）。そこで彼は一八一五／一六年冬学期から一八一七年夏学期までの四学期間勉学した。続いて彼はゲッティンゲン大学に移ったが、ただ一学期のみ滞在したのち、父が若くして亡くなったため故郷に呼び戻された。

彼の勉学についてはかなり正確にわかっている。というのは、ハイデルベルク大学のすべての受講者の聴講証明書が、学長代理のツァハリエによって保存されているだけでなく（ゲッティンゲン大学にはそのようなものはない）、またハイデルベルクおよびゲッティンゲンの学生時代のすべての講義筆記録が保存されているからでもある。ここに初公開する聴講証明書には以下のように書かれている。

「学長代理およびハイデルベルク大学評議会員は本書をもって下記を証明する。一八一五年十一月七日に本学法学生として登録した、ザンクトガレン州メルス出身のフランツ・アントン・グッドは、これまでの本学での在学期間において下記の講義すべてに、卓越した勤勉さと優れた注意力をもって出席し、また最終審査会において優れた法知識を立証した。また、いかなる例外もなく規則に従い礼儀正しく振舞っていたことを付け加えておく。一八一五／一六年の冬学期には自然科学と実験物理学のエンチクロペディー、中世史、法学のエンチクロペディーと方法論およびローマ法の諸制度についての講義、一八一六年の夏学期には心理学、国際法、ローマ法の歴史、民事訴訟の法学的解釈学と理論についての講義、一八一六／一七年の冬学期にはローマ法の学説集成、刑法、法医学についての講義、最後に本年夏学期には、論理学と形而上学、政治学・実定法の哲学および自然法、ナポレオン法典、一般的国法およびドイツ国法、民事訴訟業務についての講義。通常の署名と印刷された大きな大学印によって証明する。ハイデルベルク、一八一七年十月四日

学長代理　S・K・ツァハリエ

大学事務官　ヨリー

Vt・マウラー」

これらの書類からは、この若い学生が自分の主専攻である法学のほかに、哲学、歴史、また当時はまだ哲学科に属していた物理学や心理学といった領域の講義の聴講手続きをし、その際に広い範囲で貪欲な知識欲を持っていたことがうかがわれる。そのようにして彼は数学期のあいだ哲学を聴講した。最初はハイデルベルク大学の講座のヘーゲルの前任者であったフリースの講義を、ついでヘーゲルの講義を一学期間聴講したのである。

あらゆる時代の批判的な若者たちと同様、グッドも積極的に政治に参加していた。とくに今日の言い方で言えば、反権威主義的であり、リベラルで民主的であった。彼は一八一四年に、復古政治に反対して暴動を起こした民主主義者たちの書記として、メルスの暴動と「集結」に参加し、父やフルムスの医師であった兄のマルティンとともに罰金刑に処せられた。とはいえ刑の執行は彼に資産がなかったため停止されたのだが。それだけでなく、彼は学生時代に学生組合と密接な関わりがあり、一八一七年にはハイデルベルクの学生組合の創設者の一人となり、のちに詩人コッツェブーを殺した学生組合の一員カール・ルートヴィヒ・ザントともたびたび会っていた。グッドはザントと登録証を交換しており、それらは両者の遺品中に保管されていた。

メルスへ帰郷したのち、グッドは弁護士の実務をしながら、地方公務員として法律家の経歴を歩み出した。一八三〇／三一年に刷新が始まると、彼には政治的なキャリアが開けてきて、一八三三年以来二十年以上のあいだザンクトガレンの大評議会に任命され、州政府の最高次の委員会に所属していた。そして一八六六年七月七日、故郷メルスで充実した政治家としての生涯を終えた。

一八一八年から一八六六年までのグッドの日記は、外の世界との出会いに満ちた彼の生活だけでなく、その思索と感情の世界や信念をもうかがわせる。日記は、多方面に関心を持つ人間像を示している。グッドは多くの有名人と付き合いがあったが、それにはジャン・パウル・フリードリヒ・リヒターやヨハン・ガウデンツ・フォン・ザーリス＝ゼーヴィスのような哲学者や詩人だけでなく、スイス軍の幕僚もまた含まれていた。彼は、スイスのギリシア崇拝の運動に結びついているのと同様に、自然研究者の社会にも結びついていた。

今日、ルツェルンで「グッド図書館」の名で運営され、スイスでもっとも大きく重要な私立図書館の一つとみなされている図書館の由来もまた、フランツ・アントン・グッドにさかのぼる。その範囲は、ザンクトガレン州立文書館のフランツ・ペレが論文「メルスの歴史の根本特徴(3)」の中であげている一覧によって示されている。そこには、哲学と神学のほかに、法学、医学、外科学、薬学、建築学、軍事学、地理学、歴史学、文学全集、そして辞典や参考書のシリーズがあげられている。

3

この筆記録は、ヘーゲルの口述であって、ヘーゲルの思想と論拠を正しく再現しているものと思ってもよい。そのことがこの筆記録を研究にとってとりわけ貴重なものにしている。

当時の講義の進め方には三つのかたちがあった。まずは口述による講義であり、これに際しては講義資料が口述される。つぎに自分が書いた、あるいは他人が書いた綱要による講義であり、たとえばカントが、バウムガルテンの『形而上学』やマイヤーの『理性論綱要』を教科書として使って、注釈をしたり、抽象的な定義を例証によって解説したりすることで行った講義である。そして最後に自由な講義であり、これはフィヒテが行ったようなもので、彼は自らの知識学を絶えずさまざまな視点のもとで講じていた。

ヘーゲルはイェーナ大学とハイデルベルク大学で教えていたあいだ、そしてベルリン時代にもなお部分的には、口述による講義を行っていた。その際彼は本文を口述し、多かれ少なかれ即興的に注釈を加えていた。一八一七年夏学期の「論理学と形而上学」がこのやり方であると明確に予告されていたわけではないが、口述であることを形式的にも内容的にも裏付ける間接的な証拠がある。
（1）保存されていた手稿はきわめて正確、端正で整然とした感じがある。筆勢は落ち着いており、一様で、取り消し線や修正、重複誤字がわずかしか現れない。

（2）講義中に直接筆記されたテキストは、通常短くあいまいな文のみで書かれ、文は重要な名詞に限定され、重要でない動詞は省かれる。というのも、それは話されたことの意味を記録しておこうとするからである。それに対してこのテキストは、一貫してきちんと書かれた文からなっており、しばしば非常に複雑な文、副文の重なる箱入り文が現れる。

これらの論拠からはまだ、当時の通例のように、自宅で清書されたともいえる。しかし、講義の筆記資料にもとづいて、しばしば副収入を稼ぐ職業的な筆記者によって、時にはその講義の出席者自身によって清書が仕上げられたという可能性は、つぎの理由で問題にならない。

（1）グッドの他の講義筆記、日記の記入、記念帳等との比較にもとづけば、すべてが同じ人物、すなわちグッドの手に由来し、誰か他の人の手になるものでないことはまったく疑う余地がない。

（2）職業的筆記者による清書ということは、グッドがしたような誤りを職業的筆記者ならしないであろうという理由で、もはや問題にならない。グッドは法学を専門に学んでいる学生であり、哲学を専門に学んでいる学生ではなかった。哲学の専門用語に関するある種のおぼつかなさが、たとえば固有名詞や学派名が最初に登場したときの誤った書き方に現れている。それらは繰り返し現れるに従って正しく書かれるようになる。「ヒュームム」の代わりに「ヒュージュ」あるいは、「エレアティッシュ」の代わりに「エネアティッシュ」というのがその例である。

（3）あとからの清書ではなく直接の口述であることを裏付けるのは、筆記録が当時の習慣に従って末尾に終講の日付を記しているだけでなく、ほとんどの講義の日付と、それどころか部分的には講義の時間までをページの欄外にメモしている事実である。さらに付け加えると、欄外の日付の記入のあとに天気の記入もあるが、このことは、あとになって自宅で作成された仕事ではないということを決定的に示している。

（4）字面は一貫して均整のとれた印象を与えている。にもかかわらず、もっと詳しく観察すると、筆勢は個々の日付の記入に対応して変わっており、また講義の終わり頃にはときどき疲れたようすが現れている。筆跡もなげやりで走り書きになっているが、つぎの時間にはふたたび字間を詰めて圧縮された、むらのない仕方で書き込まれている。

（5）一つの講義の筆記録の量は、約一ページ半から二ページ半であり、講義時間に相応している。

（6）個々の講義は、段落の終わりや内容の切れ目を顧慮せずに、明らかに定刻きっかりに中断されており、次回の時間に継続されている。

（7）この講義にはところどころで、ヘーゲルにとっては典型的だが、しかし標準的な書き手であれば避けるような、非常に複雑な文や箱入り文が含まれている。

この講義録は以上の間接的な証拠によって、ヘーゲルの口述を筆記したものであり、したがって信頼できるヘーゲルのテキストであることにまちがいない。他の講義録の多くと比べて、これはヘーゲルの思考の歩みを最初からほとんど完全に再現している講義録である。

例外はせいぜいのところ、ヘーゲルが本文に対して口述し、本文中で述べられたことに例示と解説を加えるさいの注釈である。ときには原稿なしで講義を行っていた可能性がここで排除されるわけではない。このことを認めるような特徴が三つほどある。

（1）ときどき断片的な飛躍があり、前後の結びつかない印象を与える例示の文が並列されている。そのことは、記述が筆記者自身によって行われたか、あるいは筆記の際に一、二の文が抜かされたかの可能性を示している。

（2）未熟な書き方がときに現れる。これは、口頭での講義には珍しいことではないが、ヘーゲルの未熟な、正確に言語化されていない思考を示しているか、あるいは、グッドの不十分な理解力と不正確な再現を示しているかのどちらかである。

(3) 俗語を使ったり、決まり文句を指示したりすることがときになされる。たとえば「……と言われている」や「……が疑わしいのはもっともだ」は、即興の講義であることを思わせる。

この講義録は、『哲学的諸学のエンチクロペディー綱要』の初版と第二版の出版年である、一八一七年から一八二七年までのヘーゲルの思想の発展を再構成するために、とりわけ重要であることは疑いない。『エンチクロペディー』の初版には、このときの講義が引き合いに出されている。初版の分量は少ないものの、第二版は、同じことが第三版にも言えるが、二倍のページ数に増大している。それはパラグラフを百節分多く含んでおり、それに加えていわゆる「予備概念」の完成稿をも含んでいる。そこでは、同時代の哲学を叙述することが、思考と存在の関係にかかわる認識論の問題を根本的に論究するところにまで深められている。それは部分的ではあるがカテゴリーの順序の再編成にも取り組んでいる。この理由から、まさに一八一七年の「論理学と形而上学」についての講義は、すでに副題において一八一七年にまさに刊行されつつある『エンチクロペディー』を引き合いに出し、ヘーゲルによって同書に注釈を施す意図で構想されており、初版と第二版の間の内容的発展にとって、非常に大きな役割を果たしている。

一八一七年の『エンチクロペディー』執筆には、外的な理由が一つあり、それはヘーゲルにとって講義活動の手引きとなるはずであったということである。したがって、『エンチクロペディー』は二つの課題を持っていた。一つは、哲学の体系全体に、すべての部門、すなわち論理学・自然哲学・精神哲学およびそれらの下位部門を一覧した見通しを与えることであった。もう一つは、思考の規定である、理念または精神の現れとしてのカテゴリーと、哲学の異なった部門を通じたそれらの発展との図式的な概要を与えるはずであった。このことから、印刷されたテキストの読者にとっては当然のことながら、二つの欠陥が結果として生じる。一方では、内容的にいえば、図式的な叙述には詳細さが欠けている。それは無味乾燥な節を例示したり説明したりすることによってのみ達成できるものなのである。他方では、形式的にいえば、学問的な哲学の営みに必須の、論証的な根拠づけの完成、演繹の遂行が欠けている。このことから見ると、個々の講義にはつぎの課題が課されている。「論理学と形而上学」についての講義は、第一部である論理学の詳述をもって始まり、自然哲学と精神哲学についての講義が続くべきである。このような計画的な意図に講義は従ってはいるが、それはつぎのことによってである。講義は『エンチクロペディー』に、注釈を施すことを通じて関連しているにもかかわらず、まったく独自の構成と論証過程を提供している。それは『エンチクロペディー』の後の版ではじめて用いられる多くのものを先取りしている。

本質論の章でカテゴリーを拡張しようとしているのを除けば、講義の主要な変更点は「予備概念」にかかわっている。『エンチクロペディー』は導入のための予備概念から始められていて、この予備概念のうちで論理学の定義を与え、それに続いてヘーゲルのもっとも重要な方法論的基本操作を説明していく。すなわち悟性的なものあるいは抽象的なもの、否定的な理性的なものあるいは弁証法的なもの、そして肯定的な理性的なものあるいは思弁的なものが続いていく。さらにヘーゲルの立場から、これまでの形而上学と対決していく。まずは無限なもの、絶対的なものをたんなる概念から推論しようとする合理的な形而上学に対決し、つぎに経験的なもののみに依拠する経験論によって合理的な形而上学を批判的に問い直す形而上学と批判的に対決して、そして悟性概念の使用を現象界、有限なものに限定し、絶対的なもの、無限なもの、神的なものの把握のために使用することに異議を唱える、カントの中途半端な媒介の試みと批判的に対決する。最後の節では、論理学が存在、本質、概念に区分され、これらは主要部分で解明されることになる。

なるほど講義もまた、ヘーゲルが理解している論理学の定義から始まっている。その定義とは、すなわち論理学は思考の境位における理念の学、絶対的精神の学であり、したがって応用された理念ではなく純粋な理念の学だというものである。しかし『エンチクロペディー』が論理学の定義をもって終わるのに対して、講義はそれとは違って、その定義を最初から論理学の全般的な特性として組み込んでおり、そして内在的な論理過程つまり円環的進行の結果としてその定義を示している。こうして論理学は、哲学一般とその応用部門の基礎であり、それへの導入であるのみならず、理念が自己を開示するなかでそれへと自己を展開していく結果でもある。そして論理学は、始まりでありかつ終わりであり、基礎でありかつ目的であるのみならず、全体の通過点であり内在的な活動する生命でもある。したがってそれは、部分であるとともに全体でもある。こうして講義は最初から、ヘーゲルの典型的な思考の型である円環的進行という理念のもとにある。その理念は、全体、総体、絶対的なものは思考を通じて到達できるという、彼の根本的な確信を表現している。ヘーゲルの哲学の構想は一貫して合理的なものであり、絶対的なものをまえに尻込みするのではなく、これを概念へと取り込む。このような考えには利点があって、以降のあらゆる説明においてヘーゲルの根本理念が手引きとなり基準となっていくのである。

ヘーゲルの根本理念はまた、基本的な方法を運用するさいの説明と解明のための地平をなしている。ヘーゲルの他の作品ではめったに見られないことだが、そこではこの基本操作そのものが反省されているのである。ヘーゲルは弁証法の取り扱いの大家とみなされているが、多くの革新的な哲学者たちと同じく、それの解説者とはみなされていない。こうした背景からヘーゲルは知性的なものを、あらゆる多様なものや感覚的なものを捨象することによって生じてくる普遍的なもの（普遍的に概念把握できるもの）とみなしている。それが概念の形成にとって必要であるだけに、それは不完全なのである。というのは、知性的なものは思考の内在的な運動を厳密で正確な概念規定へと突き詰めることによって、その運動を硬化させるからである。弁証法は「流動化」という逆の契機を表し、その契機は固定化されて孤立し、一面的となった規定を否定してその反対へと転じ、そしてその規定が制限されていることを示してそれを超出へと導くのである。このことを例で説明してみよう。死んでいるかと思われた樹木が春になって花や葉をつけるとき、法が慈悲と赦免によって不法となるとき、このことはヘーゲルにとって硬化したもの、硬直したものの弁証法的な否定であり流動化である。弁証法的な契機は、外的な生命と内的な生命を駆り立てる力であり、活動つまり端的に運動として表される。弁証法的なものがたんに否定的なものとして、あらゆる固定的で堅固なものの否定としてとらえられ、同時に対立と矛盾を通じて形成される包括的な弁証法的過程の契機としてもとらえられないならば、それは破壊的な威力として、あらゆることに対する懐疑と疑念として機能する。弁証法的なものはそうした状態にはとどまらないので、その状態は思弁へと高められ、統合されなければならない。思弁とは、対立の統一、矛盾の同一を提示して、定立と反定立の対立ならびに両者の総合を通じてのみ獲得されるものである。思弁的なもの、言い換えれば肯定的に理性的なものは、否定の廃棄、否定の否定、したがって肯定であり、すなわち否定を自己のうちに含む肯定である。それのみが生きたものであり、たんに一面的で硬直した死んだものではなく、たんに否定的で破壊的であるのでも決してない。むしろそれは、たえず自己を否定して再生する過程のうちで両者であるような、ひとつの生きたものである。神もまた、生命の最高の形態であり、最高の分裂であると同時に最高の統一なのである。

ここから、伝統的な形而上学をそれらに特有の認識の方向において、すなわちそれらに特有な思考の存在への関係において批判的に吟味して対決していく。この講義はこのような構想でもって、のちの『エンチクロペディー』第二版における完成と仕上げを先取りしている。第二版では、これを客観に対する思想の第一、第二、第三の立場として、それぞれ固有の表題のもとで扱っている。

ヘーゲルが示しているのは、ライプニッツ＝ヴォルフに由来する合理的形而上学が、たんなる概念によっては絶対的なものの認識に到達できないということであり、また反対の立場である、すべてを感性的な経験の上に基礎づける経験論も、そして、知性概念を現象に制限し、絶対的なものの規定への知性概念の超感性的な使用を拒絶するカントの超越論的哲学も、絶対的なものの認識には到達できないということである。それゆえカントの超越論的哲学は有限なもののうちに、規定と真の同一との対立を固定するところにとどまる。カントによれば、理性の総体への上昇から生じる矛盾は、物自体のうちにあるのではなく、それについての私たちの認識のうちにあることになる。

それに対してヘーゲルの解決策はつぎのとおりである。すなわち、無限なものと有限なものの区別を廃棄することによって、そして思考と存在（物自体）を統一する包括的なプロセスのなかで、分裂を通して無限なものと有限なものを統合することによって、統一へと到達する。心拡張と心収縮のような構想、すなわち統一が自己分裂し、分裂したものが自己とふたたび合一して新たな包括的な統一と同一へと向かう構想が、ここでも基礎をなしている。しかし

『エンチクロペディー』初版とは異なり、この構想は第一に、探求全体の出発点と手引きをなし、安定した位置を形づくっている。第二に、思想としての鋭さと精密さに達しており、それゆえ後年の客観に対する思想の三つの立場の完成への準備をなしている。第三に、このことを、神、全体、総体についての論究、とくにその中でも思考と存在の関係についての論究を中心に据えたうえで行っている。このような理由から、発見されたこの筆記録は、『エンチクロペディー』の初版から第二版への途上にある転回点として、そしてまたヘーゲルの論証の戦略が生成発展していくなかでの重大な進歩として、価値あるものとみなされなければならない。

（竹島あゆみ　訳）

第四章　論理学・形而上学講義――とりわけベルリン期を考慮して

ハンス・クリスチャン・ルーカス

ヘーゲルの講義活動に関する資料から明らかになるのは、彼が「論理学・形而上学」の講義をほかのどの講義よりも頻繁に行ったということである。イェーナに限っても、この講義は六度予告された。もちろんその際、体系全体の講義もまた、論理学から、あるいは周知のとおり徐々に一体化されることとなった「論理学・形而上学」から始められたという点が考慮に入れられねばならない[1]。イェーナ期ではI・トロクスラーによる一八〇一／〇二年冬学期の講義筆記録が、近年ようやく発見され編集された[2]。ここではこれをただ指摘するにとどめておく。というのは、ヘーゲルのイェーナ期の講義については別の章でK・デュージングが情報をまとめて提供してくれているからである[3]。ヘーゲルはハイデルベルク期の四学期中に一度（一八一七年の夏学期に）論理学・形而上学の講義を予告し、その際すでに「毎週六時間、十一―十二時に、つぎに出版される哲学的諸学のエンチクロペディー（オスヴァルト書店、ハイデルベルク）にもとづいて」講義を行うつもりであると指示している[4]。これについては最近フランツ・アントン・グッドによる筆記録が発見された。K・グロイの編集により、公刊が準備されている［『ヘーゲル講義録選集』の第十一巻『ヘーゲル論理学・形而上学講義』（一八一七年、ハイデルベルク大学）として一九九二年に出版された］。それについても別途報告が行われる。[5] その予告が非常に重要であるのは、明らかにここでヘーゲルが「論理学・形而上学」講義の基礎に『大論理学』ではなくて、まさに『エンチクロペディー』の中に含まれる「論理学」を置くことに決めていたからである。

ハイデルベルク期には、一八一六／一七年の冬学期に「哲学的諸学のエンチクロペディー」の講義、そして一八一八年の「哲学の全体系」の講義を予告した。ヘーゲルは一八一八年夏学期の講義を「自分の教科書（『哲学的諸学のエンチクロペディー』ハイデルベルク、オスヴァルト書店、一八一七年）と解説のための口述をもとに、毎日十―十一時」に行うつもりであった。[6]「一九三七年、J・H・アンダーフープ所蔵」という蔵書票の付いた、糸綴じ製本済み『エンチクロペディー』（一八一七年）への書き込みについては、まさにヘーゲルが予告した「解説のための口述」が関わると前提しておいてほぼ差し支えないであろう。[7] あまり分量の多くないこのテキストの注目すべき部分は、エンチクロペディーの論理学に関わる。そのテキストは口述テキストとしてヘーゲルが意図した言い回しにとても近いと判定できる。そのためそのテキストは、おもに一八一七年の『エンチクロペディー』の編集にあてられる、『ヘーゲル全集』第一部第十三巻に入るであろう。論理学・形而上学講義についてのヘーゲル自身の覚え書きも、一八一七年のエンチクロペディーに関わるかぎりで、同じく第十三巻に組み入れられる。[8] それに対して、ヘーゲルが一八二七年の『エンチクロペディー』をもとに書いた覚え書きは、第十九巻で編集された。[9]

ベルリンでヘーゲルは、一八一九年から一八三一年にわたり各夏学期に「論理学・形而上学」の講義を予告した。講義は通常では週に五時間行われ、一八二二年と一八三〇年だけは週に四時間の設定で予告された。聴講者の数は五十六名から一三八名の間を推移した。ヘーゲルは、一八一八／一九年と一八二六／二七年の冬学期に『エンチクロペディー』全体について講義を行った。[10]

ヘーゲルのこれら数々の講義は、これまで非常に不満足なかたちで、すなわち「補遺」というかたちで編集され公開されてきたにすぎない。この補遺はレオポルド・フォン・ヘニングが、ヘーゲルの友人たちによって編集されたベルリン版『ヘーゲル全集』の『エンチクロペディー』第一部の巻に付け加えたものである。彼は、その際に『エンチクロペディー』全体の講義、とりわけ「論理学・形而上学」の講義からの資料を用いることに努めた。ヘニングは序言のなかで、ヘーゲルの二つのベルリンでの『エンチクロペディー』講義を頼りにしており、そのことをつぎのことから正当化している。それは「ついでヘーゲルは、これらの講義でこの『哲学的諸学のエンチクロペディー綱要』初版のいくつかの節に補足や注釈のかたちで解説を行ったが、その大部分を第二版に取り入れ、それによって重要な拡張を施し、一八二七年に公刊した」ということ、そして「ヘーゲルが遺した文書にも筆記ノートにも、さらに解説的な補足となる資料はほんのわずかしか」見当たらなかった[11]、ということである。もちろんこの指摘では、どちらなのか、つまりヘーゲルの遺稿中にテーマに適した文書がそもそもほんのわずかしか見つからなかったのか、それともこの文書がより詳しい解説をまさにまったく含んでいないのかどうか、が明らかになるわけではない。いずれにせよ、ヘニングの方針ははっきりしている。実際のところ他の著作の編集者もそれに従ったのであった。その方針とは、すなわち講義に関するテキストを編纂するとき、ヘーゲル自身の覚え書きと学生の筆記録とを区別せず、さらに年代の違いも区別しない、というものである。それに応じてヘニングは、『エンチクロペディー』の各部門（ここでは「論理学」）に関する講義のうちに「非常に豊富な収穫[12]」があることを見出し、ヘーゲルがこの「部門を……もっとも頻繁に（概して各夏学期に）講義した[13]」と、とくに注意を促している。

ヘーゲルの講義を考察する文脈でとくに興味深いのは、ヘニングが講義のやり方に言及した点である。すなわち「この際ヘーゲルの進め方はつぎのような格好であった。彼は『エンチクロペディー綱要』の該当する節をもとに講義を行ってはいたが、しかしたいてい論じるべき部門を、個々の節やそれに付随する解説という括りに特別こだわることなく理路整然とした講義で説明し、さまざまな例によって解説した[14]」。したがって出発点とすべきは、ヘーゲルは綱要をもとにした講義では、たんに一般的に内容のうえからこの綱要に関わっただけであり、個々の節と注釈に拘泥していたわけではなかった、という点である。したがって、何らかの綱要にもとづく講義の場合であっても、理路整然とした口述としての講義という進め方は通例のことであって、D・ヘンリヒがヘーゲルの法哲学講義の「筆記録」を編纂するにあたって主張したのとは異なり、決して特例で例外的なものではなかった。しかし他方で、ヘーゲルは一般に手元にある本から内容的にそれほど離れることもなかった。この点は、ヘニングの見解では筆記録に反映されている。「こうして筆記ノートはその大半に綱要と同じ内容が見出されるが、ただしそれは、ずっと詳しく敷衍され、とりわけ平易な表現への関心を考慮にいれて敷衍されているという違いがあるにすぎない[16]」。「論理学」の「補遺」にある内容構成は、「論理学・形而上学」の講義の進み具合に従っている。その進み具合は、ヘニングが実際に知っていたし、そして彼が対応する筆記録にその形跡を見出していた。つまり、補足が講義の終盤にかけて徐々に詳しくなくなる場合には、それに倣ったのである[17]。

ヘニングは、彼が用いた資料について論理学の五つの筆記録を挙げている。「彼自身が筆記した一八一九年と一八二〇年の二つの筆記録のほかに」、彼は「おもに二人の重要な同僚、ホトーとミシュレ教授のノート」を用い、「そしてさらにより後の時期からは、ガイアー教頭の非常に入念に取られたノート[18]」を用いた。ここで言及されているホトーのノートが一八二三年の筆記録（今日断片的にではあるが保存されている）のことである可能性を、完全に除外することはできない。しかしそうだとしても、ヘニングが、今日もはや知られていない四つの筆記録をとにかく利用できたことになるであろう。したがって、この点で「補遺」は一定の資料的価値をもつと言えるだろう。けれども他方で、資料としてのこの価値が、ヘニングが自ら説明する編集方針によって結局のところ失われてしまわないかどうか、問われなければならない。

ヘニングはたとえばつぎのように述べている。テキストを編纂する際には「ヘーゲル自身の言い回しや表現を再現することに絶えず細心の注意を払った」が、しかし他方で「それでも事柄の本性として、その外面上取り繕った正確さは主要眼目とはなりえなかった」。むしろ重要なのは「異なる年代にわたって異なるノートに散りばめられた素材をひとつの一貫性ある全体に編集することであり、しかもそれによって、哲学的思考を別途予備的に訓練することなしにまず思弁的論理学の研究を始める人にとって、この研究の難しさに望まれる手助けとなるような仕方でそれを編集することであった」[19]。したがって教育的な目標設定は、編集の正確さという目標設定を遠景に押しやった。その際、ときに編者がやはりさらに大胆になるときには、彼自身の言では「直接手元にある資料が十分でない場合には、必要だと思われる解説を自分の記憶をもとに完全なものにすることもためらわなかった」[20]。

その他に、ヘニングは自分のやり方、つまり「この綱要の始めのほうの節と比べて、後ろのほうの節では、とくに終盤にかけて、残された補足の数と分量がはるかに少なくなったこと」を、ヘーゲル自身の講義の進め方でもって正当化する。つまり「ヘーゲルは論理学の講義を行うにあたり、疑いなく計画的に、始めのほうの節よりも後のほうの節をますます短く扱うのが常であったが、それゆえに筆記ノートにおいても、綱要に含まれるものをほとんど変えることなく再現したものを除けば、たいていは当該の対象をただ簡潔に散発的に解説したものが見出されるにすぎない」[21]ということでもって、自分のやり方を正当化するのである。ところが実際には、私たちに遺された筆記録を検討する際にやはり立ち戻らなくてはならない。

ヘーゲルが論理学に関する講義を予告して実際に講じた頻度と、この講義を聴講した学生が比較的多かったことを照らし合わせると、私たちに遺されているこの分野の筆記録の数は驚くほど少ない。たんに偶然ということもあろうが、ヘーゲルの学生が、綱要本文の分量をはるかに上回る他の筆記録、とくに「絶対的精神」の領域に関するものほど、このノートをひょっとすると大切に保存しなかったもっともな理由も考えられる。つまり、ヘニングがすでに留意しているように、筆記録が『エンチクロペディー』の本文に非常に近いがゆえに、この筆記録の失われる可能性が高くなったのかもしれない。

すでに言及した、イェーナ期とハイデルベルク期の筆記録(注の3と5を参照)と並んで、ヘーゲル文庫ではヘーゲルのベルリン期の論理学講義についての六つの筆記録が知られている。その他にホトーの手稿があるが、これは筆記録ではないものの『大論理学』にもとづいた独自の文書である。

1

ケーラーによる日付のない筆記録。「ヘーゲルによる論理学——H・フォン・ケーラーの講義録」という表題（おそらく図書館によって書き込まれた）が付いている。分量は一二八ページになる。講義の元は一八一七年のエンチクロペディー。それゆえ成立期は、まずおおまかに一八一七年から一八二七年の期間に絞られる。けれどもケーラーは明らかにヘーゲルのベルリン大学の学生であった。これは彼の手になる他の筆記録からも推測できる。したがって一八一九年の夏学期がもっとも早い時期として想定できる。ヘーゲルは（すでに一八二六／二七年の冬学期以来、したがっておそらく）一八二七年の夏にも自分の『エンチクロペディー』第二版の見本刷りを少数の弟子たちに配布していたのだから、[22]『エンチクロペディー』初版をもとにした「論理学」講義の時期は、遅くとも一八二六年夏学期と確定されうる。

筆記録は講義全体をカバーしている。つまりそれは第一九一節にまで及ぶ（一八一七年の『エンチクロペディー』の「論理学」は第十二節から第一九一節までである）。もちろんいきなり欠落のある状態で始まり、読み進むと欠落が出てくる。とくに目に付くのは、第十二節から三十七節のあいだの「予備概念」中の欠落である。それは「予備概念」の主要な部分が欠けていることを意味する。略号を多用していること、そしてしばしば非常に急いで書き流された筆の勢いが特徴的で、筆記に問題があることを強く推測させる。

2

一八二三年夏学期の筆記録。ヘーゲルの予告は「論理学・形而上学、自分の教科書『哲学的諸学のエンチクロペディー』（第十二節から第一九一節）にもとづく」である。週に五時間。筆記者はH・ホトー。表題は「論理学・形而上学、ヘーゲル教授の講義にもとづく、一八二三年夏学期、ベルリン、H・ホトー」

筆記録は七十六ページに及び、第十二節から第三十一節、つまり「論理学」の「予備概念」だけを扱っている。それは文の途中で中断され、そのため明らかに断片的性格を備えている。ただ、さらなる部分があったのかどうかはわからない。手稿のテキストは入念に区分され、一八一七年の『エンチクロペディー』の節本文を短くして書き込んである。一貫して欄外に書き添えられている注釈は、区分をして本文の内容を理解し、要約するという性格を持っている。それゆえ自宅での仕上げが問題となると考えてよいだろう。

3

おそらく一八二六年夏学期の筆記録。筆記者は不明である。表題は「ヘーゲルによる論理学・形而上学」。分量は広範な手稿のうち五十四ページ（二二一―二七四ページ。この筆記録の前に一八二六年の日付のある美学の筆記録がある）。手稿は一八一七年の『エンチクロペディー』にもとづく「論理学」の「予備概念」の大部分、すなわち形而上学とカント哲学（第三十四節まで）を扱う。何箇所かの抹消と修正、ならびにおそらくのちに添えられた注釈にもかかわらず、おそらく筆記に問題はなく、手を入れた際の（不完全な）仕上げが問題となるであろう。[23]

4

一八二八年夏学期の筆記録。ヘーゲルの予告は「論理学・形而上学、自分の教科書（『哲学的諸学のエンチクロペディー』第二版、第一部）にもとづく」とある。週に五時間。筆記者はK・リベルトである。表題は「論理学・形而上学、一八二八年夏学期、ヘーゲル教授の講義にもとづく。彼の『哲学的諸学のエンチクロペディー』の解説として、しかも第十九節から第二四四節」である。分量は六五―一六四葉（すなわち二百ページ）。筆記録は第一八三節で中断し、第一八四節から第二四四節までが欠けている。手稿の性格はさまざまな理由から、筆記に問題があることを示している。というのは、筆記は、ときに明らかな欠落（空白の紙葉や一部だけ書かれた紙葉）があり、そして終盤が欠けていて不完全なままだからである。一二六aページから一二八aページには異なる筆跡が見える。ひょっとするとここで他の学生が代わりにノートを取ったのかもしれない。

5

一八二九年夏学期の筆記録。ヘーゲルの予告は「論理学・形而上学、自分の教科書（『哲学的諸学のエンチクロペディー』第二版、第一部）にもとづく」である。週に五時間。筆記者はローリンである。表題は「ヘーゲルの論理学・形而上学、『エンチクロペディー』第十九節から第二四〇節」である。最初のページの上部右に講義開始の指示が「五月四日開始」とある。三ページ下部に「五月五日」の書き込みが続く。（ホフマイスターは一八二九年五月四日を「神の存在証明について」の講義開始日としている。「論理学・形而上学」の講義は彼の記述では一八二九年五月二十日にようやく始まったということである。(24) おそらくここにはホフマイスターの取り違えがある。というのはヘーゲル自身による「論理学・形而上学講義への覚書」に、「一八二九年五月四日」の日付が見出されるからである(25)）。

筆記録は一六〇ページ（ページ番号付けなし）に及び、「絶対的理念の自然への移行」で終わる。したがってそれは論理学のすべての領域を対象としている。大文字書き・小文字書きがドイツ語正書法の不確かさを示している。私がよく知っている他の筆記録には登場しない独特の略号体系がある。けれども筆跡の特徴は非常に整っている。ただし行の上にあとから数多く書き込んだことが見て取れる。節番号は一連の本文のなかに第一二二節まで加えられ、それ以降は（一部は繰り返されるが）欄外に加えられている。本文への節番号の書き込みは、ときに『エンチクロペディー』からの実際の引用にも続いている。たとえば二十七ページにはつぎのような文言が見出せる。「主語はこのような仕方で述語の基準であった、と第三十節に書いてある。(26) しかし述語の基準が何であるかはここではまだ語られていない」。

たびたび本文中に欠落が放置されているが、欠落は斜線で埋められている。二十八ページにはこのような欠落とともに、つぎのメモが見出せる。「五月十九日の講義の終わり、グリュツマッハー（？・）による筆記」。一一六ページはつぎの指示で終わっている。「ここですぐつぎの紙葉に続く」。

正書法から見て、これがすべて写しである可能性（たとえばあるドイツ人学生が筆記したものであるという可能性）はありそうにない。けれども、他の筆記録を手がかりに検討を加え、自分自身の資料に手を加えた可能性も十分考えられる。

「予備概念」は、筆記録全体の内容のおよそ半分以上になる。いくつかの文言がかなり一致することや[27]、五月四日という日付が合致することから[28]、この講義の筆記録と、この講義開始時のヘーゲル自身の覚え書きとを同じ講義に関するものと見てよい。

6

一八三一年夏学期の筆記録。ヘーゲルの予告は「自分の教科書『哲学的諸学のエンチクロペディー』第三版）にもとづく論理学」である。週に五時間。筆記者はカール・ヘーゲルである。表題は「一八三一年夏学期、ヘーゲルの（『エンチクロペディー』にもとづく）論理学講義、F・W・C・ヘーゲルによる筆記」である。ノートは二六六ページに及ぶ。『エンチクロペディー綱要』（第三版にもとづく）の論理学の本文全体をカバーし、それゆえ完全なものである。（たびたび後から修正した）筆記が問題となる。そのことを示すのは、多くの略号や省略、ならびにしばしば走り書きした文言と、急いでいることを示す筆致である。ヘーゲルの長男は、明らかに最初の学期に講義の文言をできるかぎり完全に書き記そうと骨を折っている。概念をとらえるのが困難な箇所で、理解に苦しんでいるのがはっきりと分かるときがある。

個別的に小さな欠点はあるが、筆記録はこのテーマに関するヘーゲルの（最後の）講義によい見通しを与えているように思われる。導入という性格は、『エンチクロペディー』の本文に対して、教育に配慮して単純化された説明であることを明らかにしている。そのうえ、なんといっても講義全体の五分の二を占める、驚くほど大きな分量が「予備概念」に割り当てられていることによっても、その性格は明らかである。

筆記録はU・ラーマイルと共同で筆者H・C・ルーカスにより印刷の準備がなされている〔『ヘーゲル講義録選集』の第十巻『論理学講義』（ベルリン、一八三一年）として二〇〇一年に出版された〕。

ヘーゲルの友人たちが編集したベルリン版『ヘーゲル全集』の中の一巻として出版された『エンチクロペディー』の「論理学」の編者、レオポルド・フォン・ヘニングが、その序言のなかですでに指摘していたが、ヘーゲルは論理学講義の最初の部分をとくに詳しく展開していたのである。断片的に遺された講義でも、まさに筆記録の「予備概念」を扱う部分が保存されている。カール・ヘーゲルの完全な筆記録では、論理学の「予備概念」は手稿全体のほぼ五分の二を占めている。それどころか、ローリンの筆記録ではほぼ半分以上を占めている。その一方で一八三〇年に印刷された第三版では、この部分は論理学全体の三分の一を占めるにすぎない。このことは、ヘーゲルが、もともと論理学講義を彼の体系への導入として理解していたが、これらの講義の枠内でまさに「予備概念」に思弁的論理学あるいは思弁的哲学への導入の役割を割り当てたことを証拠立てている。(29)

校訂版『ヘーゲル全集』の枠内でこれらの資料を編集する計画に関しては、あらかじめ決めておかなければならない問題がある。まず考慮に入れられるべきは、ヘニングの「補遺」は（ガンスによる『法哲学綱要』への補足とは違うが、『エンチクロペディー』への他の「補足」と同様に）私たちにもはや知られていない筆記録（そしてひょっとするとヘーゲル自身の手稿）から編纂されていたかぎりで資料的価値をもつという点である。けれどもこの資料的価値は、この資料が私たちの手元にあるテキストからはもはや再構成されえないという点で、大きく減ぜられる。ここに遺されたテキストの遺産を『ヘーゲル全集』に取り入れるか、そして取り入れるならどのような形で取り入れるのかを、もっと正確に吟味しなければならない。

私たちのもとに保存されている筆記録に関しては、そのつど元になっているエンチクロペディーの区切りごとに見ると、その本文の進行に則して議論が進行している点で、大きな一致点があることを見過ごすことはできない。けれども、個々の文言の一致と議論の進行の細部に関しては、まったく別の印象も生じてくる。すなわち、ここでは逸脱することが実際のところ常となっている、という印象が生じてくる。それはそうとして、これまで二つの筆記録によって単一年の講義が確認されたことはない。それゆえに、現在得られている情報の段階では、遺されたすべての筆記録を年代順に『ヘーゲル全集』に取り入れることが自然であると思われる。

（竹島尚仁　訳）

第五章　自然哲学講義

ヴォルフガング・ボンジーペン

ヘーゲルは、イェーナで講義活動を始めた際、自然哲学を講義題目から決して外さなかった。教授資格論文『惑星軌道論』（一八〇一年）での簡潔な総括に見られるように、ヘーゲルはフランクフルト時代からの豊富な材料を拠り所とすることができた。いわゆるイェーナ体系草稿において伝えられる清書稿は、ヘーゲルの自然哲学にかかわる取り組みをはっきりと伝えている。イェーナ時代の終わり頃には、体系全体との関連の中で論じられる自然哲学が個別の講義対象となっている。ヘーゲルは、自然哲学と精神哲学についての講義を告示しており、これらの講義は実際に一八〇六年の夏に行われた。(1) イェーナでは、ヘーゲルはゲーテと親交を持ち、色彩論の完成に居合わせているし、そのほかの自然研究者たちとも個人的に親しくしている。(2)『論理学』での高等解析に関する広範な注釈が示すように、ヘーゲルは、遅くともニュルンベルクでは、近代の微積分学の基礎に詳細に取り組まなければならなかった。このときのヘーゲルの数学に対する強い関心を、ニートハンマー宛の手紙が証明している。その手紙から、ヘーゲルがギムナジウムのための数学の教科書を書くプランがあったことが知られるのであるが、それはとうとう実現されなかった。(3) ニュルンベルクのギムナジウムでは、ヘーゲルは上級クラス向けの数学の授業も行っており、上級クラス向けの哲学

的エンチクロペディーでは自然科学も扱っている。(4)

ハイデルベルクでヘーゲルは、一八一六／一七年の冬学期に「哲学的諸学のエンチクロペディー」についての講義を告示している。(5)その後まもなく出版される『エンチクロペディー』第一版（一八一七年）のなかで、ヘーゲルは自分のこれまでの自然哲学の草稿と研究をまとめており、そこにイェーナの体系草稿よりも明瞭な区分を与えている。その間、あらゆる形而上学的および超越的な自然の考察に対する無関心や忌避が広まっていたにもかかわらず、ゲーテの色彩論を支持したことにとくに示されるように、ヘーゲルは自らの思弁的な自然哲学構想を固持している。(6)一八一八年の夏学期にヘーゲルは、体系の全領域における哲学を自分の教科書によりながら講義している。ヘーゲルはその際、説明にあたって『エンチクロペディー』の節を引き合いに出している。私たちにはいまもこの体系の概要が残されているが、それはおそらくこの講義の筆記者によるもので、自然哲学を引き合いに出している。(7)『エンチクロペディー』という手引き書にもとづいて、ヘーゲルはその後ベルリンで六度、自然哲学の講義を行っている。一八一九／二〇年、一八二一／二二年、一八二三／二四年、一八二五／二六年の冬学期と、一八二八年、一八三〇年の夏学期である。(8)ヘーゲルは講義の際、そのつど自分の教科書『哲学的諸学問のエンチクロペディー』を参照するように指示しているが、一八二八年の講義では第二版、一八三〇年の講義ではその年の終わりにようやく出版された第三版を指示している。一八一九／二〇年の冬学期には、週に五回ないしは四回、ヘーゲルは講義をしている。自然哲学講義の聴講者数は、J・ホフマイスターの報告によれば、他の講義の聴講者と比較するとむしろ少なかった。ヘーゲルの講義活動については、ミシュレが示唆に富む報告をしている。「ヘーゲルは、およそ八回、自然哲学の講義を行った。一八〇四年と一八〇六年の間にイェーナで一回、ハイデルベルクでも夏学期に一回、そしてベルリンで六回である。……イェーナについては、私たちは四つ折り判のヘーゲルの完全なノートを今も所有している。ハイデルベルクでは、ヘーゲルは『エンチクロペディー』第一版（一八一七年）と、折り曲げられた紙に書き留められた覚え書きを基礎にしていた。ベルリンの最初の二つの講義には、四つ折り判の完全なノートがふたたび基礎として役立てられた。一八二三年から一八二四年の講義では、ヘーゲルは新たな序論を書き、そこに新しく増補した二つ折り判のノートを付け加えた。しかし、この講義やその後の講義には、それ以前のノートも利用されており、イェーナのノートでさえも利用されていた。それに加えてヘーゲルは、最後の二つの講義には『エンチクロペディー』の第二版（一八二七年）をすでに手引きとして使用しており、その一方で、第三版が出版されたのはようやく一八三〇年の秋のことであった。最後に、これら自筆資料に数えられるものにはまだ多くの内容豊かな挿入断片があり、これらはさまざまな繰り返しのもとでしだいに挿入されたものである。私が手に入れた筆記ノートは以下のものである。一つは、一八二一／二二年冬学期に私自身によって書き取られたもの。二つめは、一八二三／二四年の冬学期の授業からの三つのノートで、グリースハイム大尉によるもの、私の尊敬する同僚ホトー教授によるもの、そして、私によるものである。三つめは、一八三〇年夏学期にガイアー教頭によって書き取られたノートである」[9]。

ミシュレが自らの編集方針として述べているのは、「たしかに、いくつもの講義をつなぎ合わせて一冊の本にするためには、かなりの、しかも容易に説明できるような変更をもたらさなければならなかった」ということである。ミシュレはイェーナ時代のノートから、「いかに私が語句を仕上げ、その思想を明瞭にしようと努力したとしても」、読者がまだぎこちなさを認識するだろう箇所をかなり多く取り上げていた。読者は、このノートの他の箇所こそ真実の、事柄の本性を適切に表現する作品であると認識するかもしれない[10]。資料の利用の仕方に関してミシュレが強調しているのは、彼が文体の小さな欠陥をわざと消し去らなかったということである。しかし、ミシュレは自らの課題を、さまざまな講義を混ぜ合わせ一つのものを仕上げることととらえていた。「ところで、集められたノートから前述の要素を合成する際、私は、これらの講義のあれやこれやを無条件に基礎に置くことも、およそそれ以外のノートの講義からその講義に含まれていなかったものを妥当な場所に組み入れるといったやり方もとらなかった。……そのために私は、ときにはある講義を選び、ときには別の講義を選んだが、しかし、そうしない場合、繰り返しがないならば多くの講義から同様に取り上げた。編集者の課題は、ここでは一般的にいって、組み合わせて形にする技にあり、しかもさまざまな講義という、より大きな部分を形にするだけでなく、必要なところでは個々の文章を組み合わせて形にする技なのである」。ミシュレが信じているのは、ヘーゲルの精神にその全面的な表現を手に入れさせなければならない、ということであり、(11) これは、私たちが今日ではもはや共有しないような想定である。

イェーナ大学での最初の自然哲学講義ということでミシュレが考えていたのは、おそらくイェーナ時代の終わり頃の自然哲学と精神哲学の講義の中のものであろう。(12) ただし、哲学の体系全体についての口述での講義ということであれば、ハイデルベルクの自然哲学講義が挙げられる。イェーナ時代のノートということでは、ホフマイスターによってはじめて編集された『イェーナ実在哲学』(一八〇五/〇六)の自然哲学が理解されるべきであるが、これは校訂版『ヘーゲル全集』の第八巻『イェーナ体系草稿Ⅲ』で公刊されている。ホフマイスターは、より後の講義、すなわち、ミシュレが編集した版のなかで、イェーナ時代のノートから引っ張り出された部分を詳細に指摘している。(13) ミシュレの言明から、ベルリン大学での講義にとってのイェーナ時代のノートの意義が読み取れる。ミシュレが作業を行った原典資料は、私たちにはもはやほとんど残されていない。そのため、『エンチクロペディー』第一版の綴じ込みの自家用本には自然哲学のためのメモが欠けているし、またそれ以外にも多くの原典資料、すなわち、『エンチクロペディー』のための挿入断片、四つ折り判のベルリンのノート、新しい序論、二つ折り判の新しいノートが失われてしまった。まだ現存しているのは、自然哲学のための二、三の断片のみである。(14) ミシュレが利用した五つの筆記録については、グリースハイムの筆記録が残されているのみである。そのため、ミシュレのもとには実際、多くの特別な材料が、すなわち、失われた筆記録や、とりわけヘーゲルの失われた基礎資料からなる原典があったのだろう。しかし他方では、ヘーゲル文庫で目下利用可能な原典資料により、ベルリン大学での六学期については、一八三〇年の講義以外のすべてが筆記録によって裏づけられている。これらの筆記録を手がかりにして、自然哲学の構成における変更を明らかにすることが可能となる。

第一節　保存されている講義録

ヘーゲル文庫には、目下、八つの講義録が確認されており、以下で簡単にその特徴を示しておく。

1

一八一九／二〇年の講義は、のちにハレの古典文献学の教授になるゴットフリート・ベルンハルディーの筆記録によって確証される。この筆記録は、先ごろ、M・ギースにより、ザクセン＝アンハルト州の大学図書館に所蔵されている彼の遺品のなかにある。この筆記録は、先ごろ、M・ギースによって編集されて出版された。[15] その筆記録には「ヘーゲルによる自然哲学、一八一九—一八二〇年」というタイトルが付けられており、四つ折り判で一三一ページに及んでいる。この筆記録は、欠落がなく全部そろっている。文章は非常に正確に書かれており、略字や略記を用いて作成されている。見出しや節の参照指示による区分が欠けているが、例外は、序論のための最初の見出しと、第一節から五ページまで、そしてIから八ページまでの参照指示である。これらの特徴からわかるのは、この筆記録が自宅で仕上げられたものであり、自由な仕方で講義の根本思想が再現されている、ということである。この筆記録の信憑性は、区分がつねに一致しているわけではないことから疑問視されている。[16] もしかすると、復習授業の筆記録であったのかもしれない。ラテン語による一八二一／二二年冬学期の科目一覧では、自然哲学と法哲学の二つの講義は復習授業と結びつけられている、と告示されている。このときのヘーゲルの復習講師は、レオポルド・フォン・ヘニングだった。ヘニングは、一八一九年の夏学期にF・W・カローヴェの後継者として復習講師の活動を始めた。しかし、ヘニングが復習授業を行うことが許されていたのは、最初は自宅においてだけだった。というのも、大学評議会が、そのような公的な仕事をする前提として大学教授資格を要求していたからである。ヘニングは、一八一九年七月八日にいわゆるデマゴーグのかどで逮捕されるが、すぐにまた釈放され、引き続きヘーゲルの講義の私的な復習講師を行うことが許された。一八二〇／二一年の冬学期には、ヘニングはついにヘーゲルの公的な復習講師となり、その職務を一八二二年の夏学期まで果たした。[17] そのため、ベルンハルディーの筆記録が、実際には、復習講義への参加によって生まれたような完成稿を示しているということは大いにありうる。節の区分の欠如は、その印なのかもしれない。

2

一八二一／二二年の講義には、三つの筆記録がある。ボリス・フォン・ユクスキュルの筆記録は、ヴュルツブルク大学図書館の古文書部門にある。この筆記録は最初、フランツ・フォン・バーダーの遺品の中にあったのだが、一八四一／四二年にヴュルツブルク大学図書館が買い取った。部分的な出版がW・ボンジー＝ペンによってなされている。[18] この筆記録は、「G・W・F・ヘーゲル教授によって講義された自然哲学、一八二二年十月ベルリン、ボリス・フォン・ユクスキュル」という表題を持ち、小二つ折り判で三五三ページに及んでいる。この筆記録は全部そろっている。本文には略字がなく、ほとんど略記もなく、きれいに書かれている。『エンチクロペディー』第一版に関連する節の参照指示が本文の欄外に挙げられているが、本文の中にも挙げられている。その欄外の書き込みはインクで書かれていることもあるし、鉛筆で書かれていることもある。本文のかなりの文章には、鉛筆で下線が引かれている。のちに他の人の手（インクや鉛筆）によって補われている語句の欠落箇所が見られる。筆記者は明らかに、かなりの箇所で判読することができなかったような草稿を所有していた。したがって、自宅での清書稿であると考えられる。

表紙について注意すべきことは、年号のうしろに、はっきりはしないがさらに「十二月」と読めるようなものが見られることである。さらにその年数指示は必ずしも正確ではない。考えられるのは、ヘーゲルが自然哲学の講義をしなかった一八二二年の夏学期ではなく、一八二一／二二年の冬学期のみである。筆跡を比較して筆記者についてわかることは、ユクスキュルの筆記録が必ずしも彼自身によって書かれたわけではないということである。そのうえ、一八二一／二二年の冬学期には、ユクスキュルはベルリンにずっといたわけではなかったようである。[19] カール・ローゼンクランツの報告によれば、ユクスキュルは、ヘーゲルのもとで勉強したハイデルベルク時代に大規模の旅行をしていた。[20] そのため、彼が不在時、自分のために一八二一／二二年冬学期の自然哲学の講義の筆記録を作成させたことは理解できる。筆跡の比較から読み取れるように、表題ページの記入はユクスキュルのものである。おそらくユクスキュルは、いくつかの欄外のコメントも書いていた。本文に連続してあとから書き入れられた言葉も彼が書いたものなのかどうかは必ずしも定かではないが、十分ありうることである。

欄外の書き込みが異なった筆跡であることは、すでに当時の調査でわかっていた。表題ページの前のページに見られる欄外の書き込みは、ルートヴィヒという人の証言によれば、フランツ・フォン・バーダーの自分自身の手によるものである。表題ページの後に続くページの欄外書き込みも、またしても他の人の手によるもの、すなわち、ミュンヒェンの上級鉱山官バーダーによって記入されたものであると証言されている。いまではこれらの書き込みについて訂正がなされている。欄外書き込みのいくつかはバーダーによるものであり、その他のものは、十中八九、ユクスキュルによるものであろう。ユクスキュルの筆記録がバーダーに渡って彼の遺産となったことは、ユクスキュルとバーダーが親しくしていたことからも明らかである。

3

一八二一／二二年の講義は、筆者不明の二つの筆記録によっても裏づけられる。一つは、表題がなく、「II 二一年十月六日」という書き込みから始まる。このため、第一部、すなわち序論の最初が欠けてはいるが、筆記録の残りの部分は全部そろっている。小二つ折り判によって伝えられるその筆記録の総量は、一三一ページに達する。この筆記録は、略語や省略を用いて書かれている。欄外には、節の参照指示、日付の表示、区分の見出しが見られる。これは口述筆記されたものである。

一八一七年の『エンチクロペディー』への参照指示は、どこどこが読み返されるべきである（六十三ページ参照）や、誤植（一二八ページ）が訂正されるべきである、という形で見られる。

ユクスキュルの筆記録との比較から示されるように、この筆記者は、基本となる考えを書き留めているだけである。そのため、ユクスキュルの筆記録で広範囲に行われた区分が、ここでは主要な点で簡潔に再現されているだけである。

4

一八二一／二二年のもう一つの筆者不明の筆記録は、かつてマイナー社が入手し、ヘーゲル文庫に提供されたものである。この原稿は、戦争の際に高熱の影響で損傷を受けた。このため、紙片は強く褐色がかっており、いくつかの紙片は欠けてもいる。筆記録の個々の紙片は保護箔に納められ、二巻に閉じられている。W・ボンジーペンによって部分的に出版がされている。[21] この筆記録は、「ヘーゲル教授によって講義された自然哲学」という表題を持ち、年表示は欠けている。（八つ折り判形式の）原稿は、表紙から一枚ずつ鉛筆で四四九ページまで通し番号が付けられている。紙片の断章がそれに続いていく。二五七葉のあとには二七〇葉が続く。保管されている最後の断片は、欠陥のある本文部分からなっている。本文に現れる節の番号は、『エンチクロペディー』第一版を引き合いに出している。もともとは完全な筆記録が存在していたはずである。

本文は略字がなく、省略もほとんど見られず、きれいに書かれている。このため、自宅での清書稿と考えられる。その本文は、他の手稿ではインクと鉛筆で修正されており、欄外注や強調も備えている。その修正によって、しばしばその意味がはじめて復元される。ここからわかることは、筆記者が自らの見本ないし複数の見本を正確に判読することができなかったか、あるいは、その内容を理解しなかった、ということである。

さらにこの筆記録にもとづいて、ヘーゲルは講義のあいだずっと、手引き書である『エンチクロペディー』（一八一七年）にある誤植への注意を喚起していた（三一二表ページ、三七五裏ページ参照）。

一八二一／二二年冬学期のユクスキュルの筆記録や他の筆者不明の筆記録とおおよそ一致しているので、この学期の筆記録であることがわかる。

5

一八二三／二四年の講義は、カール・グスタフ・グリースハイムの筆記録によって明確に裏づけられる。この筆記録は、「一八二三／二四年冬学期にヘーゲル教授によって講義された自然哲学、第一部、グリースハイムによる筆記」および「一八二三／二四年冬学期にヘーゲル教授によって講義された自然哲学、第二部、グリースハイムによる筆記」という表題を持っている。本文は、四つ折り判形式で、全部で六二三ページに及んでいる。その本文には節の指示や区分の見出しが見られ、欄外にときどき見られる修正（おそらく鉛筆で）や書き込み（節に対する注釈の参照指示）が本文の筆跡で見られる。

これは、非常に正確で、略字や省略なしに書かれた、完全にそろった筆記録である。節の本文が、そのつどもう一度、引用符入りで完全に書き記されている。しかし、ここから、ヘーゲルが講義の際に節の本文をもう一度完全に朗読したのだと推論してはならない。むしろ、他の複数の筆記録から読み取ることができるのは、ヘーゲルは、手引き書の節本文の特定の章句を引き合いに出すのみであり、明らかに、それ以外の章句は後で読むように委ねたのである。これらのさまざまな特徴が示しているように、重要なのは、グリースハイム自身によるものとは必ずしも断定できない自宅での清書稿であり、グリースハイムの元々の原稿は筆跡比較のためにもう存在していない。

6

一八二五／二六年の講義は、小二つ折り判で二八九ページに及ぶ、表題を持たない筆記録によって裏づけられる。欄外の書き込みは見られず、このため、日付表示も見られない。本文は、一度だけ「I．力学」という表題によって区切られている。ときどき本文で節の参照を指示するさいには、一八一七年の『エンチクロペディー』を引き合いに出している。その筆記録はきれいに書かれており、略字と省略を用いて作られ、全部そろったものである。清書稿である公算がきわめて大きい。

一八二五／二六年冬学期の哲学史講義の筆記録との比較から、筆記者は、モーリッツ・ピンダーであるとわかる。この筆記録は『エンチクロペディー』第一版の節番号が引き合いに出されているので、一八一七年から一八二七年のあいだに作られたものに違いない。問題となるのは、一八一九／二〇年、一八二二／二三年、一八二三／二四年、一八二五／二六年である。より正確な年代推定は、筆記者の履歴を考慮することによって可能である。ベルリンで司書をしていたモーリッツ・エドゥアルト・ピンダーは、一八〇七年に生まれて一八七一年に亡くなっている。[22] 一八二三／二四年であれば、ピンダーは十六歳のときに講義ノートを取っていたことになるから、現存している筆記録は、一八二五／二六年のものとなるだろう。とくにこの学期にピンダーは、ヘーゲルの他の講義のノートも取っている。

7

一八二八年の講義には、二つの筆記録が残されている。一つは、「一八二八年夏学期におけるヘーゲル教授の自然哲学講義、彼の著作『哲学的諸学のエンチクロペディー』第二四五節から第三七六節におけるこのテーマの展開として」というタイトルを持つ。その筆記録は、カロル・リベルトによるものとされている。

四つ折り判で伝えられるその筆記録は、不完全で何枚か欠けており、他の部分も完全に書かれているわけではない。加えて、第三一九節までしか筆記されておらず、このため、五十七節分が欠けている。欄外に日付表示が見られ、本文には、一八二七年の『エンチクロペディー』の節が直接引き合いに出され、見出しで区分されている。この筆記者は、略字や省略を用いており、そのうえ、本文をそのつど修正している。これは筆記者が講義に完全には出席しなかったであろうことを思わせるような筆記録である。リベルトは最初、欠席したときにスペースを空けておくという方法をまだ使用していなかった。そのため、より後の場所に、欠けた本文を差し込んで追加する必要に直面した（六枚目裏、十枚目表参照）。

この学期の他の筆記録との比較が示すように、リベルトは、講義をかなり自由に再現している。個々の部分や、より大きな部分にも省略が見られる。そのため、本文の議論の進行が、しばしば理解できないものとなっているように思われる。

8

もう一つの筆記録は、ヒュックが筆記したものとみられている。この筆記録の本文の最初のページは「自然哲学、第二四五節から第三七六節」という表題で始まり、四つ折り判で三六一ページに及んでいる。「一八二八年七月十日から」という欄外の日付表示からわかるように、この筆記録は日付記入が明確になされている。ヒュックの筆記録は、広範囲に略字を使用している点で際立っている。ときおり、線による消去や、部分的な挿入が見られる。本文は、直接、個々の節を引き合いに出しており、欄外にある見出しによって区分されている。講義がより忠実に再現されているので、リベルトの筆記録とは際立った対照をなす、完全な口述筆記である。

第二節　自然哲学の新たな区分

自然哲学に関するヘーゲルの講義録によって、自然哲学の新たな区分の過程を個々に追求することが可能になる。ヘーゲルがベルリン時代に出版した『エンチクロペディー』第二版（一八二七年）には、第一版（一八一七年）とは変わった区分が見られる。この第一版では、自然哲学はつぎのように区分されている。

第一部　数学
第二部　非有機的なものの物理学
　A．力学
　B．元素の物理学
　　a．元素的な物体
　　b．元素
　　c．元素の過程
　C．固体的な物理学
　　a．形態
　　b．物体の特殊化
　　c．個別化の過程
第三部　有機的なものの物理学
　A．地質学的自然
　B．植物的自然
　C．動物的有機体

一八二七年の自然哲学では、空間と時間がもはや「数学」の表題のもとで別々に扱われるのではなく、いまや自然哲学の第一部を形成する力学の箇所に入れられている。それに加えて、自然哲学の第二部である物理学の区分が拡大されており、比重、凝集、音や熱が、いまや物理学固有のものとなった第二部において示されている。

第一部　力学

A　空間と時間

a　空間

b　時間

c　場所

B　物質と運動

a　慣性的物質

b　衝撃

c　落下

C　絶対的な力学

第二部　物理学

A　普遍的な個体の物理学

a　自由な物理的天体

b　元素

c　元素の過程

B　特殊的な個体の物理学

a　比重

b　凝集

c　音

d　熱

C　全体的な個体の物理学
a　形態
b　個別的な物体の特殊化
c　化学的な過程
第三部　有機体
A　地質学的な自然
B　植物的な自然
C　動物的な有機体
a　形態
b　同化
c　類の過程

ヘーゲルは、『エンチクロペディー』第一版の出版後まもなく、すでに自然哲学を再編成している。一八一八年の夏学期、ヘーゲルは自らの教科書に従って、哲学について体系の全範囲にわたり講義を行った。ヘーゲルはその際、『エンチクロペディー』の節を口頭の説明の中で引き合いに出していた。『エンチクロペディー』の自家用本のなかで、自然哲学の体系的な概要が私たちに与えられるのであるが、この概要は、この講義の聴講者の手によるものである可能性が非常に高い(23)。それによると、自然哲学は、力学・物理学・有機体という、より後の区分をすでに含んでいる。「第一部は、物質をその普遍性において、すなわち、重力として考察する。第二部は、物理的な特性において、そして、それらの物体的個体性において自己を特殊化するものとしての物質、すなわち、特殊な自然を考察する。第三部は、有機的な自然、すなわち、力学・物理学・有機体または生理学を考察する」。

第一部は論理学の存在論に、第二部は論理学の本質論に関係づけられる。一八一九／二〇年の筆記録には、この区分が同様に見いだされるが、他方でこの筆記録は、まだ『エンチクロペディー』第一版の自然哲学に方向づけられており、そのために異なる区分の交差が若干起こっている。「空間と時間における、たんなる数学でない、力学・物理学・有機体。……第一の領域は、まったく抽象的で閉鎖的な外面、すなわち、空間と時間を持つ。両者を一つにしたものが物質である。第二の領域は、重力の展開された体系、すなわち、自己運動するものとしての物質である。自由な運動の体系は、天体の体系である。第三の領域は、その形式が自由になったということ、すなわち、規定された物体の領域である」[24]。

信憑性が疑わしい前述の区分によれば、『エンチクロペディー』の第一版や第二版とも異なる力学の三区分があり、ここでは、本来『エンチクロペディー』第二版において物理学の第一部をなす力学が、第三部に挙げられている。第一版の方向づけは、第二版の区分に対して反対方向の運動の仕方の順番が守られていることに示される。つまり、天体の絶対的に自由な運動から、落下といった相対的に自由な運動へ、そしてそこから圧力や衝突によるたんなる力学的な運動へと移行しているのである。もちろん、この区分もまた、絶対的な自由の運動が運動の第三の形式として現れるような逆方向の区分によって疑問が投げかけられる[25]。このことによってもまた、その筆記録は疑わしいものと考えられる。構造は入り組んでいるものの、物理学の新しい区分を認めることができる[26]。

このような三区分の構成をとくにうまく配置している一八二一／二二年冬学期の講義では、術語的にも内容的にもすでに広範に『エンチクロペディー』第二版の自然哲学と一致するような叙述形式が見られる。その自然哲学は、概要における力学・物理学・有機体の区分とは明らかに異なった区分がなされている。このため、概要の区分とはその叙述において異なっていると言えるだろう[27]。力学は、明らかに後年の区分を持っていて、一、空間と時間、二、物質と運動、三、天体の体系となっており、運動の仕方の後年の順番が見いだされる。圧力と衝撃から落下という相対的な自由の運動へ、そしてそこから天体の絶対的に自由な運動へと移行している[28]。ある筆記録では、第三部に対して後年の「絶対的な力学」というタイトルを使用しており、そのため『エンチクロペディー』第二版との術語の差異もまたなくなっている。[29]

もちろん、厳密に後年の表題がすでに用いられているのではないが、物理学の新たな区分もまた、後年の体系構造と広く一致している。一八一七年の自然哲学との関連では、物理学の第一部「元素の物理学」が挙げられる。[30]『エンチクロペディー』第一版ではまだ存在していない第二部には、より後年の表題「特殊な固体の物理学」とは異なり、「生産的な個体の領域」[31]もしくは「その特殊化における物体」[32]という表題が付けられている。第三部は、「全体的な、自由な固体」ないし「全体的な形式」[33]あるいは「固体的な物体」[34]となっており、この表題は、第一版（固体の物理学）と二版（全体的な個体の物理学）のあいだを揺れ動いている。一八二七年の自然哲学とは異なり、物理学の第二部に属する音と熱が一緒に論じられ、このため、熱は、後年のようにまだ独自の章では扱われていない。

ヘーゲルは自らの講義で、『エンチクロペディー』第一版の節を一つひとつ説明しているので、その新たな区分によって節の置き換えや消去を余儀なくされ、適切な説明の注釈が必要とされる場所を目の当たりにしている。そのため、物理学の最初は、相当な数の節の位置が変更されている。古い区分における物理学の最初と関連してヘーゲルが説明しているように、そこでの区分は私たちにはもはや関係がなく、そしてその節は古い区分（第二〇五節）とともに完全に省略されている。[35]『エンチクロペディー』第一版に従って物理学を第一部から第二部へ移動したことは、同様にある問題点も示している。というのも、ここには物理学の新しい第二部の区分が差し込まれているからである。この点をヘーゲルは、叙述が手引き書の順番とは異なっているが、個々の節の内容はそのままであると説明していたようである。[36]実際のところヘーゲルは、節を巧みに組み替えて拡大することによって、その新たな区分を適合させることに成功している。「形態」を扱った後に続く特殊な遂行が前もって準備され、物理学の新しい第二部としてまとめられる。ある筆記録では、たんなる外的な配置換えでは決して収まらないこの遂行の理由づけも見られる。形態の概念は、自然哲学の展開における転機を示すものであり、ヘーゲルの自然哲学全体の再構成にとって中心的かつ体系的な意味を持っている。この概念をアリストテレスの形式の概念と結びつけてもよいであろう。筆記録で言われていることは、手引き書では形態に属している契機が後の方で示されるということである。しかし、これらのもの、すなわち、特殊な密度と凝集は形態の契機であるので、全体的な個体として、そのため、形態への道としてとらえられるべきである。このように、全体をこれらの契機の結果として獲得するためには、契機において自己を外化しはじめている個体を先に扱う方がより理にかなっているのである。(37)

自然哲学の第三部は、もはや「有機的なものの物理学」ではなく、一八二七年のように「有機体」と名づけられる。一八二七年の自然哲学の「動物的な有機体」という下位区分はもちろん、一八一七年の自然哲学の本文においてすでに準備がなされていた。しかしながら、ここでは同じ文面ではなく、「自分自身における生命あるものの過程」、「外へ向かう生命あるものの過程」、「類の過程」という、より適切な文面によって表現されている。(38)

第三節　ベルリンの自然哲学構想に見られる発展傾向

一八一七年と一八二七年のあいだに、ヘーゲルの自然哲学はさまざまな点でもっとも発展したのであるが、その発展の一部は、体系的な基礎から生じたものであり、一部は、同時代の自然科学の革新によって引き起こされたものである。ヘーゲルは、ゲーテの色彩論をニュートンの見解に対して擁護しようとしたが、そこでヘーゲルは、光の屈折の代替理論を示すことをますます余儀なくされる。これにともなって、光と色彩の部分が物理学の最初から最後に、つまり、その第三部に移動している。電磁気学や電気化学の同時代の発見が、ヘーゲルの自然哲学内の対応する部分を再構成する誘因となったのだろう。自然哲学への序論のさまざまな再構成が示しているのと同様に、ヘーゲルはもちろん、全体的にもまた自らの自然哲学を新しく配列している。ミシュレによると、ヘーゲルが新しい序論を起草した(39)一八二三／二四年講義の序論から、以下の構成を取り出すことができる。角括弧で括られた題名は、その本文から推定されるものである。[40]

Ⅰ　自然哲学の概念
a　自然認識の概念とは何か
1　実践的な態度
2　理論的な態度
b　物理学と自然哲学の区別
Ⅱ　自然の概念
［a　外面的な自然は概念の現象にほかならない］
［b　過ぎ去りゆくもの、自然の偶然性］
［c　自然における概念固有の形式としての法則］
［d　自然は必然性に支配され、自由ではない］
［e　自然の合目的性］
［f　極性の概念］
［g　自然の階層］
［h　自然の展開の目標］

ヘーゲルはここで、自然に対する理論的態度と実践的態度を詳細に扱っている。ヘーゲルは、この両態度の矛盾を指摘し、理論的態度と実践的態度の規定的な統一のうちに自然に対する真の態度を見て取る。

これに対して、一八二八年の講義の序論では、ヘーゲルは自然に対する理論的態度と実践的態度についてもはや簡単に言及するのみである。彼の興味はいまでは別のところにある。

［I　自然哲学の概念］

［a］自然哲学の目的

［1］自然に対する実践的態度

［2］自然に対する理論的態度

［b］自然哲学と物理学の関係

1　併存する自然対象、無関係に存続するカテゴリー

2　継起する自然対象、極という不可分な関係のカテゴリー

［3］目的関係あるいは統合的な物理学

［II］自然の概念

外面における自然、偶然と必然、自然の法則、自然の段階的発展

目的概念の説明がいまや広範な場所を占め、この目的概念は、IIの部分から取り出され、物理学のカテゴリーの分析の中で展開されている。ヘーゲルは同時代の自然科学が目的概念を忌避することに直面して、目的概念の上に自らの自然哲学を築くことができるように、この概念の新しい基礎づけを試みる。自然に対する理論的態度と実践的態度についての広範なかつての究明は、ヘーゲルの精神哲学ないし精神哲学の講義の特定の発展との連関のうちにあると言っていいだろう。そのため、ここで明らかにされたことは、個々の講義作品を孤立させて考察することはできないということである。

（赤石憲昭　訳）

第六章　主観的精神の哲学講義

ブルクハルト・トゥシュリング

ヘーゲルの死後、法哲学をめぐっては、聴講生の講義ノートであれ、ヘーゲル本人の講義メモであれ、多くの講義録が公刊されてきた。(1) それに対して、精神哲学は、ひどくないがしろにされてきたとは言わないまでも、ぞんざいな扱いを受けてきた。ボウマンが『エンチクロペディー』第三版の第三三七節から第四八二節に関する「補遺」を刊行して以後、精神哲学の講義資料はそれ以上、体系的に利用できるようになっていない。唯一の例外として知られているのは、M・J・ペトリが編纂した、印象深く、しかももとよりそれが二つの言語にまたがって書かれたということからして、比類のない版である。これはヘーゲル文庫で入手可能なグリースハイム、ホトー、ケーラーの一八二二年および一八二五年の講義ノートを利用し、またニコリンが発見・編纂した一八二二年／二五年の「断片」をペトリの編纂のもとに組み込んだものである。

この体系区分をめぐるこうしたぞんざいな扱いは、ヘーゲル当人がこの体系区分にとりわけ大きな価値を置いていただけに、驚くべきことである。ヘーゲルはたびたび、個人的にも、(2) 他方また公刊されたもののなかでも、「精神論」（普通には心理学と呼ばれるもの）が置かれている状況を指して、「ないがしろにされていて、劣悪である」（『法哲学綱要』第四節）と批判している。そして、一八一七年の『エンチクロペディー』第一版の第三六三節から第三九九節のなかではじめて展開された自分の所説について、「より詳細な論究」を「いずれ提供することができれば」（『法哲学綱要』第四節）と明らかにしている。だがその後、ヘーゲルによるこの論究は、おそらくは早すぎた死のために、実現されることはなかった。こういう事情であるから、もし、精神哲学に関する講義ノートが批判的に整理・編纂されていたなら、この論究に関する少なくとも示唆は得られたことだろう。というのも、ボウマンの公刊した「補遺」は、精神哲学を解明するうえでまことに有意義で不可欠の源泉ではあるけれども、とりわけその補遺に含まれる資料が極度に多すぎるために、精神をめぐる概念および哲学の体系的な発展へとアプローチするうえでは役に立たないのである。そのための役に立つのは、私たちの手元になお残っている講義ノートだということになる。こうした体系的なアプローチは、他方また、（ヘーゲル研究からも一般からも長年にわたってもっぱらの注目の的となってきた）法哲学にとっても、語の根源的な意味において、基礎的な意味を持っている。「意志が自由であるということ、また、意志と自由が何であるかということ、これらに関する演繹は、……もっぱら全体との連関のなかでのみ成り立つ。この演繹の前提を大まかに言うとつぎのとおりである。精神はさしあたって知性である。知性はみずからの展開のなかで、感覚から表象を通って思惟へと進展していく。この進展の際に知性が通るさまざまな規定は、知性がおのれを意志としてもたらす道程である。意志は実践的精神一般として、知性のつぎに来る真なるあり方である。私はこのことを私の『哲学的諸学のエンチクロペディー』（ハイデルベルク、一八一七年）の第三六三節から第三九九節において提示した。そして、このことに関するより詳細な論究を、いずれ与えることができればと望んでいる」（『法哲学綱要』第四節注解）。

精神の概念と哲学をめぐる体系の構想を、できるかぎり細部にわたって、しかもその複合的形態において、なおかつ思考に関しては整然としているようなかたちで手に取れるようにすること、このことは、ヘーゲル自身の説明に従うかぎり、意志と自由をめぐる哲学、つまり客観的精神の哲学、すなわち『法哲学綱要』にとっても、無条件の前提をなすのである。

　精神哲学の講義でとくに重要で有意義なテキストは、フランツ・ヘスペと筆者ブルクハルト・トゥシュリングが編集した一八二七／二八年冬学期の講義にもとづくもの（重大な変更と拡張を被った『エンチクロペディー』第二版に基づいて行われた最初の講義）である。この版が、したがって、半世紀にわたって続いてきた講義録をめぐる欠落を補完するものとなる。

第一節　講義のコンテキストから見る主観的精神の哲学

「精神哲学」というのは、ヘーゲルの哲学体系のうち、人間学、精神現象学、心理学を包括する部分に対して彼がつけた名称であり、同時にまた、ヘーゲルがベルリン時代に定期的に開講していた講義の名称でもある。ヘーゲルは、その学問上の取り組みの出発点からして、主観的精神の哲学の問題に多くの関心を払ってきた。シュトゥットガルトのギムナジウムに関する「記録」と「抜粋」には、のちの人間学および心理学にあたる問題が折あるごとに主題とされている。[3] ベルン時代には、主観的精神を主題とする最初の草稿が残されている。[4] ニュルンベルク期には、草稿や講義ノート、およびローゼンクランツの手になる著作のもとで、主観的精神の哲学に関する多数の断片が見つかっている。[5] 多くの研究が立証・分析してきたとおり、[6] とりわけイェーナ期のヘーゲルの体系の形成過程にあって、論理学および主観性の形而上学をめぐる問題はことのほか際立った意義を有していた。この意義は、ヘーゲルその人がベルリン期にあってもやはり主観的精神の哲学のうちに認めているところであって、それはこれまで繰り返し言及してきた事実によって強調されるとおりである。つまり、ヘーゲルが単独の教科書としての主観的精神の哲学の刊行を計画していたという事実であり、そしてニコリンの編纂した一八二二／二五年の断片[7]の証すところによれば、実際にその計画に着手してもいたという事実である。この教科書は明らかに、客観的精神の哲学が一八二〇年の法哲学という形態で私たちの手元に残されているのと同じかたちで、客観的精神の哲学の刊行と対をなすはずであったものである。この教科書が、それでもなおどうして刊行にいたらなかったのかについては、不明である。(8)

主観的精神の問題をめぐるヘーゲルのこの取り組み方にもかかわらず、あるいはまさにその徹底した取り組み方のゆえにこそ、当該の体系区分に関するヘーゲルの構想は、絶えず途上にあり続けた。イェーナ体系草稿のいずれにも、主観的精神の問題に関連する体系区分が含まれている。ここにはまた、ヘーゲルの後年の心理学（ここではこの名称は、精神哲学という名称と同じく、それ自体として存在するわけではないのだが）のように知性と意志という下位区分も含まれている。ニュルンベルクの資料にあっては、ヘーゲルは精神現象学の講義を、極度に圧縮したかたちで、また最初の三章（意識、自己意識、理性）に縮減したかたちで始めており、それに続けて心理学を接続している。後にいう人間学については、名前はおろか内容もまだまったく見られない。人間学、現象学、そして「心理学」という三つの区分が最初に見出されるのは、一八一六年の「主観的論理学」の中においてである。(9) ただしこの際に注意すべきなのは、ヘーゲルは一八一六年の段階でもまだ、『論理学』の上述の箇所の中で「心理学」という題名を明示的には採っていないという点である。『エンチクロペディー』の第一版において、主観的精神の学問をめぐるこの三区分がはじめて展開されることになるが、それぞれの章に対応する（つまり第三〇八節、第三二九節、第三六三節の手前に置かれる）、「人間学」「精神現象学」ないし「心理学」という題名はやはり見当たらない。第三〇七節のなかで、隔字体で強調して「一般で言うところの〈人間学〉」とか「もしくはいわゆる心理学」といった文言があるだけである。一八二七年になってようやくヘーゲルは、題名のうえでも本文のなかでも、すでに一八一七年の段階で意識論を明示して「精神現象学」と名づけていたのにならって「人間学」と「心理学」という名称を採用するのである。一方また、晩年のヘーゲルの哲学にあって、この体系区分は、とりわけアリストテレス受容および自由概念の解釈に関しても進展しつつあった。それがどれほど強力なものであったかについては、ヘーゲルの講義が示すとおりである。

ヘーゲルは、精神哲学をある単独の著作を通して論じるという計画を実現できなかった。だから、この体系区分のより詳細な論究をめぐる知識を得るためには、私たちは講義録に頼らざるをえないということになる。ヘーゲル自身は、なるほど『哲学的諸学のエンチクロペディー』のうちに素描された体系そのものについて、そのほんの一部しか立ち入って仕上げることはできなかった。つまり論理学と法の哲学である。残る部分についての詳論は、口頭での講義に委ねられた。とはいえ「講義のために」という副題が裏づけているとおり、『エンチクロペディー』の本文と「注解」のうちにたんに素描されただけの思考の進行を具体化するものとして、詳論をまずは講義のなかで展開するというヘーゲル自身の意図は、やはり存在していたのである。

第二節　現存する資料の概観

今日までのところ、ヘーゲルの主観的精神の哲学はもっぱら、『エンチクロペディー』の本文（第一版の第二九九節から第三九九節、ないし一八二七年と一八三〇年の第二版と第三版の第三七七節から第四八二節）のかたちにおいて、ならびに補遺（ヘーゲルの弟子たちが編纂したベルリン版『ヘーゲル全集』の一巻としての『エンチクロペディー』（第三版）の編者であるL・ボウマンが付け加えたもの[10]）として現存するのみである。ヘーゲルは複数の年度にわたって主観的精神の講義を行ったが[11]、その中からボウマンが提示したのはもっぱらつぎのいくつかの資料に限られる。すなわち、第一にヘーゲル自身が作った、一八一七年および一八二〇年の二冊のノート。第二にヘーゲルが書き取らせた二冊のノート。このうち一冊については、ヘーゲル自身が追記を加えて、一八二七年および一八三〇年の講義で、つまり一八二七年／二八年および一八二九年／三〇年のそれぞれの冬学期の講義で使用している。第三にグリースハイム少佐による一八二五年のノート。第四に「ムルラッハ博士」による一八二八年のノート。第五にボウマン本人のノート[12]。これらの底本のうち、グリースハイムより前のものについてはすでに失われている。このほかに新しい講義録の発見以前に知られていたのは、ホトー（一八二二年）、ケーラー（一八二五年）、および上述のグリースハイム（一八二五年）の講義録のみであった。しかし今日までのところ、これらの講義録についてはどれもその抄録が刊行されているにすぎない（下記参照）。

一九六一年、F・ニコリンが先述のヘーゲル精神哲学断片を編纂した。[13] ニコリンはこの断片について、一八二二年から一八二五年にかけてヘーゲルが計画した著書出版のための準備であると確かめることに成功した。

一九六九年、ニコリンは、『エンチクロペディー』第一版のいくつかの節に関する手書きの注釈を公開した。これは、『エンチクロペディー』第一版の自家本（中に間紙が綴じ込んであるもの）からとられたものであり、筆跡は不明である。[14] ニコリンによれば、この注釈が取り上げているのは一八一八年夏学期のエンチクロペディー講義に関するヘーゲルの口述筆記である。このうち主観的精神の哲学と関連があるのは、第一版の第三〇四節、第三一八節以下、および第三七三節に対する注釈である。

一九七二年、H・シュナイダーは、ハーバード大学所蔵のヘーゲル草稿にもとづくヘーゲルの講義メモを編纂した。[15] このうち、一五一番a以下、一五八番c以下、一五四番a以下に、やはり主観的精神に関するメモ書きが見られる。シュナイダーはこれらのメモ書きについて、それが文書に書かれた日付から見て、一八二〇年ないし一八二二年の講義から取られたものと結びつけて見ている。また一五四番aの短い断片については、『エンチクロペディー』第二版の第三九二節と対応するとしている。[16]

一九七五年、ニコリンとシュナイダーは、自家本（中に間紙を綴じ込んだもの）にもとづくヘーゲルの主観的精神論への講義メモを編纂した。[17]

最後に、一九七八年になって、M・J・ペトリが主観的精神の哲学の英訳を行った。二言語併記での編纂のうえ、当時知られていた典拠すべてに目を配ったものである。[18] ボウマンのテキストおよび『ヘーゲル研究』第一巻所収の断片に加えて、グリースハイムおよびケーラーの草稿からの抜粋も復刻されている。

ヴェルナー・シュタークはトルンにて一八二七／二八年冬学期のヴァルターの講義録を発見した。また私自身も、ワルシャワのナロドワ図書館から、一八二七／二八年冬学期のヘーゲルの精神哲学講義に関するヨハン・エドゥアルト・エルトマンの講義録が当地に現存することを伝えられた。このことによって、ヘーゲルの主観的精神の哲学の発展をめぐる利用可能な最新の手引きに相当するような、そういう講義ノートを編集することがはじめて可能となったのである。同じ講義に関しては、もう一つの現存する講義ノート、ヒュックの講義ノートがあるが、それは、いくつかの細かい異同を除けば、ヴァルターの講義ノートをそのまま書き写したものである。そのため、これについては、目下の編集の作業ではとりたてて考慮されていない。

第三節　ヴァルターおよびエルトマンの草稿

1

ヴァルターの草稿[19]は六つ折りで両面十枚からなり、合計で一二〇枚である。この草稿には「ヘーゲルの精神哲学講義」という表題が付けられており、また、(後になって「一八二七／二八年」という年数の書き込みで上書きされているが)「F・ヴァルター」の名と「十一月二十七日」の日付も付されている。ちなみに四十三ページ欄外にはもう一つ「一八二八年七月一日」という日付もある。草稿の一部はエルトマンの草稿を書き写したものである。草稿の一部は丁寧に書かれているが、一部は数々の訂正や、後から付け足された引用、またその他諸々の本文および欄外への追記(欄外とはいっても自由に書き込みのできる幅のある空欄だが)を伴っている。しかも一度に書き留められたものではなく、長期にわたる中断を挟んでいる。この草稿は二つのタイプにそれぞれはっきりと区別することができる。草稿のうち、第一のタイプの筆跡(便宜上「標準の筆跡」と呼ぶ)が見られる部分は、行間を詰めて書かれていて、一ページにおよそ五十五行もある。文字は丁寧に綴られていて、略字は一つも使われていない。このタイプは草稿の序盤の部分と、中盤の部分に見られるものである。もう一つのタイプ(「下書きの筆跡」と略することにする）は標準の筆跡と比べてずっと大きい。文字は崩してあって、単語も母音や音節全部を落として省略されており、多数の略字が使われている。このタイプは講義録の中盤の他の部分と、終盤の部分に含まれるものである。もっとも、この草稿は複数の人によって書かれたものではない。一方のタイプから他方のタイプへの移り方がおおむね滑らかだからである。

2

エルトマンの草稿⑳は十一つ折りで、両面六枚、また一部（最初の部分）については両面三枚からなり、形式は二つ折り判である。草稿には最初のページに「ヘーゲル、精神哲学講義、ベルリン、一八二七／二八年冬学期」という表題が付けられており、その下には「ヨハン・エドゥアルト・エルトマン」の記名がある。この草稿はエルトマン一人の手で書かれている。二枚目から七枚目にかけては最初のページの右上隅に「精神哲学」の記載があるほか、欄外にもさらに指示記号によるいくつかの少数の追記があり、そこで指示されているのは一八二七年版『エンチクロペディー』の節番号と、毎回の授業の日付である。

筆跡は草稿の節目に応じて規則的に変化している。こうした節目ごとに日付の記載があり、そのそれぞれが新しい授業が始まったことを示している。執筆者は明らかに先の細いペンを使っている。ここから推測するに、この草稿は一八二七／一八二八年を通じて途切れることなく作成されてきたのであろう。文字ははっきりとしていて、時として清書に近いような特徴を帯びることもある。草稿は一貫して丁寧に書かれており、取り消し線や訂正や追加といったものはごくまれにしか見当たらない。この草稿の執筆者は略字を利用している。語末の音節（とくに語末の変化形）はほぼ一貫して省かれている。その他にも執筆者はたびたび語を短縮している。草稿がプロの筆耕によるものだという可能性は、排除してよいだろう。この草稿がエルトマン自身の手になるものだということは、筆跡鑑定に加えて、もっとずっと後の手紙までもが、確かにそのことを証明しているからである。ただしまた、あらゆる可能性からして、この草稿は決して口述筆記でもない。何よりも重要なのは、この草稿が本人ないし他人の手になる下書きにもとづいて後から作成された完成原稿だということであろう。もっとも、先述のとおり、この草稿は十中八九、ヘーゲルの講義とのあいだの密接な、時間を共有したかかわりを通じて生み出されたものではあるが。

3

ヴァルターとエルトマンの草稿によって伝えられている講義に関係するテキストは、ヘーゲルの『エンチクロペディー』第二版（一八二七年）の第三部「精神哲学」第一編「主観的精神」である。このことは、はっきりと同定可能な節番号に関する多くの指示と引用によって確かめることができる。したがってヘーゲルは、ちょうど世に出たばかりの『エンチクロペディー』の改訂版を、すかさず講義の底本としていたのである。これは、ベルリン大学の「授業目録」によって立証されることである。一八二七／一八二八年冬学期に際してヘーゲルは、「心理学と人間学すなわち精神哲学」を『エンチクロペディー』第二版にもとづいて行うことを告知しているのである。[21] ヴァルターとエルトマンの二つの草稿はいずれも一度に書かれたものではなく、長い期間にわたって徐々に仕上げられてきたものである。よって、後から複数の年度にまたがって書き写したり編纂したりするといったことが問題となる可能性は、排除してよい。それゆえいずれの草稿も、一八二七／二八年冬学期のヘーゲルの講義を、相当程度、信頼の置けるかたちで再現していると言ってよいであろう。再現しているとはいってももちろん一字一句そのままにというわけではなく、聴講者ごとの相異なる解釈や、さまざまに程度の異なる手の加え方によって規定されたものではあるが。

二つの草稿のうち、エルトマンのものは、ほとんどの箇所で文体に関して手を入れており、また講義ノートに一貫した筆致を与えようと心を砕いていることが分かる。このことに関しては、エルトマンがその『大学生活と研究に関する講義』[22]のなかで明確に説明しているとおりである。つまり、この講義ノートにあって重要なのは、教室でのエルトマンが自身の口述筆記にもとづいて、自宅で制作して仕上げられたテキストであったという点である。エルトマンが他に同級生のノートを援用したという可能性は、たしかに排除できない。とはいえ草稿にはこれに関する積極的な論拠は存在しない。エルトマンの講義ノートが独自に手を加えたものであって、たんなる丸写しではないのだということは、本文の修正の仕方からも明らかである。その修正の仕方から、講義に加わってともに考える一人の書き手の姿をうかがい知ることができるからである。

それと比べると、ヴァルターの草稿はその性格を著しく異にする。草稿の冒頭にある清書部分では、ヴァルターはさしあたってほとんど字句通りに、エルトマンの草稿を書き写している（もっともヴァルターはそこに『エンチクロペディー』の本文を追加しているが）。この部分に続けてヴァルターは、六ページ目表と六ページ目裏のテキストの欄外に、エルトマンのとは別の参考資料（おそらく教室でのヴァルター自身の筆記であろう）を書き留めたり、エルトマンから書き写したテキストを参照するよう指示したりしている。ついでその次の七ページでヴァルターが提示している一文は、エルトマンの草稿と、別のもう一つの底本をより合わせて編纂したものである。こうした編纂の仕方は、草稿の思考が進行していくなかで頻繁に繰り返し起こっている。この部分では他にも、一部に『エンチクロペディー』からの極端に長い引用も追加されている。この箇所に関してもヴァルターの草稿はエルトマンのそれに依拠しているのだが、その確かな証拠となるのは、一文が何行にもまたがったり、草稿に欠落が認められたり、読み誤りがあったりすることである。これは、エルトマンの草稿が判別しづらかったか、もしくはヴァルターがエルトマンの用いる略字に通じていなかったということから説明されうる。テキストが複数の底本を組み合わせてできたものだということに関しては、さらなる状況証拠も考えられる。つまり、ヴァルターはこの草稿の多くの箇所で、（時として他の参考資料によることもあるものの）エルトマンの文章からなる記述から始めるのだが、それをいったんは線を引いて削除し、そのうえに他の資料を挿入して、そこからまた元の削除された文章を繋げて後に続けているのである。

テキストには統一がなく、資料はあまりに膨大であり、頻繁な繰り返しが見られる。まさにこのようであればこそ、ヴァルターの草稿に、一目でそれが紛れもなく真正であるという印象が結びつく。一方、より詳細に調べていくと分かることだが、重要なのは、このテキストにはひどく多種多様な加筆段階が含まれているという点である。テキストのうち、ヴァルターの草稿がエルトマンのそれとほぼ一字一句合致していると推定される部分について、ヘーゲルは当時講義を行っていたわけだが、ヴァルターは明らかにそれを聴講すらしていなかったからである。ヴァルターは当初、ベルリンの夏学期開講のころには講義に来ていたのだが、その後一八二八年の年始以降は、病気のために講義に出ることができなかった。(23) テキストの当該の部分は、要するにエルトマンの草稿のたんなる写しにすぎないということになるであろう。それに対して、下書きに書かれているテキストは、おそらくはじかに教室で書かれたものである。そしてこれらのテキストに加えるかたちで、ヴァルターは草稿の自由書き込み欄や欄外のメモ書きに、他のノートや『エンチクロペディー』の本文にもとづく資料を付け加えたのである。(24) 清書部分に関しては、エルトマンの草稿と完全に合致するわけではなく、たいていの場合エルトマンの草稿とは違う資料を含んでいるのだが、おそらくこれは上述の諸々の参考資料から書き写したからであろう。

エルトマンとヴァルターのいずれの草稿も、ヘーゲルの講義内容を正確に再現してはいない。このことは、講義内容の受け取り方やテキストの取り扱い方が個人によって当然に異なってくることに起因する。他方で、ヴァルターがエルトマンに依拠していないような部分に関しても、内容上の一致が見られることがある。そのことが示すのは、これらの講義ノートは、たしかに一字一句正確な講義録を提供するものではないにせよ、しかしその一方で、講義におけるヘーゲルの思考の進行に関しては信頼の置けるかたちで明示しているということである。他方エルトマンのテキストは、すぐれて完結した思想内容に関して際立っているだけではない。彼のテキストは、ヴァルターと比べても、また他のほとんどあらゆるヘーゲルの講義録と比べても、その学問的な形式において際立っているのである。彼のテキストからはヘーゲルの主観的精神の哲学が、エルトマンがまさに教室でそれに触れた当時のような生き生きとした姿で浮かび上がってくる。それがおそらくは教室で聴講した通りというわけにはいかないにしても、そうである。それゆえに私たちは、エルトマンの講義録を本文として公刊することとし、一方でヴァルターの草稿からなる追加資料はこれとは別の仕方で公表することにしたのである。

4

ヘーゲルの講義についてJ・E・エルトマンが伝えるところによれば、ヘーゲルは口述筆記をさせたり、学生が一語一語を拾ってノートにとれるようにテキストを読み上げたりといったことはしなかった。[25]「ヘーゲルはいろいろなメモ書きを自分の目の前に置いていたものだが、それはノートのあちらこちらや、またあちこちのページや、あれやこれやの紙片といったものから探してかき集めてきたものであった。同じようにいろいろな単語を苦労して探してかき集めたりもしていたし、その単語を正しく整った完全な文へと繋ぎ合わせるということはまれにしかなかった。主要な思想は一つひとつの簡潔な標語でもって紡ぎ出された。そのため、その思想の意味と精神は伝わってきたのだが、ノートをとる者はその意味と精神にふさわしい表現の形式を自分で探さなくてはならなかった。こういうわけだから、どの思想も、まずはたんにヘーゲルのものとして聴きとられるのだが、しかし次いで直ちにその思想は、言葉に変化を加えられたうえで（言葉を使用するとは思考することである）繰り返されることとなり、そしてその変化に取り込まれていくことになるのである[26]」。

ヴァルターとエルトマンの報告から確かめられるのは、両者がともにヘーゲルの講義をいつもきちんと聴講し、ノートをとったうえでそれを（他の人の講義ノートも援用しつつ）仕上げたという経緯である。さらにエルトマンの証言は、同時代の人間によるヘーゲルの講義に関する報告を裏づけるものである。ヘーゲルの講義はたいてい、言葉が途切れがちで前後の脈絡を欠いているなどと描写されているのだが、[27]しかし同時にまたつねに繰り返し強調されることとしては、学生に彼の難解な思考の進展を伝えることは一貫して達成していたのである。[28]講義ノートをめぐる所見、とりわけそれらの性格の共通点と相違点に関する所見、最後にヘーゲルの講義をめぐる情報はいずれも、こうして同じ結論に辿り着くこととなる。つまり、ヘーゲルの学生たちはその講義の場に現に居合わせつつ（ヘーゲルの講義の特質のおかげということももちろんあるが）、ヘーゲルの表現から出発して、自分自身の思考を自分で表現し手を加えていったのだということである。まさにそれゆえにエルトマンは、先述の講義をめぐってつぎのように指摘するのである。ヘーゲルの講義録は「教授の意図が何であったかを知るのに役立ちうるような、原典に即した記録」ではない。「ヘーゲルがある部分についてどのように考えていたのかを判断する際に、書き留めておいた講義ノートに頼ること[29]」は、ゆえに困難なのである、と。

（池松辰男　訳）

第七章　法哲学講義——例証、草稿、筆記録

エリーザベト・ヴァイサー＝ローマン

ヘーゲルは、政治論や実践的課題に対し、すでに初期の作品の中で確固たる場所を与えていた。一八二〇年に刊行された『法哲学綱要』をこうした実践的課題をめぐる労苦の成果として把握するとき、フランクフルト期、イェーナ期、[1]そしてニュルンベルク期の仕事は、決定的な意味において、発展し前進している。さてヘーゲルは、ハイデルベルクの『哲学的諸学のエンチクロペディー』（一八一七年）ではじめて、体系の一部である「法」「道徳」「人倫」を体系的連環のなかに位置づけ、その体系部分の独立性を根拠づけることに成功した。『エンチクロペディー』が刊行されてまもなくの一八一七／一八年の冬学期に、ヘーゲルは「自然法と国家学」という体系部分を、エンチクロペディーの全体から引き離し、独立したものとして提示した。それから三年間でヘーゲルは、『エンチクロペディー』の中で「客観的精神」の叙述に必要だった五十の節をもとに、法哲学のために六〇の節を持つ概説書へと発展させた。これを推敲している段階で、「自然法と国家学」について、合わせて三期分の講義を行った。[2]ヘーゲルは、まずは一九一七／一八年の冬学期に最初の講義を、つぎに一八一八／一九年の冬学期に新たにベルリンでの最初の講義を、それからもう一度『法哲学綱要』刊行直前の一八一九／二〇年の冬学期に講義をした。ベルリン大学の講義目録の案内

によると、ヘーゲルは『法哲学綱要』を刊行したのち、自分の概説書をもとにさらに四回にわたって完全な講義を行った。詳しく言うと、一八二一／二二年、一八二二／二三年、一八二四／二五年、一八三〇／三一年の冬学期である。ヘーゲルは、皇太子あるいは彼の一派によって指示されたのであろうが、[3]一八三一／三二年の冬学期のために、新たに法哲学の講義を予告した。しかし一八三一年十一月十日と十一日にすでに行われた最初の二回分の講義ののち、病気と突然の死によってヘーゲルの授業は終わってしまった。講義目録の指示内容は、当然修正が必要となった。[4]ホフマイスターが述べるところでは、一八三一年の冬学期は、ヘーゲルは自ら法哲学の講義をせずに、ミシュレに代わりを務めさせていた。したがって、一八三一／三二年の冬学期の講義と合わせると、ヘーゲルは自分の法哲学について計七回分の講義を持ったことになる。この講義の少なくとも二回それどころか三回を、ヘーゲルは「口述によって」行った。ハイデルベルク大学とベルリン大学の講義目録には、一八一七／一八年と一八一八／一九年の冬学期のための講義が、「口述による」と告知されている。一八一九／二〇年の冬学期の告知をする際、ヘーゲルは、講義が始まるときもしくはすぐ後に、印刷された概説書が学生の手元にあることを期待していた。ヘーゲルはこの講義を「まもなく出版される要綱に従って」という言葉で告知した。印刷された概説書は、このあとに続くすべての法哲学講義の基礎におかれた（「自著に従って、あるいは自著から」）。

ヘーゲルの法哲学講義についての情報が得られるのは、ハイデルベルク大学とベルリン大学の講義目録からだけではない。数多くのヘーゲルの講義が、筆記録のなかに保存されている。『法哲学綱要』と並んで、学生たちによるこれらの筆記録は、ヘーゲル法哲学を理解するうえでこの上なく重要な原典資料である。一八一七／一八年冬学期のハイデルベルクの「原‐法哲学」は、法学生のペーター・ヴァンネンマンの筆記録の中で、「自然法と国家学」というタイトルで伝えられている。[5]この年度のものは、『エンチクロペディー』と比べ、多くの点で異なった仕上がりとなっている。さらにヴァンネンマンの筆記録は、議論が吹き荒れる政治状況によって時局的なものになっていた。ウィーン会議が国会に憲法を要請したことは、当時の政治をめぐる議論を決定づけたばかりか、当時の人たちに態度表明をも要求した。ヘーゲルは、ヴュルテンベルク憲法を議論する中で、解決が遅れている問題を具体的に解き明かそうとしている。この点に関するヘーゲルの解決策は、最初の法哲学講義の構想に表れている。一八一七／一八年に、ヘーゲルはエンチクロペディーの体系に手を加え、のちの『法哲学綱要』の原理に従いながら、自らの法哲学の構成をはじめて定式化した。『法哲学綱要』の第一部で、ヘーゲルは徹底して「抽象法」について語った。一八一七年の『エンチクロペディー』と同様に、そのあとには「道徳」と「人倫」の章が続く。ヘーゲルは「人倫」を、さらに三つの具体的な形態である家族、市民社会、国家に細分化した。ごく最近知られるようになったヴァンネンマンの筆記録と並んで長い間知られてきたのが、フリードリヒ・ヴィルヘルム・カローヴェが集めて伝えた断片である。カローヴェはオギンスキーの論文を（匿名で）論評する中で、一八四一年に自らの筆記録から第一三七節と第一七〇節の断片を引用した。[6] これを引用することでカローヴェは、ヘーゲルがハイデルベルクにおいてはっきりと立憲君主制を承認したことを立証しようとした。この節とヴァンネンマンの筆記録が言葉の上で一致するということは、ヴァンネンマンがヘーゲルの口述を確実に伝えたことの証しである。

一八一八／一九年の冬学期の講義は、「自然法と国家学」というタイトルで学生のホーマイヤーの筆記録に伝えられている。[7] さらにこの学期に継続された講義の最初のものは、やはりヴァンネンマンが伝えている。ホーマイヤーの講義録が具体的に示しているのは、ベルリンのヘーゲルが、自身の法哲学の第一部を、さらに多くの節を挿入することによってどのように細分化させていったのかということである。もちろんホーマイヤーの筆記録には、一四〇の節があるにすぎない。これに対してヴァンネンマンの筆記録には、すでに一七〇以上の節が筆記されている。しかしこの学期の注釈の中の取るに足らない部分や断片の文章は、良くも悪くもヘーゲルによる講義のものではなく、記録者もしくは筆記者の意図や関心によるものである。

一八一九／二〇年の冬学期の法哲学講義は、匿名の筆記者によって伝えられている。[8] この筆記録の信頼性には、繰り返し疑義が表明されている。寄せ集めて編集されたものではないのだろうか。『法哲学綱要』の成立史を解明するためには、この講義録はあまり適当ではない。この筆記録は、その全体の着想という点で、『法哲学綱要』の体系とは異なるものを示している。たしかに、このテキスト全体は、節を通して有機的なつながりを提示していない。後になってはじめて筆記者は、一八一八／一九年の冬学期のヘーゲルの講義を手がかりにテキストを組み立てようとしているのである。おまけに、「法哲学と政治学」というタイトルも、ヘーゲルが『法哲学綱要』で考えていたものとは別のものを示している。司法官試補のレオポルド・フォン・ヘニングは、手紙から察知するに、ひどく母親の機嫌を損ねたのか、エルフルトで「政治学と自然法」の演習授業を行っていた。そしてヘニングはベルリンで、ヘーゲルの補習教師としてこの仕事を継続した。ヘニングはこのようにしておそらく、保存されている筆記録の中に影響を及ぼしていたのではないだろうか。後からはめ込んだ節番号と同様にタイトルからも、この筆記録が寄せ集めて編集されたものであることを示している。(9)

この筆記録が『法哲学綱要』の体系とは異なっていることから、筆記録の編者であるD・ヘンリヒは、ヘーゲルが一八一九／二〇年冬学期の講義の始まりに『法哲学綱要』の完全な草稿を自由に扱っていて、したがってすべての素材を自由に扱うことができた、と考えた。しかしこうした考えには、一八一九／二〇年冬学期の講義に関してヘーゲルが事前に示した構想、つまり、『法哲学綱要』の草稿を書いている中で生まれた第二八六節の注釈のうちにある構想が対立している。この構想は一八二〇年の前半期に生まれたものと推定されるから、(10) ヘーゲルは一八一九／二〇年冬学期の講義が始まるときには、完成した草稿をまだ自由には扱えていなかった。おそらく草稿の一部は、この講義の期間にようやく生まれたのであろう。

ヘーゲルは、草稿の前半部を検閲に渡す期日である一八二〇年七月までに、自らの綱要の体系を、さらに拡張しながら仕上げた。同じ年の十月にヘーゲルは、大臣のアルテンシュタインに、印刷された本『法哲学綱要』を渡すことができた。

最近の研究によってわかってきたのは、ハイデルベルクで体系の問題と並んで、とくに政治にかかわる執筆を、学説の変更や分化・自立化が、どのように推し進めたのかということである。ヴュルテンベルク憲法論争でのヘーゲルの態度表明は、彼の法哲学に憲法をどう位置づけるかの核心をなしている。『法哲学綱要』はこうした点で、「南ドイツの立憲主義」から「生み出されたものである」[12]。プロイセンの情勢との対決に備え、ヘーゲルは古い自由主義の原則をしっかりと携えてベルリンに移った。ベルリンで荒れ狂っている憲法闘争は、ヘーゲルに態度表明を要求した[13]。したがって学説にいかなる修正もせず、それを独立させて拡張することが、法哲学に関するこの時代の仕事を決定したのである[14]。ヘーゲルが一八一九年の夏には完全な印刷稿を持っており、しかもその稿を自身の手元に留めておいたのだという主張は[15]、最近の研究成果によれば維持されなくなっている。ヘーゲルはプロイセンの状況にどのように反応し、新しい政治状況がどのようにヘーゲルの構想に入り込んできたのかは、以前と同様にこれからもずっと解明され続けなければならない。

綱要が印刷されたのちもヘーゲルは、法哲学についての三期分の完全な講義を行った。ヘーゲルがこの講義のために仕上げた覚え書きの半分は、空欄ページに書き込みのある『法哲学綱要』の一冊に残されている。一八二三／二四年の冬学期にヘーゲルは、歴史哲学を独立した作品として法哲学から取り出す決意をした。一八二四／二五年の冬学期の後に、ヘーゲルは事実上、また予定通りに、法哲学講義を彼の弟子に任せた。こうして体系の一部である「法哲学」は、ヘーゲルの体系の中で特別な地位を占めることになったのである。一八二二年の夏学期以来、レオポルド・フォン・ヘニングは「自然法」の講義を継続した。正確に言えば、一八二五／二六年の冬学期からは「法哲学」の講義をした[16]。エドゥアルト・ガンスは明らかに、ヘーゲルの綱要にもとづいて法哲学講義を行っていたが、ガンスをめぐる問題が原因となって、ヘーゲルはもう一度自分で法哲学を講義することになった。

注釈者を信頼するならば、法哲学をめぐるこれまでの議論は、ヘーゲルの綱要が「粗雑[17]」であるためにさらに困難になったということである。『法哲学綱要』を公刊することで、ヘーゲルは、自らの法哲学にふさわしいテキストを世に問うたのであるが、ヘーゲルが選んだ叙述形式は、当時の注釈者にとってだけでなく、ヘーゲルの論述の価値を著しく低下させるものとなった。ヘーゲルが講義のために構想した概説書として、ヘーゲルの『法哲学綱要』は「哲学的思考の完璧に練られた順序に適合していないし、理論が自由に扱われ具体化されるべき全範囲に理論を展開することにも適合していない」のである。[18] 不十分に具体化された『法哲学綱要』をもとに、注釈者や解釈者は一定の説明や補足を求めてきた。『法哲学綱要』が公刊された後の年月に、こうした要求に答えようとしてきたのが、ヘーゲル法哲学講義の筆記録なのである。故人の友人有志の会による法哲学版の編者であるエドゥアルト・ガンスは、ホトー（一八二二／二三年）とグリースハイム（一八二四／二五年）が伝えた筆記録をもとに、テキストを完全なものにし、そのために補完するという観点から、『法哲学綱要』の「補遺」を構成した。それに続く版は、この「補遺」を進んで引き継いだのである。[19]

一九五五年にフリートヘルム・ニコリンは、ガンスの補遺とグリースハイムの筆記録を比較して、「教育とは人間を倫理的なものにする技術である」というよく知られた主張が、ヘーゲルによるものではないことを証明した。ニコリンが指摘したのは、この主張が、グリースハイムの筆記録もしくは彼が仕上げたものを短く再構成したもので、ガンスの主張の部分に「文字通り引き継がれたものであ」り、しかもヘーゲルの論述を、周知の「独立の形式に変更した」ものだ、ということである。ガンスがこのように不完全にそして歪曲した形でヘーゲルの叙述を再現したことは、ニコリンが伝えているように、特殊な事例ではない。[20] カール・ハインツ・イルティングは、一九七〇年代に、ヘーゲルの法哲学の講義録を編集し、ホトーとグリースハイムの筆記録をはじめて切り離して一般に入手しやすいものにした。[21] ガンスの補遺は、引用された「文体上の」介入をも含めて、これらの筆記録に戻すことができる、ということが示された。ただしここでは、ヴァルター・イェシュケが宗教哲学において立証できたような「特別財産」であるとは言えない。

ヘーゲルの死によって予定より前に終了した一八三一／三二年冬学期の講義は、ダーフィト・フリードリヒ・シュトラウスの筆記録が伝えている。[22] 伝えられている筆記録を学期ごとに眺めてみると、一八二一／二二年の冬学期を例外として、すべての講義年度について筆記録が書かれていたことになる。

近年、偶然にも、新たな、匿名で日付のないベルリン大学での講義の筆記録が発見された。いわゆる「キール筆記録」と呼ばれているもので、ハンスゲオルク・ホッペによって編集刊行された。[23]この筆記録が一八二一／二二年度のものであるとすれば、すべての年度の法哲学講義が、筆記録で証明されることになるだろう。それとともにヘーゲルの法哲学講義が伝えられてきた経緯も、特殊なケースであることを物語っている。個々の学期の講義は、そのときの一つの筆記録によってのみ証明されるので、個々の筆記録をじかに比較することは、もちろん不可能である。伝えられた筆記録のさまざまな性質は、相互に隔たっている。とりわけホトーとグリースハイムは、まさに法哲学のほかに、さらに別のヘーゲルの講義を再現したのである。しかし、伝えられた筆記録のさまざまな性質は、ベルリンのヘーゲルが、綱要を用いた講義をどのように行ったのかという問いをも投げかける。ヘーゲルは綱要にある節を朗読し、それを解説していたのか。ヘーゲルの『法哲学綱要』が刊行された一八二〇年から、こうした問題が議論されてきた。この議論に関しては、まさにヘーゲルが口述したもの、講義のあいだに書き留められたもの、自宅で付け足して仕上げたもの、そして寄せ集めて編集されたものがそれぞれ異なるものであって、それがわかるようにはっきりとした基準を示さなければならない。一八一九／二〇年の講義年度の筆記録にとって明確にしなければならないことは、綱要は目の前にあったが十分時宜にかなったものでなかったときに、ヘーゲルは一八一七／一八年のハイデルベルク大学での講義や一八一八／一九年のベルリン大学での講義のときのように、各節を口述したのかどうかということである。ヘーゲルは綱要を読んだあと、講義をどのように作り上げていったのだろうか。

誤って素描されたり、自宅で仕上げられたりした注釈ではない、ヘーゲルによる注釈のほかに、ヘーゲルが自分の弟子にノートをとることを課したテキストだけが、信頼できるヘーゲルのテキストとして通用する。法哲学にとっては、それらを厳密に分類することだけが、ひとえにヘーゲルのノートと筆記録とを比較することによって伝えられた草稿の信憑性を点検するための前提となる。過去においては一般的に、綱要を用いて講義を行うことに関して、以下のような見解が支配的であった。それはヘーゲルが最初に、これから説明していく節の一部を読み聞かせ、それから次の節を同じ仕方で読み聞かせたあとに、解説をするというものであった。こういう光景がハイデルベルク大学で行ったエンチクロペディーと法哲学のための口述講義によって作られたものであるというのは、疑いがない。しかし、伝えられた筆記録は実際にどのような光景を与えるのだろうか。ホトーの筆記録は何の手も加えられていない、したがってヘーゲルが講義をしている間にじかに記録したものだ、という解釈が賛同を得ることがしばしばあった[24]。ところが、ホトーの筆記録では、節番号はたしかに識別できるが、印刷された字面では、口述テキストと、加えられた注釈とを区別することができないのである[25]。その区別は、たとえば一八一七／一八年の冬学期の口述されたものでは問題なく区別することができたのである。ホトーが伝えた筆記録は、私たちが一人の筆記者による口述筆記（たとえばヴァンネンマンやホーマイヤー）の場合に期待できるような素材としては不適当である。さらにホトーの原稿の余白には、ヘーゲル法哲学についてのきわめて不明瞭な要約がある。余白に記録されたものは、字の大きさや色合いから、非常にはっきりと筆記録の主要テキストとは区別される。この短い表現は、ヘニングによる補習授業のあいだに記録されたものであろうか[26]。

グリースハイムの筆記録からはこれとは異なる印象が得られる。テキストの各節とその解説が明確に区別されていることとは、ヘーゲルが自らの綱要を出版した後でも、学生たちが読んでいるあいだに書きとめることができるくらいゆっくりとテキストの節を読み聞かせていた、という主張を裏づけるようにもみえる。ただしグリースハイムの筆記録の各節を『法哲学綱要』のテキストと比較するならば、疑いが持たれても仕方がないほどの過度の一致が見出せ、『法哲学綱要』を模写したのではないかという疑問が生じる。まさに、八十八もの節が完全に誤りなく再現されているのである。『法哲学綱要』との違いは、もっぱらテキストを書き写す際に起こるような誤りに行きついてしまう。印刷されたテキストと書き留められたものとの違いは、最初の行に欠けていた言葉、書き損じによって生じたつづり方、読み間違い、ヘーゲルとは違った筆記者のつづり方である[27]。意味のある修正や『法哲学綱要』の節についての異文は一つも確認されない。グリースハイムが付けた節の中に『法哲学綱要』からの意味が異なるほどの逸脱が見られるのは、もちろんK・H・ヘニングの書き写し方にその責が負わされなければならない。[28] ヘーゲルが手持ちの『法哲学綱要』の一冊に記入した多くのメモを考慮すれば、口述があったとして、ヘーゲルによる各節の口述がこうした補完や異文をまったく顧慮しなかったというのは、疑わしいように思える。テキストを節に分けることはどうして修正されないままになっていたのか。『法哲学綱要』との違いからわかることは、グリースハイムの筆記録がはっきりと模写であるということである。グリースハイムの草稿は、たしかに一部は『法哲学綱要』の各節の模写ではないが、しかし大部分を『法哲学綱要』の注釈から継ぎ合わせたものである。[29]

ここからはっきりと言えるのは、一八二四／二五年冬学期のヘーゲルによる法哲学講義には信頼できる口述筆記がないということである。ここで問題になっている草稿は、後から付け足して仕上げられた完成稿であって、それどころか、グリースハイムを筆記者とみなすことのできない完成稿なのである。というのは、筆記録とはっきりと認められるようなグリースハイムの自筆草稿が確認されていないからである。

また、日付のない匿名の筆記録には、連続した節番号が示されている。口述と解説を区別することは、ホトーの筆記録の場合と同じように、この「キール筆記録」でも部分的にのみ可能である。これらの調査結果によって、これまでは漠然としていたが、綱要を使ったヘーゲルの講義も具体的になってきた。少なくとも、法哲学講義に関して言えば、ヘーゲルは、草稿を用いた講義の場合も、いわゆる要綱を用いた講義の場合と同様に、綱要や手持ちの本へのメモ書き、さらに書きとめたものを使いながら、自由に講義をしていたのである。「自著に従って」という告知は、ヘーゲルが講義の際に、『法哲学綱要』全体の枠組みを基礎に置いて、折に触れて整理した節を取り上げ、学生に読み聞かせるか、もしくは口述することを意味している。しかし、この口述部分をはっきりと確認することは、現在自由に扱える筆記録では不可能である。綱要にある節ごとの説明によって、学生たちはいつでも、論じられた素材を読み返すことができるようになった。[30] さらに加えられた補習授業は、[31] 直接そのつどの講義の状況を引き合いに出すことができた。私たちに伝えられている法哲学の筆記録はすべて、それらの構造とそれらの体系的な展開が、そのまま『法哲学綱要』と合致するか、あるいは『法哲学綱要』の体系を先取りするかぎりで、ヘーゲルの講義に統一的なイメージを与える。こうした法哲学講義のイメージに、ヘーゲルの講義スタイルについての当時の報告もまた適合している。ヘーゲルの講義が示しているのは、証言を信用してよければ、十八世紀の大学の講義とまったく似ていないということである。法哲学講義でのヘーゲルの講義スタイルの逸脱を学生たちは自信をもって書きとめていたであろう。(32)

ヘーゲルは一八二〇年以降の法哲学講義では、『法哲学綱要』の構造に即してしっかり説明することができた。一八一八/一九年の講義では、印刷された本がなかったという外的な理由から、体系全体のこの部分を叙述するために、別の方法がとられたのであろうか。『法哲学綱要』にある節の配列の背後には、体系の部分を一定の方法で定着させる体系的な根拠がどれくらいあったのだろうか。ヘーゲルが美学を基礎づけるさいに使ったのと同じ展開はありえないので、この問いを解明することは体系の中での法哲学の位置づけをめぐる内実を伴った議論をするときに取っておかなければならない。

読者がヘーゲルの校訂版テキストにしかるべく要求するのは、ヘーゲルのテキストとして何が妥当しうるのかをより厳密に吟味し確定することである。これに必要なことは、伝えられてきたテキストに対する文献学的な批判という仕事のほかに、伝えられてきたテキストを、これまでに編集されてきた版とは違って、完全な形で新たに整理することである。ヘーゲルの友人たちが作り上げた完結した体系と区分は、年代順の配列に取って代えられなければならない。これを提示することによってはじめて、ヘーゲルの思想の発展も大いに見通しが開かれてくる。ベルリン版『ヘーゲル全集』によって難攻不落の要塞を築こうとした学生や友人たちの意図は、ヘーゲルのテキストに、彼らの作文を混ぜて付け加えることであった。(33)しかし校訂版『ヘーゲル全集』では、自宅で仕上げたり、復習授業で書いたりした学生の筆記録を、信頼できるヘーゲルのテキストと同じ水準で提示することは禁じられている。学生のテキストから、もちろんヘーゲルの口述筆記は区別されなければならない。ヘーゲルの口述筆記は、編集方針に従って校訂版『ヘーゲル全集』[34]の第一部に入る。これに対してヘーゲルの講義についての学生のテキスト、あるいは学生が直接筆記したもの、後から仕上げた筆記録、同様に死後に編集された講義録は、『ヘーゲル全集』の第二部で出版される。こうしてはじめて、ヘーゲルとヘーゲル主義者の区別ができるようになり、このことでヘーゲル研究の新しい形が可能となる。こうした基準に従えば、法哲学のための講義の筆記録の編集のなかに、ヴァンネンマンがベルリンの最初の講義のものとして伝えた補遺とともに、一八一七／一八年冬学期のヴァンネンマンの筆記録の注釈と一八一八／一九年冬学期のホーマイヤーの筆記録の補遺が組み込まれなければならないだろう。そのほかに、グリースハイムとシュトラウスの補遺と並んで、一八一九／二〇年の「キール筆記録」という匿名の筆記録、ホトーの筆記録が、法哲学の校訂版の中に入れられることになる。

ヘーゲルの法哲学講義をめぐる未解決の問題を解決しようとすると、『法哲学綱要』とヘーゲルの講義録は決してばらばらにあるのではないということに注意が払われなければならない。[35]すでにハイデルベルクで、カローヴェはヘーゲル法哲学講義のための補習授業を開いていた。[36]さらにベルリンにおいてカローヴェはヘーゲルの助手となるはずであったが、学生組合のメンバーであるということで彼は大学から非難を受けていた。カローヴェの代わりにレオポルド・フォン・ヘニングが現れて、ヘーゲルの法哲学のための補習授業を開くだけでなく、面談の時間も開いていた。のちにヘーゲルはエドゥアルト・ガンスを獲得しようと努め、一八二五／二六年の冬学期以降、ガンスの法哲学は、ヘーゲルの『法哲学綱要』に従って組み立てられていく。[37]一八三〇／三一年の冬学期のヘーゲルによって告知された講義は、ミシュレに委ねられた。ヘーゲルの死後もガンスは、自分の法哲学講義をヘーゲルの綱要にもとづいて作り上げていった。[38]ヘーゲルの法哲学とそれの影響史が課した問題を正当に評価しようとすれば、補習授業と面談の時間、弟子の講義と仕事を資料として採用しなければならない。ただその場合でも、ヘーゲルの法哲学講義が何を意図し、それが実際何を成し遂げることができたのか、という問題をはっきりさせなければならない。過去のさまざまな解釈は、こうした資料を見通すところまで達していなかったので、それらの試みは不十分なままにとどまっているのである。

（片山善博　訳）

第八章　法哲学講義（一八二一／二二年）

ハンスゲオルク・ホッペ

手稿は、一九八四年にキール教育大学で発見され、そこからキールのシュレスヴィヒ＝ホルシュタイン州立図書館に行き着いた。この手稿は、シュターライ（ラウエンブルク侯爵領管区）にあるシュターライ＝ゼードルフ小学校・中学校所蔵のものに由来するが、一九八四年九月十日に州立図書館に正式に移管された。シュターライの副校長であったヴァルセマン女史がキールの州立図書館のユルゲン・ツァンダー博士に宛てた手紙からわかるのは、一九六八年から六九年に、シュターライ近郊のいくつかの村の小さな学校が廃校になったのち、新しくできた合同の学校に手稿が行き着いたことである。手稿は、ブルンスマルクにあった学校に由来するかもしれないが、その由来は、ここまでのところ突き止めることができていない。手稿が、第二次世界大戦後、北ドイツ東部からの避難民によって、メルン周辺の地域にもってこられたという可能性も排除できない。

第一節　手稿の描写

手稿は、「法の哲学、序説」という表題が書かれた最初のページからすぐテキストが始まっている。テキストの分量は、全部で二八八ページだから、十六ページ分の全紙で十八枚ある。綴じられた冊子の最終ページの終わりで、つまり第二六〇節の文章の途中で中断している。よって、国法論の大部分が欠けている。それゆえ、かなり高い確率で、筆記録の続きが存在していたはずである。三十二ページまでのページ付けは、おそらく筆記者に由来していると思われるが、二八八ページまでのページ付けはすべて、キールの州立図書館ではじめてなされた。二―三十二ページまでは、ページの頭に見出しが付けられており、二十六ページまでは「法の哲学、序説」、二十七ページ以降（第三十四節以下）は「法の哲学、第一部、抽象法」である。七ページには、これとは違った見出し「自然哲学、序説」が付けられている。このことは、同じ学期にヘーゲルが行った自然哲学の講義も、筆記者が聴講していた可能性を示唆するものとして理解できるだろう。序文と本来の序説（第一節から第三十三節）の間の見出しに区別はない。九十六ページから九十七ページにかけて、つまり六枚目の全紙の最後のページと次の全紙の最初のページには、何も書かれていない。このことは、すでに九十五ページでテキストが中断していることから、筆記者があとで完成させようとして余白を取っておいた、と説明できるかもしれない。この部分は、第一一五節から第一一七節が欠けている。その他にも講義には不完全な部分がある。第六十節から第六十五節、第一三三節から第一三五節、第二二七節、ならびに第二一六節から第二一七節の一部が欠けている。さらに相前後する二つの節が一つにまとめられているところが二か所ある。第四十七節と第四十八節、第五十一節と第五十二節である。第十六節は「急いでいて省く」、第三十一節から第三十三節は「後から読むよう勧められる」、第一〇九節から第一一二節は「参照せよ」とあり、扱われていない。

第二節　筆記者

手稿の筆記者は、もはや突き止められないだろう。受講生名簿から筆記者を突き止めようとしたが、これまでのところ成果は上がらなかった。一九八六年にメルゼブルクの州立文書館は、旧プロイセン文化省が所蔵するベルリン大学での講義資料は一八四八年以降のものであると報告していた。それ以前の巻は、蔵書目録によると、省令にもとづいて官庁に没収され、「その代わりに同じ所蔵物から抜き取られた文書によって」、以下のことだけが突き止められた。すなわちヘーゲルは、一八二一／二二年冬学期に自然哲学講義（六十一名聴講）と法哲学講義（五十六名聴講）を行い[1]、さらに一八二一／二二年冬学期には、哲学において合わせて四十七名の学生が学籍登録をして（したがってヘーゲルの講義の聴講生より少ない）、そのうちプロイセン人が三十四名、外国人が十三名であったこと、国内の学生のうち、この学期に新規で学籍登録したのが二十名で、新規学籍登録者の名前を文化省に伝えるよう指示している一八二一年十月十二日の勅令第二十三項にもとづいて、その名前が明らかになっていること、である。この二十名のうち、ホルシュタインもしくはメクレンブルク出身者は一人もいないものの、プロイセン領ケーニヒスベルクから一名（ヴィルヘルム・ヘンシェ）、ポンメルンから一名（カール・フェルディナンド・レオポルド・クラウゼ）、西プロイセンから一名（ルートヴィヒ・マズーフ）いる。ヘーゲルによる独自の聴講者名簿は、メルゼブルクの州立中央文書館の当該文書のうちには、そのときには確認できなかった。

第三節　講義あるいは復習講義

この手稿が、ヘーゲルの講義を聴講してその場で書き留めた筆記録（もしくは後から推敲した完成稿）なのか、それとも復習講義の際の筆記録なのかという問いが生じる。実際、問題になっている一八二一／二二年冬学期には、ヘーゲルの講義のためにL・フォン・ヘニングの復習講義も行われていた(2)。しかし、一八二二／二三年冬学期にホトーが行ったこの種の復習講義の記録を見ると(3)、講義と復習講義の違いは、一目瞭然である。復習講義は、短くて、「コンパクトでよく分からない」のに対して、この手稿は、詳細で非常に包括的であって、文体ならびに筆致においてホトーやグリースハイムの講義録が伝えている口述筆記と区別されない。

第四節　聞き書き、あるいは推敲文

このキール手稿に見られるのは、ほとんど常に完全に仕上げられた文章である。つまり、それは、口述された思想をたんにかいつまんで、ごくたまに完全な文章が出てくることがあるにしても、短く書き留めたものではない。しかしながら、それが聞きながら書かれたものであり、後から仕上げられたものではない、と想定してもよい間接的な証拠がいくつもある。

まず挙げられるのは、書き間違いや線で消された箇所が多くあることである。もちろん書き間違いは、仕上げの際にも起こることではあるが、非常に独特なタイプの書き間違いが目立っている。つまり、実際にテキストに登場すべき表現が、消されていることも少なくない。それは、その表現が本来出てくるべき箇所が、消されたところではなく、もっと後である場合である（たとえば一五〇ページ。このことは、訂正されていない誤りにも当てはまる）。したがって筆記者は、対応する表現を書き留めるときに、すでにそれを聞いていたに違いない。このことは、講義口述中の筆記であることを前提とする。さらに、あとから推敲する際に訂正されてしかるべき書き間違いがある。たとえば、「厳しい」（ドラコン）刑罰の代わりに、「プラトン」の刑罰が話題になっているし（第九十六節）、アダム・スミスは、経済学者「シュミット」になっている（第一九六節）。第一二六節では、「正義はなされよ」の代わりに「正義が滅ぶとも」とあり、同じ節では、「規律」の代わりに「隊列」、さらに「損なう」の代わりに「和合する」となっている。筆記中に相次いでなされた修正もまた、問題解明に役立つものである。長い第一一八節では、一〇二から一〇三ページにかけて、「エイディプス」が「エウディプス」になり、最後に「オイディプス」となっている。このこともまた、そのときにまさに口頭で行われていた講義を記録したさいにのみ現れるものであろう。

もちろん、空白のスペースが埋められていないことや（上の「手稿の描写」を参照）、何箇所かに見られる非常につじつまの合わない説明、たとえば第八十節における抵当権や、六十二ページならびに第五十七節における自然状態の説明が、書き直されずそのままにされていることも、講義中に書き取ったノートかそれとも講義後に推敲したノートかを決定するために重要である。

このような示唆を度外視しても、手稿の文字があまりに異なっていて、筆記者は果たしてたった一人だったのか、それとも複数だったのかという疑問が生じるほどである。このことは、講義中に書き取ったノートかそれとも講義後に推敲したノートかを決定する際に、重要な役割を演じる。手稿の文字は、解読がきわめて困難であり、たとえば第一一八節、第一四一節がそうであるが、その一方で第一〇一節の文字は、整っていて難なく読むことができる。解読にかなりの困難をもたらす長い部分のあとで、一一二ページではふたたび読みやすくなっている。学生が講義中にノートをどのように作成したのか、その方法についての研究がこれまでのところ十分になされてこなかったにもかかわらず[4]、先述の考察にもとづくと、この講義録は学生が講義中に書き取ったノートであると結論づけるのが自然であろう。

第五節　執筆時期の確定

この講義録は、『法哲学綱要』の節区分に依拠しているので、『法哲学綱要』の出版を前提としている。したがって、一八二〇年以降に行われた講義であり、問題となるのは、一八二一／二二年冬学期、一八二二／二三年冬学期、一八二四／二五年冬学期の講義のみである。

執筆時期を確定するためには、つぎの二点が重要である。第一に、手稿そのものにある日付であり、第二に、疑いなく時期が確定している講義との、もしくは確定されうる講義との内容上の比較である。

はっきりとした時期にかんしては、過去の出来事との関連を述べた一連の箇所が見られ、それがどのぐらい過去にさかのぼるのか、という示唆がなされている。たとえば第二四四節にあるように、イギリスの貧困者の状況について、イギリス議会の調査委員会が「五年前」に公表した結果を示唆しているのが、その一例である。一八二七年の救貧法にかんする委員会報告が念頭に置かれているとすれば[5]、正確に「五年」前であったのか、それともおおよその頃だったのかによって、講義が行われた時期を、一八二二年もしくはそれより少し早い時期と推定できるかもしれない。

しかしながら、より正確な執筆時期の確定は、やはり第二の道、すなわち他の講義と内容を比較することによってなされるように思われる。すなわち、この手稿を一八二一／一八二二年冬学期と一八二四／一八二五年冬学期のいずれかに分類しうるほど顕著な形での内容的な一致が存在しないことが確認しうる。もちろん講義で扱われているのは、同じ対象であり、『法哲学綱要』をテキストにしているがゆえに、講義の構成も同じである。しかし、この手稿は、他の年代の講義録がそれぞれ異なっているのと少なくとも同程度に、これらと異なっている。先述の二つの講義のどちらにも該当しないことは、数多くの相違点から明らかである。たとえば、この手稿と異なって、ホトーとグリースハイムの講義録においては、第三十一節から第三十三節が詳細に扱われているし、第十六節と、第一〇九節から第一一二節も扱われている。第二部の「道徳」が第一〇四節から始まっているのは、この手稿だけであることも、また重要である。このキール手稿に記録された講義に顕著な傾向として、ある章から次の章へと進む重要な移行部分（いずれにせよ章と章をつなぐ中間部）において、あらかじめ次の部分の内容が可能なかぎり多く先取りされて語られていることが挙げられる。ホトーとグリースハイムの講義録とは異なって、第一一四節、第一四一節、第一八一節の分量がひときわ大きくなっているのも、このことによって説明がつく。

こうしたことはすべて、この手稿が、筆記録がこれまでに確認されていない学期の講義録であることを物語っている。このことはしかし、私の見解によれば、『法哲学綱要』第七十五節へのヘーゲルの手書きメモを、三つの講義すべてが異なる利用をしていることによって証明される。ホトーの場合は、第七十五節におけるメモと同様、君主の私的所有や領地、そして「思想」が、国家のある種の原理であることが問題になっている。[6] それに対して、グリースハイムで言及されている「哲学王」フリードリヒ二世やハラーには言及されていない。グリースハイムの場合は、ほとんどが事実の認定である。「この形態は、かくして消滅した。一般的な規定、すなわち思想が、私的所有のこうした関係、つまりたんなる支配にとって代わらなければならなかった」[7]。これらすべては、このキール手稿では第七十五節ではなく、ずっとあとになって（紛れ込んで？）第二五八節ではじめて登場する。そこでは、グリースハイムと同様、「哲学王」フリードリヒ二世とルソーが問題になっており、次のように言われている。「領地は、三百年前は、王家の私有財産とみなされていたが、しだいに国有財産になった。これは、次のような変化の一部である。大革命が起こった。そのあとのことは、時代に委ねられるべきである。神には十分な時間がある。なされるべきことは、なされるだろう。かくして農奴制は廃止された。人間は自由であるべきだ。これは思想である。……しかし、思想は、一方で実現可能であることを示さなければならない。思想形成を通じて、意志への支配力を失うのはいまや特殊な権利である。思想はその後（?）、よりすぐれた洞察に対して硬化し、思想に矛盾して現れるものは、死んだものとして現れる」。

これらすべてから、この手稿は、一八二二／二三年あるいは一八二四／二五年の講義の筆記録ではないことが分かる。よって、残されているのは、一八二一／二二年冬学期の講義のみである。

（佐山圭司 訳）

第九章　世界史の哲学講義

フランツ・ヘスペ

1

ヘーゲルが「世界史の哲学」をはじめて講義したのは、一八二二／二三年の冬学期であった。このときになってようやく「世界史の哲学」は「法の哲学」から独立した講義となり、体系上に独自の位置を占めることとなる。ヘーゲルはその後「世界史の哲学」の講義をさらに四回、二年おきの周期で行なっている。一八二四／二五年、一八二六／二七年、一八二八／二九年、一八三〇／三一年の冬学期である。世界史という主題は体系の一部分に属するものの、ヘーゲルが生前に刊行した書物のうちで大きな部分を占めているわけではない。『法哲学綱要』の結論部や『エンチュクロペディー』第三部の中にも世界史は登場するが、それほど大きな扱いを受けているわけではない。この講義について比較的多くの講義録が作られ保存されてきた背景には、そうしたことも影響しているかもしれない。一八二八／二九年の講義についてはこれまでに講義録は見つかっていないが、それ以外の講義についてはそれぞれに複数の講義録が記録されている。

それぞれの講義録について、これまでに以下の記録者が確認されている。(1)

a「世界史の哲学、一八二二／二三年、ベルリン大学、ルドルフ・ハーゲンバッハ」。この講義録は並外れて小さな字体で書かれた清書稿である。ノートには表紙から始まるページ数が打たれており、全部で六十八ページからなる。

b「世界史の哲学、ヘーゲルによる一八二二／二三年冬学期の講義、グスタフ・フォン・グリースハイムによる講義録」。二冊からなり、全部で三七九ページある。厳密に言えば、三一五ページ目までに通し番号が打たれている。うっかりしたのか二冊目の一七八／一七九ページ目は飛んでいる。推敲された清書稿になっている。このグリースハイムの講義録は私も閲覧したことがあるが、すべてが同一人物の手によるものではないことは明らかであり、そのため本人自筆の講義ノートではないことがわかる。

c「ヘーゲル教授による世界史の哲学講義、一八二二／二三年冬学期、ベルリン大学、ハインリヒ・グスタフ・ホトー」。

d「世界史の哲学（一八二二／二三年）、H・フォン・ケーラーによる」。この手稿は不完全であり〔四つ折り判でおよそ二十三ページしかない〕、また手早く書かれた著述である。年号が欠けているが、この年の他の講義録との比較によって同年のものであることが確認できる。

e「ヘーゲルによる世界史の哲学、一八二四／二五年冬学期、H・フォン・ケーラー」。右のものと同様に手早く書かれた自筆の草稿。全部で二七六ページ。

f「ヘーゲル教授による世界史の哲学講義、一八二四年十月二十八日〔開始〕、ジュール・コレヴォン」。手早く書かれたテキストで、多数の抹消個所がある。二七一ページからなるノート。講義の時間が通し番号で記録されており、当時の講義についての基礎資料を提供してくれる。この手稿は同一の筆致で書かれており、論理学についてのコレヴォンの講義録と同じ仕上げ方になっている。欄外に小さな字で、膨大なテキストが書き込まれている（しかし別人の書き込みかどうかは判然としない）。この注釈では、まずキーワードを書き留め、そのあとに原テキストをパラフレーズするということが繰り返し行なわれている。この欄外の注釈は、「一、中国とモンゴル」の章の始まりまで続いている。十二月二十一日の第三十二回講義、十二月二十七日の第三十三回講義にあたる箇所は、この草稿では空白が設けられている。第三十二回講義用に設けられた空白には、小さな手書き文字で短いテキストが追記されている。第三十三回講義用の箇所には、講義の時間と日付が書き込まれた以外は空白となっている。つづく第三十四回講義は、一八二五年一月三日からの日付となっている。三月八日付の講義で始まるノートは、小さな判型に変わっており、三葉（六ページ）からなる。そのうちの五ページが書き込まれており、最後の一ページは空白である。三月十日以降の講義は、またもとの大きさの判型の紙に書き込まれている。こうした特徴やコレヴォンの二冊目のノートに見られる筆跡やレイアウトとの一致などをあわせて、同一人物による記録であると推測できる。

g「ヘーゲルの世界史の哲学講義、エド・エルトマンによる筆記録、ベルリン大学、一八二六／二七年冬学期」。エルトマンの世界史の哲学についての手稿は（司書が教えてくれた数字によると）一〇七枚の用紙からなり、一冊の二つ折り本のかたちにまとめられている。ノートは、初めと終わりのほうは二つ折り三枚からなる束によって構成されており、真ん中には四枚組の束も入っている。各束の初めのページの右上の角に「世界史の哲学」と記されている。これらの束の初めの方には通し番号が付けられている。草稿は、初めは非常に丁寧に書かれているが、中ごろから徐々に手早い筆致となっていく。筆跡は、エルトマンが残した精神哲学についての手稿と同じものである。[2] この手稿の後半には、ひんぱんに空白が残されている。場所によって一段落分の長さから、またときには二ページ分もの長さにまでいたる空白が存在しているが、おそらくは後に追記するために残された空白であろう。この草稿は実際にエルトマン自身によって作成されたものであり、彼がよそから購入したものでない。このことは、エルトマンの手紙の筆跡との比較によって確かなものであり、また伝記的な事情やエルトマン自身の発言からも確実なものとみなされている。[3]

h「ヨーゼフ・フーベ、ヘーゲル教授の歴史哲学講義、一八二六／二七年冬学期、ベルリン大学」。この手稿は二巻本にまとめられている。両巻とも通し番号がついた六十二の束からなり、一つの束は八ページとなっている。第一巻は、三十二束目・四ページ目の「東洋世界」で終わっており、残りの四ページは空白となっている。第二巻のテキストは、三十三束目の最初のページから「ギリシア・ローマ世界」で始まっている。そのほかにも、両巻にはタイトルページから始まる用紙番号が付されており、これは第二巻からは数え直されて新しい番号で始まっている。第一巻は一二七枚、第二巻は一二三枚の用紙からなっている。双方とも最初の用紙束には、上部にタイトルが記されており、「第一部」もしくは「第二部」といった注記が付され、その下に「ヨーゼフ・フーベ」の自筆書名がある。この手稿は持ち主がポーランド人だったので、前二者とは異なりラテン文字で書かれているが、ドイツ文字への移行も見られる。またこの手稿は明らかに大きな章立てで書かれている様子で、さしあたり急いで大まかに書かれた筆致が、洗練された筆致に変わっていく様がはっきりと識別できるものとなっている。清書稿ではあるが、最初のほうには比較的たくさんの補遺が行上に書き込まれている。これらの補遺は構文を訂正したり、概念をいっそう明確に規定したりするためのものとなっている。補遺は薄いインクで書かれているが、同じ筆記の癖が見られるので、明らかに同一人物によるものである。さらにところどころに削除の跡、ときには丸ごと一文、もしくは文章の半分が削除されている。重複誤写などはまったくなく、概念もその後に別の言葉に置き換えて説明されている。したがってこの手稿の書き手がたんなる浄書者にとどまるものではないのは明らかである。記録や修正の仕方には、書き手の思想が表現されている。

この手稿は、ヘーゲル歴史哲学の解明に直接的に果たす役割もさることながら、さらにポーランドにおけるヘーゲル哲学の受容に関して格別の意味合いをもつ資料である。伝記の伝えるところによると、ヨーゼフ・フーベ（一八〇四―一八九一年）とロムアルド・J・フェルディナンド・フーベ（一八〇三―一八九〇年）の兄弟はともに法律家として知られており、とくに兄のロムアルドは著名な法律家であった。二人ともベルリン大学のヘーゲルの下で学んでいる（ロムアルドはサヴィニーとヘーゲルの下で一八二五年のあいだ、ヨーゼフは一八二四年から二八年のあいだ）。ロムアルドはのちにワルシャワ大学とペテルブルク大学の教授となり、一八五六年から六一年までロシア統治下のポーランド立憲王国の法委員会議長を務めている。彼は歴史法学派の主導者であったが、刑法の創設にあたってはヘーゲルの学説に従った。(4)

i〔F・ヴァルター〕「歴史哲学」(一八二六／二七年)。この手稿は、断片のかたちでしか伝わっておらず、およそ八十九枚からなる。図書館司書の手によって鉛筆で通し番号が入れられている。通し番号の入った用紙のあとにも書き込みのない用紙が何枚か続いている。筆記者の名前があるはずのタイトルページが欠けている。他の筆記録にある筆跡を手がかりにすれば、筆記者を特定できるかもしれない。詰まった行間で筆記された清書稿である。余白には、明らかに同一人物の手によって文書と同時期に書き込まれた主要なキーワードの書き込みが多数見られる。この講義録は「世界史の地理的基礎」の「I．アフリカ」の章から始まり、ローマ世界の歴史を半ば扱ったあたり(貴族と平民との論争の終わりを論じたところ)で終わっている。この手稿がどの学期の講義のものであるかについては、エルトマンの手稿に部分的に依存していることから、同じ学期のものであるとみなすことができる。この手稿にはもう一つ別の、資料としての価値がある。ヴァルターはベルリン大学に同級生たちよりも一年遅れて入学した。そのために彼の手稿は、多くの同級生たちの講義録の寄せ集めになっている点である。

j「歴史哲学、ベルリン大学、一八二六／二七年冬学期におけるヘーゲル教授の講義」。三七四ページの通し番号が打たれた、非常に几帳面な清書稿である。装飾された大きな活字体で記された見出しが目を引く。この講義録の筆記者あるいは所有者は不明である。

k「世界史の哲学、ヘーゲル教授の講義、F・シュティーヴェによる筆記、ベルリン大学、一八二六／二七年」。この手稿は、非常に風変わりな傍注の付いた、小さな字体で記された清書稿である。二つ折り判・二枚の束からなり、上の角には連続した用紙ナンバーのあとに、「歴史哲学」か、それに似た略号が記されている。手稿にはそれ以外にも、別の者による書き込みで用紙番号が振られており、合計で一〇九枚からなる。折丁番号で八十六ページ裏、八十七ページ表、一〇二ページ、一〇三ページ表が欠けている。

l「歴史哲学、ベルリン大学正教授G・W・ヘーゲル博士による、一八二六／二七年冬学期の講義、Stc・ガルチンスキーによる聴講」。清書稿だが、奇妙な書きまちがいがある。ほとんど余白がない。アルファベットの上と下の突き出しが大きい、比較的小さな字体である。手稿は、四枚つまり八ページの束の集まりで構成されている。各束の右上の角には、連続した束番号のあとに「ヘーゲルの歴史哲学」と記されている。それ以外にも手稿には、別の者による書き込みで用紙番号が記されており、合計で一八五枚ある。最後の用紙は空白である。「一八二七年三月三十日、ベルリン大学」という記述で終わっている。

m「アッカースダイク、G・W・F・ヘーゲル、歴史哲学についての口述筆記、一八三〇／三一年」。アッカースダイク自身の申し立てによると、依頼されてなされた仕事である。(5) 手稿はラテン文字で筆記され、非常に念入りに仕上げられた写しとなっている。四九三ページの分量がある。

n「父の講義による世界史の哲学、F・W・K・ヘーゲル、一八三〇―三一年冬学期」。この手稿は五〇九ページあり、タイトルページと目次が最初に付されているが、これも同一人物の手になるものである。このノートは四枚ずつの束から構成されているが、最後のほうの束の一つは突然五ページに変化しており、ページ番号付けも変わっている。几帳面な清書稿である。ページの三分の一ほども占める非常に広い余白に、鉛筆で二、三の注釈が書き込まれている。同様にタイトルページの裏側にも鉛筆書きで、序論のための目次が別に書き込まれている。

o「歴史哲学、ヘーゲル、一八三〇／三一年冬学期」。ヨハン・ヒンリヒ・ヴィヒェルンによる講義録である。タイトルページには別の書き手による走り書きのテキストがあり、タイトルのほかに、略記号とその解説の一覧が記されている。手稿は二一二ページの分量があり、書きまちがいのほとんどない清書稿である。余白には、二、三の補遺が参照記号とともに記されており、また整理された欄外注の書き込みがある。複数の書き手によるものである。

p〔無記名〕「世界史の哲学、一八三〇―一八三一年冬学期」この手稿は、四十七ページからなる断片である。タイトルページも欠けている。しかしこれがこの学期のノートであることは、同じ学期の別のノートとの一致から確定されている。テキストはペルシア帝国の終焉に向かうところから始まっており、アウグストゥス帝のところで終わっている。手稿は全体にわたって、あまり詳細な記述とはなっていない。

2

世界史の哲学には、権威ある編集による版が四つある。第一に、ヘーゲルの死後すぐに友人や弟子たちによって編集されたベルリン版『ヘーゲル全集』だけでも、三つの版を重ねている。一八三七年にガンスによる最初の版が整えられ、一八四〇年にヘーゲルの息子カールによって著しく変更を加えられた第二版が、さらに一八四八年に最後の版が出版された。

最初の編集者であるガンスは、本人の主張によれば、五つの学期の講義から脱線や重複を除去し、テキストの文体をそろえることで、ようやく一冊の本にまとめ上げることができた。[6] 出典には以下のものが使われている。シュルツェ、グリースハイム、ホトー、ヴェルダー、ハイマン、カール・ヘーゲル[7]による、全部で五学期分になる講義録、ヘーゲル自筆の手稿が数年分[8]と、これもヘーゲルに由来する資料類、とくに一八三〇／三一年の講義用に準備された手稿[9]は、ガンスが序論のために一部を用いた。

今日、これらの講義録の一部、ならびに一八三〇年の序論と一八二二年の序論の断片を除くヘーゲルの手稿は現存していない。そのためガンスが編集した版には、講義録の新しい版が出てきてもそれとは独立に、今後も資料としての価値がある。

一八四〇年にカール・ヘーゲルによって出された第二版は、大幅に増補されている。カール・ヘーゲル自身が述べているように、この版でカールはガンスよりも大規模に、より早い時期のヘーゲルの講義から取った思想を埋め込んでいる。[10] そうしたことから、第一版とは次のような点で異なる。「この版は、徹頭徹尾、ヘーゲルの自筆原稿を出発点とし、各種の筆記録はただ自筆原稿の中でしかるべき場所に配置され、ヘーゲルの自筆原稿を整えるためだけに使用された」のであり、また「カールはつねに著者であるヘーゲルが自分の言葉で語ることができるように、ヘーゲルの自筆草稿から逐次取られた新しい語句を挿入している」(11)。この版はたびたび復刻され、最終的には、モルデンハウアーとミヒェル編集による二十巻本の『ヘーゲル全集』の第十二巻として収録された(12)。

一九一七年から一九二〇年にかけて、ゲオルク・ラッソンが世界史の哲学の新しい版を出した(13)。この版は、ラッソンが利用可能だった文献資料のすべて(いくつかの講義録とカール・ヘーゲル版)を駆使した結果、はるかに容量の増した版へとまとめあげられた。しかし、この版においても、講義の学期や筆記者について一つひとつ証示をしないまま編集がなされている。ラッソンが使用した資料は以下のとおりである。一八三〇/三一年の序論のためのヘーゲルによる自筆原稿、グリースハイムとケーラーの筆記録(どちらも一八二二/二三年)、ケーラーの筆記録(一八二四/二五年)、シュティーヴェの筆記録(一八二六/二七年)である。

ホフマイスターは、一九五五年に、序論の部分だけを『歴史における理性』(14)というタイトルで新しく編集して出版したが、そこで彼は、それまでの版の序論がヘーゲルによる二つの完全に異なった原稿にもとづいていることを明らかにした(15)。一八二二年と一八三〇年の原稿である。どちらについてもヘーゲルの自筆原稿が保管されている。ホフマイスターは、保管されている自筆原稿から序論のテキストを復元することができた。このテキストではヘーゲルの二つの草稿が区別されて復刻されており、さらにヘーゲル自身の自筆草稿と講義録からの挿入が、筆跡の違いから区別されている。

最近、ホトー、グリースハイム、ケーラーの筆記録から一八二二/二三年の講義を再現する計画が、H・N・ゼールマンとK・ブレーマーによりフェリックス・マイナー社から発表された(16)『ヘーゲル講義録選集』の第十二巻『世界史の哲学講義』として一九九六年に出版された」。

3

おそらくヘーゲルは晩年、「世界史の哲学」を出版することを計画していた。一八三〇／三一年の序論の手稿の調子や構成からそれをうかがうことができる。口頭での講義における序論のように、「諸君」という挨拶でそれは始まっているし、それ以外にも、余白には最初の講義の日付（一八三〇年十一月八日）が記されている。手稿は、部分的には大幅な修正も入っているが、清書されており、本式の筆致を備え、ヘーゲルが通常、印刷の版下に使用したフォリオ判の用紙に書き込まれている。ところが同時にまたこの手稿のテキストはまったく吟味されておらず、複数の思考過程の並列となっていて、二枚の二つ折り用紙（つまり八ページ）の束ごとに書き込まれている。束の終わりには、何枚かの空白のページが入っている。(17) 結局、当時この手稿は、刊行までにはいたらなかったわけである。そのため私たちは、ヘーゲルの歴史哲学の細部の知識については、前述の弟子たちの講義録に頼らざるをえないのである。したがって講義の筆記録をヘーゲル自身によるテキストと安易に同一視し同等のものとして扱うことは的外れであるが、そうかといって反対に講義録にいかなる信憑性も認めないというのもまちがっている。そういうわけで講義録に含まれる資料は、ヘーゲル哲学についての知識と理解のために不可欠のものであり、これらの講義録の批判的な編集は必須のことなのである。

ベルリン版『ヘーゲル全集』の編集者の仕事の仕方は、マイナー社から『哲学文庫』の一冊として出版された版の編集者ラッソンの場合も同様であるが、ヘーゲル自筆の文書と複数年にわたる講義録とを区別なくまとめてしまっており、一つの統合されたテキストへと融合させてしまっている。

そうした編集方法は、後年ヘーゲルが構想を発展させることやそれどころか修正することもあり得ただろうという可能性をはじめから考慮に入れていない。今日のヘーゲル研究は、講義録を探し出して、体系的に集め始めている。そうなると、当然予想されるように、ヘーゲルのそうした自己修正や、いやそれどころか体系の重要な発展（とりわけ主観的精神の哲学における発展）さえもが、ヘーゲルが大学教授として行なった約十五年にわたる教育活動のあいだに実際に起こっていたことを示すことができる。そうした事例のひとつとして言及されるものが、まさに歴史哲学における序論なのである。一八二六／二七年の講義になってはじめて、世界史の哲学的概念は、「他の歴史叙述の方法」との対照からではなく、精神の概念から導出されるようになった。たんに序論の構想が変化しただけではなく、おそらく最初と最後の講義とでは、近代の理性的承認についてのヘーゲルのイメージが変化したのであろう。その結果、宗教改革とその原理である主観的な確信による宗教的な内容の承認が、啓蒙のうちに継続され具体化されることになったのである。近代の原理とは、真理と法と国家の基礎を思惟と理性的な自由意志にもとづいて説明することであり、最終的にこれが世界史の精神的な原理となったのである。

4

さらに、カール・ヘーゲル版がもとの講義からどれだけ新しく作り出されたものであるかは、今日現存する資料と比較することによって証明することができる。

ベルリン版とホフマイスター版にある序論についてはすでに、ガンスやカール・ヘーゲルがヘーゲルの手稿にどの程度の手を加えたのかが調査されている。改竄は、断りなく行なわれているテキストの挿入にとどまらず、字句の改変や段落丸ごとの置き換え、手稿の文章を丸ごと削除することも行なわれている。重大な改変を証明し記録するだけでも、別に一本の論文を書くことが必要となってくるだろう。典型的な例として、重大な改竄を二箇所挙げることができる。たとえばヘーゲルは、手稿の中では宗教的な形式をきちんと説明していた。すなわち、理性が世界を支配するためには、神の摂理への信仰がたんなる感情的なイメージにとどまるのではなく、思想として把握され、意識的なあり方で実現されていなければならないと説明している。歴史哲学は、そうした意味で神義論の問題も取り上げなければならないだろう。こうしたヘーゲルの説明が、脱落させられることによって要点を奪われてしまい、読者はヘーゲルが本当に重要だと思っていることを知ることができなくなっている。つまり重要なのは、たんなる宗教的な形式にとどまる真理が、思想として把握された真理へと移行しなければならないということである[18]。

ヘーゲルの手稿によれば、国家が生き生きとした生命をもつことができるかどうかは次の点にかかっている。個人の意識にあるのと同じ精神的な原理が国家の機構においてもあるが、それは芸術や宗教や学問であり、したがってある特定の国家においてはただ特定の宗教のみが可能である。アッカースダイクの手稿が裏付けるところによると、口頭による講義では、ヘーゲルはこのような説明をもしていたのである。

こうしたヘーゲルの主張は、段落の入れ替えや講義録から取られたテキストの混入などによって改変された。国家は宗教に基礎を置くものであり、宗教から国家の原理が生じるという内容に変えられてしまったのである[19]。

似たような不正確さを、講義録から取られたヘーゲルの説明の写しにも認めることができる。O・ペゲラーはすでに、序論のテキストにおける代議制の説明についてカール・ヘーゲルの犯した誤りを指摘している[20]。『歴史哲学』第二版でカール・ヘーゲルは、ヘーゲルが代議制一般を拒否しているかのように読める文言を挿入している。ここが大事な点なのだが、固定観念からすると、いわゆる代議制は自由な体制のイメージと結びつけられやすく、したがって、こうしたイメージに含まれる民衆と政府の対立や、主観的意志の強さからくる相互の対立についての激しい論戦を招くものとなっている。しかしヘーゲルが行なった講義の筆記録を見ると、民衆と政府の対立がもつイメージについてのこうした論争は、代議制の考えとはまったく結びつけられていない[21]。

アッカースダイクの講義録とカール版を比較すると、宗教改革以降の歴史についての描写から、次のようなことがわかる。カール版はカール自身の講義録に大きく依拠して作成されたものだが、最終学期の講義における父ヘーゲルの中心的な思想を無視していること、最後期における歴史の精神的な原理は宗教改革ではなくフランスで起こった啓蒙主義であること、またそれによってもっとも新しい時代における自由の意識の高まりは理論的にも実践的にもドイツにおいてではなくフランスでフィナーレを迎えるということである[22]。

5

講義録についての批判的な基準を十分に満たす版、特定の学期の「世界史の哲学」のために著者が準備したものを編集するにあたっては、以上の他にも、次のような点が厳守されなければならない。

異なった学期の講義録を一つのテキストにつなぎ合わせてはならない。

またその場合に、一つの学期についていくつもの講義録が伝わっているが、これらを寄せ集めても本当の講義を再現することはできない。というのは、これらのテキストが口述筆記だったり速記録だったりするからではなく、むしろ講義録が仮にも互いに独立したものであるのならば、筆記者の個人的な関心も理解も異なっており、さらには自宅に持ち帰って加筆されたり、改変されたりしたテキストだからである。

さらに、言うまでもなく当然のことであるが、講義録から採られたテキストは、ヘーゲルのオリジナル・テキストである講義ノートや、出版のための自筆草稿などと決していっしょにされてはならない。

（野尻英一　訳）

第十章　世界史の哲学講義（一八二二／二三年）

フナム・ゼールマン

ヘーゲルは、ベルリン大学の一八二二／二三年冬学期の講義ではじめて、世界史を独立した対象として扱い、一八三一年の死にいたるまで五回の講義を行った。周知のように、それまでヘーゲルは、世界史についてただ法哲学の最終部分できわめて簡潔な形式で言及していたにすぎない。

世界史の哲学についての講義は、一回目の講義だけが編集され、フェリックス・マイナー社から出版されている。(1)講義のテキストは、三つの筆記録をもとにして再構成されている。(2)

三つの筆記録のうちでもっとも分量が多いのは、ハインリヒ・グスタフ・ホトーによるもので、「世界史の哲学、一八二二／二三年冬学期、ヘーゲル教授の口述による」というタイトルが付けられている（パリのソルボンヌ大学図書館所蔵、ヴィクトール・クーザン旧蔵）。この筆記録は完成しており、ヘーゲルの言い回しや表現法を多く含んでいるから、ホトーが講義中に筆記を行ったことが推察される。テキストに見られる多くの略記や、ときには読み取るのが困難な筆跡もまた、ホトーが講義中に筆記を行ったことを証言するものである。講義が終わりに近づくにつれて、しだいに読み取りにくくなっていく。この手稿を見ると、そのつどどの箇所から講義が始まり、どの箇所で講義が終わっているのかを正確に知ることができる。この筆記録は、講義のもともとの姿にもっとも近いものであろう。そしてまた、この手稿は広範な領域にわたっているから、講義の再構成にあたってはもっとも重要となる手稿である。しかしこれまでの編集者たちは、この手稿を手にしていなかった。

ガンスは一八三七年に自分で編集した版の中で、ホトーの筆記録を利用したと述べているが、[3] そこで言及されているのはこの筆記録のことではないと思われる。一八二二／二三年冬学期の講義を記録したホトーの筆記録とガンスの版を比較してみると、ガンスがホトー筆記録とは別のある筆記録を手にしていたことが容易に推測される。

第二の筆記録は、グスタフ・フォン・グリースハイムによって伝えられたものである。以前の編集者たちは、この筆記録をよく知っており、利用している。グリースハイムの筆記録は、ホトーの筆記録と同じように完結しているが、ホトーの筆記録ほど広範な領域にわたってはいない。この筆記録は、「普遍的な世界史の哲学、一八二二／二三年冬学期、ヘーゲルによって口述」というタイトルが付けられている（プロイセン文化財団ベルリン州立図書館所蔵）。この筆記録は読みやすく、注意深く作成されている。書体は、全体を通じて統一がとれている。

第三の筆記録は、H・フォン・ケーラーに由来するもので、「哲学的世界史」というタイトルが付けられている（プロイセン文化財団ベルリン州立図書館所蔵）。この筆記録は不完全で、講義の序論に当たる四つ折り二三ページのみからなっている。この筆記録には学期が書かれていないが、ほかの二つの筆記録と比較すると、ヘーゲルが最初に行った世界史の講義の筆記録であることがわかる。テキストが不完全であるがゆえに、この筆記録は編集においては従属的な役割を演じている。

これら三つの筆記録、とりわけ最初の二つは、きわめて類似しており、それどころか場合によっては多くの細部や言い回しにおいて一致すらしている。それゆえ、これらを基礎としてヘーゲルの講義テキストを再構成することは正当であるように思われる。以下では、テキスト確定の方法を簡潔に素描することにしよう。

テキストは三つの段階を経て作り上げられた。はじめに三つの筆記録を転写して、つぎに三つのテキストから一つの草稿を作った。そして最後は、この草稿を「統一テキスト」を定めるために役立てた。「統一テキスト」を確定するにあたっては、もっとも包括的なホトーの筆記録が基礎に置かれ、ほかの二つの筆記録の助けを借りて、テキストは途切れることがないように補足された。そういうわけで、たとえば口述内容をより明瞭にするさまざまな表現法や言い回しは、それがホトー筆記録に欠けている場合には、そのつどのテキストの中に採用した。しかしながら、異文や統一できない箇所は、読者が比較できるように、考証資料として取り上げた。そしてまた、ホトー筆記録には欠けていて、グリースハイムあるいはケーラー筆記録には登場する一節も、総じてテキストに統合された。このような手続きをとることで、ヘーゲルの講義を可能なかぎり包括的に再現するひとつのテキストが完成したのである。

講義の筆記録を学期ごとに編集することによって、世界史についてのヘーゲルの哲学的な考えが、かつてよりもよりはっきりと分かるようになった。近いうちにより多くの学期の筆記録が編集されれば、現存する手稿がこれを許すかぎりではあるが、それらを比較して、いくつかの講義にたまたま現れた考えの変化を説明することもできるようになるだろう。一回目の世界史の哲学講義を、ヘーゲルが亡くなった後で友人たちが編集したベルリン版『ヘーゲル全集』の一巻として出版されたカール版とほんの少しばかり比較するだけで、カール版にある序論は、冒頭部分を除いて、一回目の講義にある序論とは大きく異なっていることがわかった。この大きな違いはヘーゲル自身に帰することができるものなのか、あるいはきわめて問題があったかつての編集方法に起因するものなのか。この点はさらなる研究によって解明されなければならない。

（三重野清顕　訳）

第十一章　美学講義（一八二〇／二一年）

ヘルムート・シュナイダー

ヘーゲルが生涯にわたって美の問題を取り扱うことになったのは、一八一八年夏学期のハイデルベルク大学での美学講義にまでさかのぼって考えることができる。これまでのところ、この講義についての筆記録がまったく見つかっていないため、講義の内容についての詳しい情報は欠けたままである。ヘーゲルがこの講義のために仕上げたノートも行方不明になっている。それにもかかわらず、ハイデルベルク大学での講義とベルリン大学での最初の講義の違いは、「エンチクロペディー」講義の枠内で美学にかかわる部分に書き留められた講義メモによってわかる。(1)

第一節　一八二〇／二一年の講義

ホトーもまた、ヘーゲルのハイデルベルク時代のノートと、ベルリン大学での最初の講義のために書いた、いわゆるベルリン・ノートとの隔たりについて書き記している。「ベルリンに招聘されたのち、ヘーゲルはそのノートを最初の美学講義においてもはや十分なものとは思っていなかったにちがいない。というのもすでに一八二〇年十月に、ヘーゲルは全般的に新たな作り変えに着手しており、そこからノートが成立していくからであり、それはまた、美学という同じ対象についての後の講義にとっての基盤であり続けたからである……」[2]。「美学、芸術の哲学として」という名称で予告されたこの講義は、週に五回、五時から六時まで行われた。この学期は、一八二〇年十月二十四日から一八二一年三月二十四日まで続いた[3]。ヘーゲルは五十人の聴講者を持っており、その中でもっともよく知られた聴講者は、学期の最後にやって来たハインリヒ・ハイネだった。

第二節　筆記録と筆記者

これまでに知られているただ一つの一八二〇／二一年美学講義の筆記録[4]は、四つ折り判で二七一ページにまとめられたものである。修正や挿入、省略は比較的少なく、そのことによってこれは講義の際に書き留められた筆記録ではなく、とても丁寧に自宅で推敲された筆記録であることがうかがえる。筆記録が生まれた外的な事情ははっきりしている。表題には、筆記者としてヴィルヘルム・フォン・アッシェベルクの名前が挙げられており、「サックス・ファン・テルボルフへ」と補われている。この補足についての説明は、二二六ページと二二七ページの間に挟まれた小さな紙きれに、アッシェベルクによるメモ書きとともになされている。「線を引いた箇所（二二六ページ）までは、私自身がとったノートです。そこから先は、欠けている箇所をミッデンドルフのノートから書き写しました。ですからここまでは内容の正しさを保証することができます。その中に重大な間違いがないことを信じていますが。しかし簡潔に書かれているために、曖昧なところもたくさんあります。親愛なる兄弟よ、このように書いて君に知らせるのも、ノートの筆記者としての私の評判を維持するためなのです。ごきげんよう！　君のアッシェベルク」。すなわちアッシェベルクは、熟練した「筆記者」としてよく知られており、評判もよかった。このときは明らかに筆記の練習をしていたのであって、おそらくはお金をもらって学生たちのために講義を聴講して筆記していたのだろう。だがここでは、アッシェベルクはサックス・ファン・テルボルフに「親愛なる兄弟」と呼びかけているから、二人には個人的につながりがあったように思われる。「親愛なる兄弟」が文字通りの兄弟を意味するのではなく、学生のつながりにおける通例の呼びかけであったことは確かである。アッシェベルクが講義に出席しなくなった理由についてはわからない。ここでは、どのようにして講義の筆記録が作られていたのか、そして、どのようにして筆記録が書き写されていたのかを、知ることができる。

注目すべきことが二つある。一つは、優れた筆記者としてのアッシェベルクの自信であり、もう一つは、他の講義録に対するアッシェベルクの批判的な態度である。今日では、アッシェベルクの判断は正しかったことが証明されている。それに比べて、ミッデンドルフが書き写した部分はたしかに劣ってはいるものの、それでもなおよくできたものと言える。一一四aにある補足と一二一から一三一の十ページは、筆記録の作成を依頼したサックス・ファン・テルボルフのものであり、おそらくは講義を聴講してその場で書き留められたものであろう。

これまでのところ、筆記録の作成に関わってきた三人の学生について、サックス・ファン・テルボルフのことだけがほぼ解明されている。ヴィルヘルム・サックス・ファン・テルボルフは、一七九七年にエムデンで生まれ、一八五二年にそこで亡くなった。大学での経歴はおおよそはっきりしている。一八一六／一七年の冬学期にゲッティンゲン大学で医学部の学生として入学しているが、そのまえにすでにベルリン大学で学んでいたらしい。一八一八年の夏学期には、ゲッティンゲンから再びベルリンへ行き、その後、一八二四／二五年の冬学期から一八二七年の復活祭まで再びゲッティンゲン大学で今度は法律を学んでいる。テルボルフは、ゲッティンゲンでは学生組合「フリジア」に、ベルリンではおそらくは「ヴェストファリア」に所属しており、一八一七年にはヴァルトブルク祭に参加している。のちに彼は再びエムデンに住み、法律家として活動したが、一八五〇年以降は、エムデン市参事会の無給の議員となった。

筆頭筆記者であるヴィルヘルム・フォン・アッシェベルクは、古い貴族の家系のアッシェベルク家に属し、先祖代々の屋敷がヴェストファーレンのリュディングハウゼン郡にあった。親族は広範囲に渡り、ヴェストファーレンのほかに、バイエルン、クールラント、東プロイセン、またスウェーデンにも広がっていた。ヴィルヘルム・フォン・アッシェベルクはクーラントの出身であり、一八一九／二〇年の冬学期以降、ベルリン大学で法学を学んでいる。ミッデンドルフの身元に関して知るのはもっと難しく、下の名は一度も出てこない。バルト三国に広がっていて、一部には貴族のミッデンドルフ家がある。エストニアのW・ミッデンドルフ（おそらくヴィルヘルム）は、一八一八／一九年の冬学期以降ベルリン大学で神学を学んでいた。

第三節　基本的な構想と特徴

美学講義は、一八二〇／二一年、二三年、二六年の講義では普遍的な部門と特殊的な部門の二分野からなるが、最後の一八二八／二九年の講義では、形式的に三分割されている。ただし、二つないしは三つの部門の構成は、すべての学期で同じままである。序文に続いて、普遍的な部門はまずは美の理念を普遍的に扱い、つぎに特殊な様式において象徴的・古典的・ロマン的な芸術形式として扱う。一八二〇／二一年のこのテキストでは、美の理想が歴史的な形態を取ったその部分は、すでに（普遍的な部門の）特殊な部分として示される。（本来の）特殊的な部門は、建築・彫刻・絵画・音楽・文芸といった部類の芸術を詳しく説明している。

ハイデルベルク大学での美学講義に比べると、一八二〇／二一年の講義での構成上の重要な変化は、ペルシア、インド、エジプトの自然宗教における前古典的な芸術形式を、もっとも低い発展段階として象徴的な芸術形式に統合したことである。この変化は、ベルリン大学での最初の学期に象徴概念を新たに規定することによって可能になったのである。ハイデルベルク時代にはまだ、象徴とは人間なのであって、古典的な芸術において理念を理想的に表現した人物であった。いまやベルリンでは、象徴は理念をただ不完全に自然の中で表現するものであり、その結果、象徴的な芸術形式は古典的な芸術形式の「前‐芸術」として先行することになった。こうした考え方の変化を引き起こしたのが、クロイツァーの『古代民族の象徴と神話』第二版からの影響であったことははっきりしている。

ハイデルベルク時代の『エンチクロペディー』では、芸術と宗教は芸術宗教としてまだ結びつけられていた。しかし、この筆記録では、芸術と宗教が美学講義の中で分けられ、さらには、芸術と宗教の講義そのものが分けられていくことになる。ヘーゲルは美学講義のすぐ後の一八二一年の夏学期に、ベルリン大学で最初の宗教哲学講義をしている。美学から宗教へのこのような発展をヘーゲルはこの美学講義の終わりで示している。そこではまた、神をとらえる二つの仕方の順序が（芸術の終わりとともに）示され、芸術と宗教という二つの講義の順序が示される。「アリストファネスの喜劇によって、造形的な様式は終わる。私たちは芸術の方法が神を表す最高の方法ではないことを見た。宗教の中には神についての精神的な知がある。したがって、私たちは芸術の領域を見たのち、宗教へと進んで行く。芸術は神を表現するためには必要であるが、それは通り過ぎなければならない一つの段階なのである」（二七一ページ）。

ベルリン時代はじめのヘーゲルの美学がどのようなものであったのかは、これまでよく分からなかった。しかし、ベルリン大学での最初の美学講義の筆記録によって、私たちはベルリン時代におけるヘーゲル美学の発展を完全に見通すことができるようになった。そしてまた、この筆記録によって、ホトーによって編集された美学講義の原典資料を分けるさいの手がかりも与えられた。この筆記録は、付け加えや省略がありうるにもかかわらず、失われたものと考えられていたヘーゲルのベルリン時代のノートを再構成することのできる、大事な素材である。ヘーゲルののちの美学講義のすべての基礎となっているこのノートをホトーは利用していた。ホトー版によってのみ伝えられてきた資料を、信憑性という点で評価し、年代を確定するためには、ホトー版における資料の選別が必要なのである。なお、この講義録はまもなく出版される予定である〔ヘーゲル『美学講義』（一八二〇／二一年）として一九九五年に出版された〕。

（瀧本有香　訳）

第十二章　美学・芸術哲学講義

アンネマリー・ゲートマン＝ジーフェルト

ベルリン大学でのヘーゲルの「美学・芸術哲学」講義は、校訂版『ヘーゲル全集』の難問とみなされなければならない。現在のところ、美学は、ヘーゲル自身のものだとはっきりしている完成稿がもっとも少ない。ハインリヒ・グスタフ・ホトーは、一八一八年の美学講義のためのハイデルベルク・ノートと、数回にわたる美学講義のベルリン・ノートを拠り所にすることがまだできた最後の人物だったが、ホトーが伝えた講義はかなり信用できないものと見なさざるをえない。信頼できる資料として現在私たちに残っているのは、ヘーゲルのベルリン・ノートの断簡とかなりの数の抜き書き、美学講義周辺の刊行物のほか、聴講者による口述筆記と完成稿、さまざまな講義素材を後でまとめたものである。したがってベルリン大学でのヘーゲルの芸術哲学講義は、ヘーゲル哲学の意義に関する今日までの議論でかなり重要なものだが、そもそも再構成することが困難である。

ヘーゲルの最初の美学講義は一八一八年にハイデルベルク大学でなされ、一八一七年の『エンチクロペディー』における芸術の体系的叙述と直接つながっている。ホトーの報告では、[1] ヘーゲルはこの美学講義のために、「エンチクロペディーや後年の法哲学の方式で」ノートをつくった。そのノートは「おそらく口述筆記のために作られたもので」、「短く要約された節と詳しく説明する注に分けられていた」。さらにホトーは、ヘーゲルがこのノートの主要な事柄を、ニュルンベルクでギムナジウム上級クラスの美学授業用に構想したかもしれないと推測している。

ハイデルベルクを去ってから早くも一年後、ヘーゲルはベルリン大学で一八二〇／二一年冬学期に美学を講義した。このときヘーゲルは、自分がもともと表明していた意図に従わず、哲学的芸術論を哲学的宗教論と区別した。この講義のためにヘーゲルは、ハイデルベルク大学での最初の美学講義から期間をおかず新しいノートを作った。このノートをヘーゲルはその後ベルリンでの一八二三年、一八二六年、一八二八／二九年の美学講義すべてで利用したにちがいない。ホトーの報告では、ヘーゲルはベルリン・ノートに、講述や事柄の変更のためあらゆるメモ書きを付けた。ベルリン・ノートに付けた種々の論点に関する書き込みやメモを、ヘーゲルは以前の講義を手直しして講義の中に盛り込んだり、場合によっては別の講義に移し替えたりすることとなる。美学の編集後、つまり一八三五年に美学が印刷にまわされたあと、これらのベルリン・ノートの抜き書きは元のノートと切り離され、関心のある様々な人々の手に渡されたらしい。今日、私たちにヘーゲルのベルリン・ノートの唯一の資料を提供してくれるのはそうしたものである。というのもこの間、それらのテキストの断簡がいくらか再び姿を現したりもしたからである。(2) ヘーゲルのノートそのものは消息不明である。それゆえ今日の読者は、ヘーゲル『美学』を編集したホトーよりもなおいっそう、ヘーゲル美学に関するヘーゲル自身には由来しない素材に頼らざるをえない。すでにホトーは、ベルリン・ノートの完成稿の暫定的性格を指摘するさいある程度の欠落を確認しており、それが最初の編集のときヘーゲル美学講義のさらなる証拠書類にやむなくホトーが手を出さざるをえなかった事情である。

第一節　ヘーゲル美学とその資料

ヘーゲルの死から四年が過ぎた一八三五年のこと、ヘーゲルの弟子ハインリヒ・グスタフ・ホトーは、今日では失われている美学についてのノート二冊を熟知していたものの、基本的にはベルリン・ノートといくつかの筆記録にもとづいてヘーゲル『美学』の最初の版を印刷した。この第一版は一八四二年およびその翌年以降ほんの少しだけ改訂され、第二版が今日まで流通するすべてのテキストの基礎となった。第二版は同様にすべての翻訳の底本であり、また、言うまでもなくヘーゲル『美学』をめぐる意見対立の激しい議論の基礎となっている。

ホトーは『美学講義』第一版の緒言として、ヘーゲルの二つの草稿が「もっとも確かな材料を提供した」(七ページ、十一ページ参照)にもかかわらず、完成稿の作成のためには満足のいくものでなかったと、すでに序文のなかで述べていた。これらのノートでは、緒言といくつかの段落の「全般的に整った文体」の論述につづいて、大量の「簡潔な標語」と「年々に度重なって紛らわしくごちゃまぜに書かれた欄外注」があり、講義をするときにヘーゲルがどうやって見当をつけることができたのか不思議に思わせる(八ページ参照)。それゆえホトーは、「この上なく念入りに書かれた筆記録ノート」と比較しながら、ヘーゲルの草稿と講義の筆記録がスケッチと仕上げの関係にあると想定して『美学』のテキストを作らざるをえないとみた(同箇所)。

ホトーはヘーゲルのノート以外に、『美学』を印刷するために利用できた、そして実際に使用したかなりの資料を挙げている。まずホトーは、彼自身の報告によれば、ヘーゲルがハイデルベルク・ノートからほとんど例を引いていないとの理由から、このノートを無視する。同様にホトーは、一八二〇/二一年冬学期のベルリン大学での講義を資料にはしていない。ホトーの証言によれば、一八二三年の講義ではすでに、それまでの講義の記録を必要としないほど「本質的な改訂が加えられていた」からである。一八二三年の講義にかんしてホトーは今日まで残っているホトー自身のノートを典拠とした。一八二六年の講義にかんしてもホトーは、ホトー自身のノートを引き合いに出している。それ以外では、グリースハイムのノート、試補見習M・ヴォルフのノートおよびヘーゲルの弟子ハインリヒ・ヴィルヘルム・アウグスト・シュティーグリッツのノートを引き合いに出している。一八二八/二九年冬学期の講義については、今日になって再発見されたハイネマンのノート以外に、もはや現存しないL・ガイアーやヨハン・グスタフ・

ドロイゼン（一八〇八―一八八二年）のメモ書き、また、ともに修士のブルーノ・バウアー（一八〇九―一八八二年）とヨハン・カール・ヴィルヘルム・ファトケ（一八〇六―一八八二年）のメモ書きを考慮した。

今日わずかな例外を除いて、ヘーゲル美学の筆記録の大半は、廃棄されたか失われたものとみなされている。けれども資料の状況は、今ではむしろ総じて改善されてきた。つまり、目下のところベルリン大学での美学講義については、ヘーゲルの講義活動の大部分を詳細な仕方で生き生きと伝える筆記録と完成稿が知られるところとなった。筆記者自身が自分で使用するために、あるいは別の人が使用するために、良質な記録となるようにどれほど深く留意していたかは、これらの筆記録が多くの場合、書物のかたちに（しばしば非常に贅沢に）装丁され個人蔵書に収められており、ときには数年が経った後でさえ、たとえばテオドール・ムント『美学』のように、自らの出版物の手本として利用されたことからも明らかである。

ベルリン大学でのヘーゲルの芸術哲学講義について私たちに知らせてくれる証言や文書は、ヘーゲルが実際に何を考えていたかを充分忠実に伝えるものである。つまり、ヘーゲルは、論じたことのあるテーマをふたたび後年の講義で取り上げるだけでなく、それどころか、部分的にはフランクフルト時代やイェーナ時代にすでに展開していたテーマを事柄に即してねばり強く、またときには定式の忠実な反復を行っているからである。それでもヘーゲルの講義は、ホトーの指摘から察知できるように、また、筆記録がそれを裏付けてもいるように、年を経るうち発展拡大していった。芸術哲学の講義を書物として刊行しようというヘーゲルの計画は、この著作を完結させることにではなく、むしろ、芸術哲学に関して述べられた思想をたえず吟味し拡大させつづける過程となっていった。この発展の詳細を明らかにするのが、今日知られている講義の筆記録である。もっとも、ホトーがすでにホトー版の「序文」で、このような事柄ならびに叙述の進展を言い添えてはいるのだが。したがって各学期の個々のノートはかなり重要なものとなる。というのも、ヘーゲルが書いた本物の資料や草稿が完成して印刷にまわったものは、ヘーゲルが最終的とみなした思想の状態を示しているが、個々のノートはそれが問題にならないためである。できあがった作品ではなく、その代わりに「未完成の作品」が登場してくるのであり、すなわち、芸術哲学について、芸術哲学の意義について、その対象領域について、日常的なものであれ学術的なものであれ、芸術についての知識をたえず繰り返し、そのつど新たにねばり強く顕彰する熟慮が登場してくるのである。

一八二〇／二一年と一八二三年のベルリン大学での最初の美学講義については、いずれも講義についての証言しか得られていない。

ベルリン大学でのヘーゲルの最初の美学講義を手にすると、美学がどの程度できあがっていたのかが分かる。そこから、ヘーゲルが美学を書物として近日中に出版する告知をおこなう気になっていた様子もうかがえる。(3) このような一八二〇／二一年講義の証言で重要なのはヴィルヘルム・フォン・アッシェベルクが親しい友人のために作った完成稿である。(4)

一八二三年の夏学期にヘーゲルは週に四時間の「美学あるいは芸術哲学」講義を告知した。(5) この講義の従来唯一の証言として私たちに知られているのが、ハインリヒ・グスタフ・ホトー（一八〇二―一八七三年）が入念に準備した書き取り原稿である。ホトーは一八二二年以来長年ヘーゲルのもとで学び、美学のほか、かなりの数の講義の筆記録を残した。ヘーゲルの死後、ホトーはヘーゲル『美学講義』の編集を引き受けただけでなく、ベルリン大学でのヘーゲルの美学講義をも引き継いでいた。

ホトーは通常、大きくとった欄外（ページの約三分の一に及ぶ）を折って自分のノートをあらかじめ作っておいた。ホトーは美学講義の筆記録では、広くとったこの欄外を使って、講義のテーゼを解明したり、あとから区分を整理したりしていた。その際欄外注は全般的に、より詳細な引用が挿入されるときだけは、テキストを分量的に上まわっている。どうやらホトーは口述筆記した講義にもう一度目を通して、欄外注で構造を整え、また同様にこうした作業工程のなかで口述筆記したテキストに、たいていはわずかながら（しかし時には受け止めた本来の意味に反するような）変更を加えたようである。

ホトーの作った筆記録は八つ折り判で（あとからページ番号を入れて）二八八ページに及ぶものであり、講義全体を記録し、ヘーゲルの考えの重要な部分を詳細に描ききっている。翌一八二四年の歴史哲学講義のいくつかの筆記録を比較すれば、その最初の部分が文字通りにヘーゲルの言葉で表現されているように、ホトーがヘーゲルの考えを完璧に再現する正確で思慮深い筆記者であったことがわかる。このことから、ホトーが自分の専門領域である芸術および芸術哲学においてまさに関心を払い、正確な仕事をしていることが容易に推測される。

ヘーゲルはこの講義を、その三年後になされた講義もそうだったように、「序論」に続いて、「一般部門」と「特殊部門」で区分する。「序論」は、芸術が哲学的考察の対象にふさわしいかどうかの省察、続いて仮象の規定、そして精神的なものを現象させる美的仮象の特殊な方式の定義を含む。つぎに美学の基礎づけの相異なる見解の歴史的外観がきて、そして自然美に対する芸術美の優越にかんする短い省察、芸術の「欲求」の指摘による「哲学的」論考の正当化と続いていく。ここでもやはりヘーゲルは、芸術における感性的なものを規定するさまざまな試みを検討しながら、芸術における感性的なものが精神的で感性的なものであり、これが、実在するものと純粋な思考の中間に位置しつつ、理想として性格規定されなければならないという自らの主張を展開する。「自然の模倣」、「野卑の軽減」、「民衆の教師」、これらの要点をヘーゲルは芸術という一つの概念に統合する。その芸術概念は、まず構造として把捉され、それから象徴的・古典的・ロマン的という三つの芸術形式の規定によって特殊化される。「一般部門」で展開される、このような芸術形式に対する美の理念の関係に、「特殊部門」における芸術形式に関連したさまざまな芸術の性格づけが、つまり建築・彫刻・絵画・音楽・文芸の論述が続いていく。「一般部門」も「特殊部門」も等しく芸術ならびに芸術理論からの例を含んでおり、これらの例によってヘーゲルは自分の思想を解説し、また現象に即して具体例を挙げながら詳述しようとする。

この講義の口述筆記で、さらに別の外見的特色として目を引くのが、傍注やメモ書きがホトーの筆跡で、ただし元の茶色のインクでなく、ここでは黒のインクで、あとからテキストにさらに付加されていることである。これらのメモ書きはおそらく印刷版の作成に筆記録を使用するさい、もしかするとヘーゲルの死後（つまり約十年後）に自分の美学講義用にたまたま使うようなときすでに付加されていたのだろう。指示や新しい区分、はじめにこしらえた区分の代用としての新区分、おびただしい数の取り消し線が、ページはたいてい斜めに、ときには二重取り消し線でも線が引かれているが、おそらくはすでに出版で使用された材料に印をつけるため付加されている。

資料素材がもっとも豊富に存在するのが一八二六年の美学講義である。この講義はふたたび四時間で、「美学あるいは芸術哲学」と告知された[6]。ヘーゲルはこの講義で「一般部門」と「特殊部門」の二分割を維持し、これに「序論」を先行させた。「序論」は同時に区分であり、現象に即した構造整理とされる。

この講義では内容的に新しい重点が設定される。たとえば「序論」の最初から、芸術美が精神的な美を生み出すがゆえに、より高次のものだとする端緒の話がよりきめ細かく根拠づけられる。ここで選択した観点のいくつかは、一八二三年の「一般部門」の冒頭で自然における非有機的な美と有機的生命的な美を指摘しつつ、ヘーゲルが（ふたたび）取り上げるものである。このような拡大も、理想論での熟考と合わせても、美学での自然美に関する長大な部分に相当するごくわずかしか存在しない思想的略述を提供するのがやっとである。美学における自然美の部分の完成稿は別人に由来する資料であることが疑いなく示される[7]。

興味深い重点移動のあったのが象徴的芸術形式の論述である。ヘーゲルは一八二三年と同様に、三つの芸術形式による構造決定的な定義に従った外面規定、つまり芸術の「現実」という理想の（第三の）規定という話から、象徴的芸術形式に移行する。ところがこの年での論述は、「象徴的なものの直接的統一」、「直接的統一の分離」、「意味と形態の分離から統一への帰還」というように、もはや三つには区分されない。その代わり象徴的なものの第二の形式が「はじまりの区別の発酵」として「インド的直観」に、そして第三の形式が「自然的なものの死」としてシリアとエジプトに割り当てられる。最後に第四の形式すなわち「それぞれに異なる契機の分解」として、ヘーゲルは崇高な文芸（ユダヤ的直観）からあらゆる例を今日的な文芸の現象にいたるまで集めている。たしかに、寓話、喩え話、謎、教訓談などが分裂した形式と言われ、意味と形態が統一した形式だとは言われないことは、事柄として重要である。しかしこう述べることでヘーゲルは、寓話から出発しつつこれらの形式を「どっちつかずのもの」と言い換えた一八二三年の講義から一つの明白な帰結を引き出しているにすぎない。さらに興味深いのは、シェイクスピアに例をとる終結部分のさらに先に進むような拡大が存在することである。象徴的芸術形式の最終的な「崩壊」に差し掛かるところに、ヘーゲルは「オリエントの自由の性格」を再現しうる詩的表現、つまりゲーテの『西東詩集』を置いている。(8)

古典的芸術形式とロマン的芸術形式は、通例の性格規定のほか、いくつかの近代芸術の例を、ゲーテの『西東詩集』にアクセントをおく意味で、強調する試みを含む。つまり、近代における芸術の成果を示すような成功した、美または崇高の（要するにもはや美ではないが内容的には重要な）実例とする。

口述筆記された原稿は出版にとって当然ながら資料としてさしあたりきわめて興味深いものである。一八二六年の講義では質を異にする四つの口述筆記が存在するのみである。

プロイセン文化財団ベルリン州立図書館所蔵の筆者不明の筆記録は、たしかにわずかな分量だが、思想の報告という点では、とても正確で的確なテキストを含む。この口述筆記は「芸術の哲学」と題され、七冊のノートで九十二枚、一八三ページであり、とくに最初のノートには重要なコメントを含む欄外記入がなされている。この口述筆記は講義を全回伝え、ところどころ日付が打たれていて、二番目のノートの終わりあたりの記載で、事柄として「一般部門」の理想の外面性の規定のところは、「一八二六年六月八日」に始まり、九月一日に終わっている。

フリードリヒ・カール・ヘルマン・ヴィクトール・フォン・ケーラー（一八〇四―一八八六年）による、また別の口述筆記原稿は、「芸術哲学あるいは美学、ヘーゲルによる、一八二六年の夏学期」と題され、「一八二六年四月二十六日」の日付で始まり、講義を同じく全回伝える（最後の日付はたしかに八月一日だが、劇詩の半分あたりである）。

あらかじめ送付される内容説明は「二、古典的芸術形式」で終わる。ケーラーの大まかにして粗略というべき手稿は四五九ページの記載を占める。ケーラーは講義を簡潔な記録文書のように伝え、項目の脱落や稚拙な反復、助動詞の頻繁な使用があいまって構成感の乏しいものになっている。しかし事柄としては講義全回の伝承である。

数年前、一八二六年美学講義の別の筆記録が、ヘーゲルの講義のさらなる資料いくつかといっしょにアーヘン市立図書館の蔵書から再発見された。この筆記録には、「美学、ヘーゲル教授による」という題名が付けられている。記載は、「一八二六年夏学期、四月四日開始、午後五時から六時」の表示で開始する。抒情詩論の始めのところである最終直前回の日付は八月三日と証しており、劇詩の部分である最終回の日付「九月一日、フライハイト」は、明らかな書き間違いである。手書き原稿は、控えめな略号や上に引かれた連字、平べったく幅広く引かれる運筆を伴っており、これらはすべて急いで書かれた口述筆記の特徴を示している。文体もやはり簡潔な記録文書のような思考の導きを示すものだが、ケーラーのノートに比較すればはるかによい出来である。二一九ページにわたり講義は全回伝えられる。

また、最近になって発見された一八二六年の別の講義筆記録は、ポーランドの詩人シュテファン・フォン・ガルチンスキー（一八〇五―一八三三年）の作と推定される。これには、「芸術哲学あるいは美学、プロイセン王国のベルリン大学哲学正教授であるゲオルク・ヴィルヘルム・フリードリヒ・ヘーゲルによる講義、一八二六年夏学期、（シュテファン・フォン・ガルチンスキー）所蔵」の題名が付いている。[9] 筆記録は一一三枚、つまり、びっしり書き込まれた二二五ページに及び、一一〇枚目（二二一ページ）で一八二六年九月一日に終了する。作成者はここで「全体と部分の簡潔にまとめられた要約」を添えているが、それは第一部だけを、つまり「象徴的形態化までの序文」を述べるものでしかない。この筆記録も一八二六年のヘーゲルの講義の好適な情報を提供する。

カール・グスタフ・ユリウス・フォン・グリースハイム（一七九八―一八五四年）とＩ・Ｃ・レーヴェによる二つの入念に仕上げられた完成稿は、ありのままを伝えているとはとても言い難いにせよ、諸々の口述筆記の内容が完璧かどうか吟味させてくれるものである。

グリースハイムのノートの題名は、「ヘーゲル教授の芸術哲学、一八二六年夏学期、グリースハイムによる筆記」である。三三三ページで講義がまるごと含まれる。テキストは中間の見出しで、ときには欄外筆記でも区分され、詳細な内容索引で解明されている。

「美学、ヘーゲルによる、I・C・レーヴェ」と題されるレーヴェのノートは、三一一ページにかけて美学を同じく全回記録する。テキストでは区分が念入りに付与され、別個に挿入された区分点でなく、しばしばテキストの下線引きによって作られ、また前もって送付された総区分によって概観的に解明される。おまけに、このノートはところどころコメントを添えるような欄外書き込みを含むものの、これは終わりあたりになるとめったに見られず、グリースハイムのノートほどはっきりした清書稿という性格はない。テキストのあれこれの抹消や重ね書きにもかかわらず、いくつかの事柄は後から仕上げ作業を行うことをうかがわせる材料を提供している。したがって略号がまったくなく、ページの冒頭は前のページでそのつど分離された行で短く書き留められており、つなぎ部分はカリグラフィーで美しく装丁されている。

一八二八／二九年の冬学期に、講義はふたたび同じ題名で、ただし今回は五時間で告知される。[10] ホトーは『美学』の「序文」で一八二八／二九年の講義を、ヘーゲルによる材料の「教育的」手直しに影響されて、それほど重要ではないテキストだと片づけている。にもかかわらず、現在知られている資料によれば、このときも材料の提供や思想の吟味には、研究にとって興味深い新たな進展が見られる。

現在のヘーゲル解釈の推測すべてに逆らって、ハイマン、カロル・リベルト、ローリンというすでに知られている三つの筆記録の証言では、ヘーゲルは一八二七年の『エンチクロペディー』で展開した体系的な芸術構想の改訂をこの講義のなかでも述べている。そこからまず明らかになるのが、ほかでも強調される『エンチクロペディー』の意味での「その最高の可能性から見た芸術の過去性格」が先鋭化されていることである（これはハイマンとリベルトが正確に書き留めている）。これと関連して、ヘーゲルがとくに一八二六年の講義で近代世界の条件下での芸術の可能性に論及したところで、多数の個別事例の重点移動がある。最終的にこのような体系構想の先鋭化は、いまや三部分からなる新区分も、そしてこの区分により、理念と理想ならびに芸術形式（とくに古典的芸術形式）のどちらもほんのわずかだけの大まかな叙述でしかないこと、そして具体例の第三部への移動を結果として伴うことになる。ホトーが教育的な当惑や疑念とみなすものは、講義資料では、意識的に目論まれた修正や急進化した体系的前提での材料の再・提示であるように思われる。これは、問題を含んだ部分や象徴的芸術形式構想、ロマン的芸術形式の、とくに同時代の具体例の立ち入った検討を必要とする。

この最後の講義でヘーゲルは序論として、美学領域の規定および美の領分、それが哲学に値するかどうかを述べ、別のところでも論じたさまざまな論点を再び吟味する。それらの論点とは、芸術美対自然美、模倣、仮象の規定、芸術の目的のさまざまな規定、さまざまな美学の試み、そして一八二六年の詳述を凌ぐ、芸術の過去性格のテーゼの先鋭化を伴った芸術・宗教・哲学の関係の概念規定である。

つづいて、「一般部門」「特殊部門」「個別部門」という、いまや三部の論述がくる。詳しく言えば、ハイマンが伝えているように、理想の規定、美の形式が内容と形式に従って形態化したものである象徴的・古典的・ロマン的芸術形式、そして最後には個々の芸術の歴史を伴う個別部門がくる。

象徴的芸術形式には、あらためて新しい区分が与えられる。すなわち、（一）象徴一般論、（二）自然と内的なものの関係、（三）想像的象徴表現つまり汎神論やユダヤ教における崇高の象徴表現、（四）より限定された象徴、これにはエジプト美術が属す、（五）意識的象徴表現あるいは教訓や寓話などにおける意味と形式の分離である。この脈絡では、象徴的芸術の「近代的」形式としてのゲーテとの断固たる対決は見られず、『西東詩集』は第三部の「個別部門」の人目に付きにくい箇所で触れられる。

古典的芸術形式とロマン的芸術形式は原則的に変更なしだが、短縮されて（詳しい実例ぬきで）叙述される。ハイネマンとリベルトでは記載のほぼ半分を第三部（一八二九年一月二十三日開始）が占める。

この講義をもっともよく伝えているのはハイネマンの筆記録である。これは、「美学、ヘーゲルの講義、ハイネマンによる筆記、一八二八／二九年冬学期」の題名が付いている。ハイネマンの筆記録によって、一八二八年十月二十六日に開講し、一八二九年四月二日に終了した週五時間の講義を全回にわたって概観できる。筆記録はびっしりと、しかしきちんとした字で、読みやすく書き込まれた一四一のページからなる。ハイネマンは序論の部分で（区分まで）、ページのヘッダーに、区分を示す数多くの欄外書き込みおよび箇条書きメモのような内容説明を付加した。しかし手稿のテキストに見られる極端な略字は、講義を直接に筆記したものであること、それらの部分が逆に後から筆記録に付加されたことをうかがわせる。構成を定める改訂が貫徹されず、講義の日付がそのつどきちんと途切れなくテキストの欄外に記載されているからなおさらのことである。

また別の口述筆記は、最後の美学講義を同じく全回再現するものであり、ポーランドの教育学者にして哲学的作家であるカロル・リベルト（一八〇七—一八七五年）のものである。その題名は「美学、一八二八／二九年冬学期、ヘーゲル教授による」である。筆記録は二九二ページあり、リベルトは草稿の第二部つまり「特殊的芸術形式」まで番号を打ち、講義のあとに日付を付けた。最後の日付は三月三十一日とされる。九十二ページのあとで別人の手になる挿入（十三ページ）が続き、十一月二十八日、十二月一日、十二月二日の講義を伝える。用紙はあとから番号が一貫して付けられ、その際挿入も加算される（一五二枚、つまり三〇五ページ）。広くとった欄外は、たとえば第二部までは区分指示やテーゼ的に要約された書き込みに使われる。この口述筆記は、言葉遣いにぎこちないところがあるにせよ、ヘーゲルの講義の言わんとするところを伝えてはいるが、ハイネマンの筆記録と比較すると、ヘーゲルの思想の簡明的確な把握としては十分でない。

一八二八／二九年講義の第三の証言としてこれに加わるのが、「芸術の哲学、ヘーゲル教授、十月二十七日開始」

の題名がついたローリンの不完全な筆記録である。ローリンは十月二十七日を開講日としているものの、ノートは、別のところで十月二十六日と日付が付いた同じテキストで始まる。ノートは（一八二九年一月）二十七日／二十九日で、第三部冒頭の自立的建築の規定のところ、バベルの塔の建設またはベル神殿の特徴解説をもって終了する。筆記録は全部で九十八ページあり、序論では、フランス語による解説的な欄外注を含み、その後は途切れのないテキストへ移行する。この筆記録は、ドイツ語力が完璧ではない聴講者の特徴を示す欠陥を伴っている（稚拙でしばしば不正確に組み立てられた文、フランス語に同化した正書法、取り消し線や上書きの頻繁な使用などがある）。

第二節　二次資料と編集方針

これらの資料のほか珍しいものとして別の資料がいくつか言及されねばならない。つまり、一八二三年と一八二六年を下敷きに独自の「ヘーゲル的」美学をまとめたクロマイヤーという学生の完成稿と、ヘーゲルの死後ホトーがベルリンで引き継いだ講義からヘーゲルの次男であるイマヌエルが作った筆記録である。

クロマイヤーの完成稿は「美学あるいは芸術の哲学、一八二三年と一八二六年のヘーゲル教授の講義による」と題され、これには第一部が五百ページの念入りな清書稿に含まれる。クロマイヤーは二つの講義からヘーゲルの詳述を、ホトーがホトー版で企てたのと似た仕方で寄せ集める。ホトーでは、「ヘーゲルの草稿の今の状態は、入念に筆記されたノートの補助を全面的に必要とする」（十一ページ）と言われるが、クロマイヤーはもっぱら学生ノートの論述に依拠する。クロマイヤーは相異なる一八二三年版と一八二六年版を、ヘーゲルがそのつどの講義で据えた重点が並ぶように配列し、接合する。ホトーは印刷された『美学』でさまざまな筆記録を使ってヘーゲルの草稿を補完しながら完璧なものを目指したが、クロマイヤーもそうした完璧なものをそのような仕方で目指した。

美学を個人的に解明する場合であれば、自分で使用するぶんには問題ないことでも、ヘーゲル『美学講義』の公式版を作成するとあっては、今日では校訂版が取り組まざるをえない問題となってしまう。この難点の理由は、ホトーが「序文」で報告するようなベルリン・ノートの特殊性にある。要するに、ヘーゲルは、講義のためにこのノートに差し込んでいたメモ用紙や紙片を、別の講義のあいだは別の場所に置いていたに相違ない。たとえばこの最後の講義では、三区分によって、さまざまな芸術作品の実例的論及が考察第三部への移動を余儀なくされている。他方で、ヘーゲルは理想や芸術形式の原理的な規定についてはわずかしか語らず、現存する筆記録に従えば、よそからここに移した実例をさらに取り除いた。これに対して印刷された『美学講義』では、あらゆる資料が寄せ集められたことで、数多くの論点に重複論述が発生している。ホトーはたしかにこの最後の一八二八／二九年講義の区分を行ったが、説明をいろいろな基礎資料に沿ってそのつど（それぞれ新たに）講義資料に出てくるその箇所につねに挿入した。そういうわけで、実例が「一般」論でも「特殊部門」でも頻繁に使用される。これによってもう、印刷された『美学講義』がヘーゲルの芸術哲学についての構想を正確に再現するとの見方は排除される。

さらに『エンチクロペディー』における美学の体系的基礎の修正という事情が出てくる。ヘーゲルは一八二七年の『エンチクロペディー』で芸術を論じる節に本質的な変更を加えた。つまりヘーゲルは何よりもまず芸術の終焉という自らのテーゼをさらに先鋭化して際立たせた。一八二七年以降の『エンチクロペディー』で、芸術が啓示宗教とども国家におけるようにその他の意識の形態（宗教や制度化された人倫、最終的には哲学）によって解消されていると言われるが、この考えは一八二八／二九年講義の口述筆記に忠実に反映されている。このときヘーゲルは、自らの『エンチクロペディー』に手を加えたものを講義の中でいっしょに語ったにちがいない。これにともないヘーゲルは、自分自身が序論で述べたこの講義に芸術哲学を「補題的」に導入するという目標についての考え、つまり、あふれんばかりの現象と歴史的展開に即しつつ、別の場所で自分が基礎づけた内在的な体系を説得的に述べようという考えを真剣に受け止める。ホトーは逆に、美学に体系は存在せず[11]、それゆえ体系は真っ先にこの自分が開発し、テキストを統合せねばならないと強調する。したがってただちにまた別の問題が一つ発生する。つまり、ヘーゲルが『エンチクロペディー』によって定めた美学の「体系」とホトーが自分の趣味で確定した美学の「体系」との相違という問題である。

この問題の厳密な提起と解決を行ういくつかの説明が、二番目の二次資料にある。重要なのは、イマヌエル・トーマス・クリスチャン・ヘーゲル（一八一四―一八九一年）によるハインリヒ・グスタフ・ホトーの講義の筆記録である。正確な題名は「美学、一八三三年夏学期のホトーによる講義、イマヌエル・ヘーゲルによる筆記と推敲」である。イマヌエル・ヘーゲルは彼の前任者であるホトーと同様に口述筆記の欄外に注釈を施した。この注釈はイマヌエル自身が草稿に付加したものである。興味深いのはホトーによる美学の区分である。ホトーもやはり三区分を選んでいるが、この三区分は、もっぱらヘーゲルに限定して依拠したものにもかかわらず、ヘーゲル美学に対するホトーの体系的介入をよく分からせてくれるものである。第一部は美の概念を、第二部と第三部はそのつど自然美と芸術美を論じる。自然美そのものを論じる第二部は、ヘーゲルが一八二六年からの講義でかなり約《つづ》めて行った仕方で組み立てられている。つまりヘーゲルは、ある段落で「非有機的自然の美」、つぎの段落で「有機的自然の美」、三番目の段落で「人間の姿形の美」を論じる。印刷された『美学講義』にある自然に関する部分が、筆記録にある手短な略述よりもはるかに長い理由は、このような体系化にあるのかもしれない。そして第三部はホトーでは芸術美に当てられ、想像について述べる段落から始まる。この段落は想像のさまざまな形式で区分される。つまり、「象徴的想像」、「造形的―理想的想像」、「ロマン的想像」に区分される。芸術美に関するこの部分の第二節は「客観化された芸術美」を、まずは一般部門で、そして個々の芸術家に目を向けつつ、また芸術精神を視野に入れながら論じていく。第三部の終わりの節は「思弁的芸術史」というホトー的な考えの意味で芸術史それ自体を論じている[12]。

このような構想の演出によって『美学講義』の論述が、ヘーゲルが学生たちに講義した以上に体系的な印象を与えているのは疑いない。『美学講義』の最終的なかたちにとって決定な役割を果たすことになるのが、たとえば法哲学や宗教哲学でさらなる介入や拡大に費やされたのと同じような、ヘーゲルの完成稿に付きまとって離れない居心地の悪さや不充分さである。[13] ヘーゲルの講義は体系の最終部分まで構築されている。しかしそれは、ヘーゲルの詳述にしばしば見られる試みの性格に反するものであり、これはとりわけ美学に当てはまることだが、ヘーゲルの体系構想には反するものである。

第三節　美学の体系

以上のような困難をホトー自身が『美学講義』第一版の序文で指摘し、自らの編集作業を正当化しようとしている。材料の種類としてはスケッチ的な草稿や、洗練された叙述の最大の支障となるヘーゲルの講義の「外面」は、「実際に口頭で述べられたことをできるだけ保持する」（十三ページ）という目的には適さない、実施不可能なことと思わせる。これは、「外面的な障害」を前面に出させ、精神的な浸透や天才的な一人語りの「活気ある内的生命が脱落している」（十三ページ）筆記録ノートを信頼するということである。それゆえホトーはこの内的生命を復元しようとする。それも、講義の別の箇所で生じているように、「全体の区分」による「内的な欠陥」、欠落した「弁証法的な移行」の挿入、「脱落した連関」の哲学的に確固とした結合、それどころか「芸術の実例の列挙」の水増しを取り除きはしないのである。それで示されることがあるとしたら、それは、編者が「同じ分野で達成できるであろう」（十四ページ）ことであって、ヘーゲルの業績を際立たせたことではない。

読者や批評家はこのようなヘーゲルに対する原則的義務を、ヘーゲルの『美学講義』をもって、形式的に完全に仕上げられた出版物や、もはや反復不可能かもしれない、ましてやヘーゲル芸術哲学の凌駕しうる形式のみならず、ヘーゲルの思想の真正な叙述をも同時に手にしていると思い込むことによって、長らく放置してきた。ようやくゲオルク・ラッソン[14]が、真正さに対する正当な疑念にもとづき、ヘーゲル『美学』の校訂版を、とりわけ講義資料に帰属しえない資料の識別を試みたが、この企ては完結しなかった。それでもすでにして序文が、ホトーによるヘーゲルに対する、そしてヘーゲル的な意味での作用が、別のところで批判されている介入を免れないものだという根拠ある疑念の原因となっているとは言えないだろうか。要するにホトーは、ヘーゲル自身から話をきいて自前のメモ書きを作った人たちのなかで、批判者となる可能性のある人々から自分を弁護するのである。このときホトーは、すべての材料に目を通したことからくる知識の違いに信頼を寄せるよう要求する。これは認めねばならないが、ホトーは現存した「ノート」の「変更をしばしば」諦めなかった。しかしホトーは、自分が「一貫して忠実に……ヘーゲルの思想の特殊な語り方を……保持するよう努力した」（十三ページ）と強調する。

ヘーゲル自身のノートとヘーゲルの弟子たちの筆記録や完成稿とが「スケッチと仕上げ」の関係にあったとする編集上の基本想定や、「活気ある内的生命が脱落している」（十三ページ）口述筆記の資料としての価値のさらなる切り下げを背景においてみると、ホトーの企ては疑わしいものとなる。どう少なく見ても、ヘーゲルのスケッチを踏まえつつ、精神的浸透の生命感が、資料研究でなく編者の精神的同等性のおかげだと主張されているのである。そのような批判を先取りして、やはりホトーは、芸術哲学講義の次の編纂作業では厳密な出典指示や特徴判断を追加で提供することを約束しなければならないものとする。しかしそれは決して果たされることのない約束だった。『美学講義』第二版の「序文」ではこのような正当化はもはや話題にならない。

この指摘は、ヘーゲルの『美学講義』が、とくに忠実なヘーゲルの弟子たちが強調するように、一点の曇りもない感激をもって同時代の人々に受容されたのではなかった第一の証拠として、今日の読者にとっても重要である。講義を一度でも聴いて、口述筆記をしたり、自前の草稿を作ったりした人ならだれもが、講義の証拠と印刷されたテキストのあいだの違いを認めたはずだ。これが、年を経るうちに先鋭的な部分を喪失し、告知された真正さの証明を『美学講義』第二版で断念するのが、場合によっては得策だとホトーに思わせた状況である。

また一つ別の困難が、同様に「序文」の中で、つまりヘーゲルの講義のやり方の特徴を述べる中で示唆されている。シェリングの「思弁的美学の端緒」ならびに疑いなく賞賛に値するゾルガーの試みを、両者を「上まわる」ヘーゲルの著作によってはるかに凌駕する自負が、『美学講義』に関する自分の仕事にはあるとホトーは主張する。[15] 多少ともうまく結合された芸術の省察は、それゆえ一つの体系に、一個の完成された全体にもたらされねばならないだろう。そのための手助けをヘーゲル美学の資料はやはりほとんど提供しない。一八二三年から一八二七年にかけてたしかにヘーゲルは自分の講義の「進捗著しい仕上げ」に到達したが、それ以外の講義とは異なって美学では、苦しい教育経験によってヘーゲルが「彼の思弁のあふれんばかりの力と明晰さ」を失ったように思われる。「つねに一般向けの叙述」によってヘーゲルはたしかに説明しにくい論点を簡明に展開しているが、「学問的厳密さにおいては目立って低下している」（十ページ）のである。

一面では、ホトーにとっての動機づけは、最後の講義の基本区分を印刷用に引き継いだにもかかわらず、それ以前の（したがって優先的にホトー自身が口述筆記した）ノートをかえって信頼したことにある。他面では、体系的な不十分さに対する居心地の悪さが、上記で有罪とされた種類のかなりの量の介入のもととなった。すなわち、ヘーゲル美学は、最終的な芸術判断つまり芸術と芸術ならざるものとの最終的な裁定が終点に達しうるような思弁的美学にまで完成される。

この種の完成を特徴づけるのに、例示的な指摘が二、三ここで挿入されてよい。すでにラッソンの改訂作業によって、理念の感性的映現としての理想という体系的にしばしば批判される規定が、この講義の証拠書類には見出されないことが分かっている。筆記録ではその代わりに、理想は理念の「現存」または「実存」、つまり経験可能な事物における理念の具体的で歴史的な実在であるとされている。それを受けてヘーゲルは理念の経験の感性的性格もしくは直観という話を、講義の経過の中でさまざまな芸術の特徴を説明しながらこしらえる。つまり、精神的なものというより高次のものへの発展が理念の「現存」または「実存」において、すなわち、作品という特殊な感性的所与方式において説明されるのである。[16]

現代的解釈では受け入れがたくもある、また別のヘーゲル美学の特色とは、芸術史の論理的先行構成、つまり盛んに批判される「美学の論理」なるものである。どんな思弁的、弁証法的な移行も自分は差し挟んでないとホトーが強調するとき、ホトー自身によるこの確認の手続きは嘘とばれているのである。たとえば絵画の章の冒頭には、空間的所与が平面に置き換えられることで感性的直観の精神化が生じるというヘーゲルの考察がある。抽象性の増大が、いわば手段の面で、芸術の主観的内面、ここではキリスト教絵画の主観的内面の保証となる。絵で描かれる世界は、模倣された自然ではなく、芸術家の視線や構想によって構成される世界である。別言すれば、絵画にとっても絵画の主題にとっても、状況や行動にとっても、絵画が描く対象が世界そのものにおいて、目の当たりにする自然において存在することは重要でない。重要なのは、画枠による意識的除外において、世界に向かって絵画が「設置」されることである。絵画にとっての画枠の意味に関する考察は、出版された『美学講義』ではまったく抜け落ちている。そしてこれに代わって、感性的直観がより高次のものへ発展することを概念的に正当化する話が弁証法的流儀に即した詳細な論考のかたちで出てくる。歴史的移行の補塡として展開されるこの論理は、どのヘーゲルの講義にも手本とするものがない。ヘーゲルは芸術の感性的土台を簡単に述べるだけである。その後、音楽のところでヘーゲルは意義深い仕方で歩みを先へ進める。つまり、三次元だけでなく、空間そのものを実演の時間へと還元させること、これを成し遂げるのである。こうして講義からはっきり分かることがひとつある。つまり、芸術の手段に関する考察の中で理想が詳細に規定されることである。この考察をヘーゲル自身は、すでに芸術の直観のくだりで、理念の「現存」、すなわちたんなる所与存在から理念の「実存」、すなわちその所与存在の反省形式への移行として述べている。(17)

最後の不透明な章は、出版された『美学講義』にあるかなりの数の芸術判定および非難である。この最高裁的な介入の手がかりといえるものが筆記録には何ら見出されない。たしかにヘーゲルは芸術作品を例に示しつつ自らの芸術構想を展開したが、これは、ヘーゲル自身の体系的な美学構想をそのつど歴史上の実例に即して吟味するように構成されているのであって、出版された『美学講義』のいたるところで見られるような狭い意味での美的な称賛や非難を述べようとするものではない。ヘーゲルの『美学講義』がつまるところホトーの思弁的芸術史の完成した構想のように思わせる一方で、美学講義は読者の目に別の像を浮かばせる。それは、歴史現象にかんする省察、つまり人間文化そのものにとって本質的な重要性を持つ芸術にかんする省察という像である。

ヘーゲル芸術哲学の解釈者たちがかなり長いこと、かたずをのんで講義草稿の出版を待ち望んでいたことは驚きでないが、そうであっても編者の追加部分を見抜くことによりヘーゲル美学の教条主義的な体系からの解放は望まれる。ヘーゲル『美学講義』についての資料の歴史批判的な編集作業が、しばしば当惑させる芸術判定および非難を読者に免除するというのは今までとは逆向きの希望である（唯一ゲオルク・ラッソンがこれを批判的に注記している）が、そのチャンスはこれまでなかった。それでも講義の編集作業は、芸術判断の多くがヘーゲルには帰属させられず、それどころかそのいくつかはもっぱらホトーに帰属するかもしれないという帰結をもたらすことになる。美学の体系は、一八一七年の『エンチクロペディー』とその一八二七年の修正をもって決定されている。しかし「芸術判断」は、現在知られている資料が伝える美学思想の文脈内では、芸術とその理論的性格規定の哲学的構造を伴う、つまり体系的に根拠づけられた検討の例示および批判的吟味という重要さを獲得する。「理想的」、近代では「キリスト教的」内容を伴う偉大な芸術を美しい芸術として、美しくない非芸術と対照させながら強調することが、出版された『美学講義』ではなべて重要であるのだが、その一方でヘーゲル自身は、体系的に基礎づけられているが歴史現象に対して予言を下すようなことはしない論究から、論じるに値する結合を展開する。こうして芸術哲学講義の文献学的研究は、体系と歴史現象との新たな、つまりヘーゲルの考えた結合関係に到達することになる。

言うまでもないことだが、ヘーゲルは哲学的美学も自らの「絶対知」の構想に従属させる。しかしその「絶対知」の構想は、『エンチクロペディー』で定められ講義の中で吟味されるので、論究の背景でしかない。芸術哲学でヘーゲルは、真理問題を前提としつつ、美しい芸術ならびに美しくない芸術の内容的志向の検証に踏み出している。ヘーゲルの注目点は、形式上は完成されているように見えるが内容的には重要性のないものにとどまる美しいだけでしかないものの享受に始まって、シラーにおいてヘーゲルが見出した「真に人倫的なパトス」の驚愕にまでいたる、芸術の実施方式にある。「絶対知」の構想は、このような美学講義における体系と現象の結合の叙述によって、論じるに値する提示を得る。少なくとも美学の見通しに立てば、ヘーゲルによる絶対知の構想とは、むしろ一つの哲学的理想であり、つまりは、そのつど新たに実証されるべき概念と実在の一致であるように思われる。ヘーゲルによれば絶対知を形成するものとされるこの一致が、保証されたものでも、実在を凝視することで自動的に生じるものでも、ヘーゲルがこしらえたものとして実在から直に濾し出されてくるものでもないということは、とりわけ、四回にわたる講義すべてでヘーゲルが新たにアプローチを変えつつそのような方式で現象を吟味していることから明らかである。こうした吟味によってのみ、芸術がどの程度理想と呼ばれてよいのか、どの程度まで理念の「現存」または「実存」とされてよいかが、はっきりとする。そういうことなので、少なくとも芸術という領域では、歴史の中で出くわすもののすべてを判定する、あらかじめ定められたいかなる基準も絶対知は提供するものでない。絶対知とはむしろ、現象のうちにいわば前・意識的に与えられ、哲学によって果たされねばならない理性要求であるように思われる。やはりその履行も、さまざまな美学講義の思想的進展から看取されるように、未完了であり、最後まで計画されてはいない。

哲学的美学の問題について、出版された『美学講義』とは著しく異なるこのような論じ方は、ホトーによる編集の弱点を回避するような筆記録の出版方式の開発を強いる。出版によって永遠化された一八二八／二九年の三区分に、二分割が講義の経過で構成変更されるまでの思想的発展は、さまざまな資料の寄せ集めで判別不能となっている。それゆえ当然考えられるのが、この講義については学期ごとのテキストを作成することである。この場合もさらに有意義と思われるのは、信頼のおける一つのテキスト（できるだけ一つの口述筆記）を基礎に選んで、場合によって別の口述筆記または完成稿で補足を付加することである。これさえも、組み合わせ作業によるテキストの新規構成の意味でなされるべきでない。補足を付けるなら、それは異文として、注に記載されてよいだろう。

ヘーゲルの芸術哲学講義についての資料の歴史批判的な研究によって、絶対に確実な、つまり真正さを伴った情報を得るという希望は行きすぎだろう。到達できるのは、最初の本源的な、そしてしばしば驚くほどに明晰な受容を鏡として、ヘーゲルの芸術哲学を熟知することである。完成を見たホトーの構成に退却する道が支持されてはならない。それというのも、これまでの解釈者たちは、未処理の現象の一見したところ「弁証法的な」（事柄としては矛盾する）検討という懸案事項の一覧を手にしつつ、降伏の白旗を上げなければならなかったが、大量の問題が根本的な解決を見ること、これが、美学の資料研究で今日すでに明らかだからである。したがって、講義の筆記録へ退却することで獲得された手持ちのテキストすら、最初の編者であるハインリヒ・グスタフ・ホトーが私たちに信じ込ませようとした、ヘーゲルの思想の生気を失いひび割れた外面でしかないもの以上の記録を含んでいる。ここから私たちは出発することになる。

（小川真人　訳）

第十三章　哲学史講義

ピエール・ガルニロン／フリードリヒ・ホーゲマン

ヘーゲルは大学で教育に携わっている全期間、哲学史講義を行った。イェーナ大学では一八〇五／〇六年冬学期に、一回目の「哲学史」[1]を講義した。二回目はハイデルベルク大学で、一八一六／一七年冬学期に「自分の計画に従って、週六時間」講義をし、さらに一八一七／一八年冬学期には週五時間、「哲学への導入のために、近代哲学を詳細に扱うかたちで、口述により」[2]講義した。ベルリン大学では、この講義を七回告知している。すなわち、一八一九年夏学期、一八二〇／二一年冬学期、一八二三／二四年冬学期、一八二五／二六年冬学期、一八二七／二八年冬学期、一八二九／三〇年冬学期、一八三一／三二年冬学期である。[3]最後の一八三一／三二年の講義を彼はかろうじて始めることができた。このことは、ダーフィット・フリードリヒ・シュトラウスがこの講義について作成した手記のなかで証言している。[4]この手記は九時間目の講義を終えたところで以下の短い覚書をもって終わっている。「十一月十四日の晩に、ヘーゲルはコレラで亡くなった」[5]。夫人が伝えるところでは、ヘーゲルは十一月十日と十一日に「二つの講義」を開始したという。[6]したがって彼はまだ二つの講義を行うことができていたことになる。

ヘーゲルが哲学史のなかで三十年間にわたって扱ったテーマには連続性がある。まずはこのことに注目しておきたい。では、この講義の構想に関しても同様のことが言えるだろうか。[7] ヘーゲルは精神哲学の全部門から、最初に、哲学史をそれだけで単独に叙述した。一八〇五／〇六年の講義以来、彼が確信していたのは、世界精神が「いまや」それ自身の絶対的な透明さに到達したということであり、したがって有限な自己意識と絶対的な自己意識との闘争は終わったということである。[8] 思弁哲学への導入としての『精神現象学』は、別の道のりで同様の帰結へと至っている。[9] 哲学史の道と現象学の道という、二つの道のりの基礎には、のちの『論理学』とは著しく異なるにせよ、思弁的な論理学が置かれている。[10] ヘーゲルが一八〇七年にイェーナを立ち去って以降、「哲学史」の体系上の周辺領域は変化する。ヘーゲルは一八一六年までに、体系の基礎である新たな論理学を仕上げる。これによって論理学と現象学との統一は崩れる。体系への導入という課題は最初の現象学のうちに残されてはいるものの、彼は現象学を短縮し、それを主観的精神の哲学のなかに組み入れている。しかしまた、哲学史そのものの構想もまた変化している。ミシュレの報告によれば、ヘーゲルはイェーナ時代に準備したノートを後年、決して使用することはなかった。[11] このことは、ヘーゲルがこの講義の最初の構想を変更したことを示唆している。

それにもかかわらず、論理学が、いまや出版された『論理学』が、哲学史の叙述の指導原理であり続けていると言われている。[12] ヘーゲルはこの要求を実際に果たしたのだろうか。あるいは、哲学史をことさらに年代に対応させる必要はないのだろうか。そうであれば、哲学史は思惟する理性の英雄たちの画廊であることが明らかとなるのだか。

ヘーゲルの哲学史講義は、カール・ルートヴィヒ・ミシュレによるベルリン版『ヘーゲル全集』というかたちで公刊された。この版の第一巻のなかでミシュレは自分の編集方針を説明するとともに、彼が利用できた資料を提示している。

ヘーゲル自身からミシュレが入手したものは、[13]

1　イェーナ時代の講義の四つ折り判の手稿。ミシュレの判断によれば、この手稿は高い価値を持っている。ヘーゲルはこの手稿をいつも教壇に携えて利用していたからである。晩年のベルリンでは、彼は中期の活動期間よりも頻繁にこの手稿へと立ち戻っている。

2　ハイデルベルク時代に由来するものとしては、同様に四つ折り判に書かれた、より短い概略が、講義のもとでの新たな発展を決定づけている。この手稿もヘーゲルはいつも講義の際に携えていた。

3　補遺。これは、ヘーゲルが後年、講義の内容を繰り返した際、一部はこの手稿の余白に加えたり、素描したりしたものであり、一部は、同封された大量の紙片にたいていの場合は素描的に書き留めたものである。ミシュレの記述によれば、これらの紙片を講義の筆記録と比較することで[14]、ヘーゲルがこのスケッチから何を話したかを知ることができる。他面では、このスケッチと筆記録を比較することで、それぞれを修正することができる[15]。

ミシュレが強調しているのは、彼が以下に挙げる筆記録を「優先的に」利用したことである[16]。したがってこれらだけが、彼が手中にしていた資料だったわけではなかった。

1　一八二九／三〇年冬学期のカンペの筆記録

2　一八二五／二六年冬学期のグリースハイムの筆記録

3　一八二三／二四年冬学期のミシュレ自身の筆記録。この学期の講義をミシュレ版の標準とした。

ミシュレがさらに伝えるところによれば、彼はハイデルベルク時代の哲学史講義の筆記録については何も目にしなかった。イェーナ時代の筆記録は「ヘーゲル自身のノートを介して十全に補う[17]」ことができた。このミシュレの表現の仕方は、イェーナ時代の講義の筆記録を彼は閲読したものの、自分の版にそれを取り入れる必要があるとは判断しなかった、という可能性を排除するものではない。とりわけ、ミシュレは「序論」の原典資料について次のように述べている。筆記録以外で閲読したものは、「ほとんどはベルリン時代に書かれたものであり、それ以外のものも、少なくともハイデルベルク時代に書かれたものであって、四つ折り判と二つ折り判の手稿の部分のうち、ヘーゲルのもっとも良質な部分[18]」である。東洋哲学を叙述するためにヘーゲルが用いたのは、東洋に関する英語やフランス語文献から抜粋して集めた豊富な資料である。彼はそれらの書物を短く欄外に書き記しており、同様に、教壇でも使用した。

ミシュレの叙述によれば、ヘーゲル自身に由来する資料は異なる性格を持っている。その資料に関しては、まずは完成した時期、つぎに、元はヘーゲルが教壇上で話したものだが、筆記者を介してのみヘーゲルのものと保証されている思想、そして最後に、これら二つの可能性の間には、ヘーゲルが講義中に書いた断片的なメモが問題になる。しかしながら、それらはたんに異なる性格を持つだけではなく、同様にまた、筆記録は異なった学期に、それどころか異なった時期に書かれたものである。したがって、それらの資料は題材の選択において異なるのみならず、題材の解釈の仕方においても異なっている。ミシュレはこのような異種の材料から、ヘーゲルの友人たちが編集したベルリン版『ヘーゲル全集』の意図に従って、「渾然一体とした」[19]テキストを作り上げた。このテキストはヘーゲルの考えと精神にできるかぎり近づいたとされる。彼のテキストの基本の骨組みはヘーゲルのイェーナ時代の手稿によって決定されており、この枠組みのなかで、彼は残りの資料をヘーゲルの思想的発展の度合いに従って配列した。またしたがって、彼はその時々で異なる学期の資料を優先させた。彼の主要な課題は、あらゆる断片を、同時にまた個々の断片を「組み合わせて押し込む」という技法にあった。[20]

ゲオルク・ラッソン[21]とヨハネス・ホフマイスター[22]はミシュレが編集した『哲学史講義』を厳しく批判している。第二版をも含めた批判をミシュレ版は受けたのである。[23]ミシュレは少なくとも、第一版の始めの二つの巻をとても急いで作り上げた。第一版の第一巻に付けられた彼の序文は一八三三年四月二十八日付である。したがって、第二版の編集に際して、ミシュレにとって重要だったのは、作業行程が急であったがゆえに生じたかもしれない資料上の欠陥を取り除くことだったはずである。さらに、彼は重複箇所を取り除き(第二版は第一版よりもおおよそ百ページほど分量が少ない)、テキストの構成を変え、資料間の接合を改めた。接合を改めたことでテキストは洗練されたものとなったが、そのことが必ずしも正しいというわけではない。つまり、第二版のテキストはより読みやすくなってはいるが、また同時に、しばしばいっそうの解釈を要するものとなっているのである。

ホフマイスターは一九三一年に『哲学史講義』の新たな編集に着手したが、彼はその当初、ミシュレが利用したテキストとは本質的に異なるテキストを提示しうるとは思っていなかった。[24]しかしながら、彼がミシュレ版を吟味して確信したのは、ミシュレの構想を保持することはもはやできないということである。ホフマイスターの批判はミシュレが採っていた方針に向けられた。すなわちホフマイスターの批判は、ミシュレが企てた資料の配置換え、短縮やその他の変更に向けられ、また、類似の稿本をはっきり示さなかったことや、ヘーゲルの手稿と筆記録を混合したことに向けられた。批判はさらに、ミシュレが変更を加えた資料にも向けられた。すなわち、ミシュレは、グリースハイムの筆記録を完成稿として特徴づけ、報告に値するものだと見なさなかったので、この筆記録の欠陥を認識せず、それに無批判的な仕方で変更を加えたのである。ホフマイスターはこの筆記録の欠陥として「膨大な数」[25]の改竄や書き足しを明示している。ヘーゲルの講義のうちでは生き生きした発展として表されるものが、グリースハイムのもとでは抽象的な対置へと硬直しているのである。要するに、ミシュレは外国語で書かれた資料を翻訳するという課題に際して無能ぶりをさらけ出したという。しかし、ホフマイスターは『哲学史講義』の新たな編集の道のりにおいて、新たな資料を公にすることとなった。材料の点で彼が利用できたものを確認しよう。

A　ミシュレから引き続き利用した資料はつぎのとおりである。

1　ヘーゲルがハイデルベルク時代とベルリン時代に書いた「序論」の文書（ともにプロイセン文化財団図書館所蔵）、「序論」へのメモ紙（ハーバード大学図書館所蔵）、全紙一枚に書かれた注釈付きのアリストテレス『デ・アニマ』の翻訳。[26]

2　ミシュレが利用した三つの講義録のうちの、グリースハイムの筆記録（プロイセン文化財団図書館所蔵）。

B　新たに加わった筆記録はつぎのとおりである。

1　一八二三／二四年冬学期からは、

a　ホトーが簡潔にまとめた完成稿（プロイセン文化財団図書館所蔵）。

b　フーベによる、より詳細だが欠陥もある完成稿（クラクフのヤギエロン図書館所蔵）。

2　一八二五／二六年冬学期からは、

a　直接の筆記録。ホフマイスターの報告によれば、第一面が切り取られているため筆記者の名前がない。[27] 今日、この筆記録はポーランド人の法学部生ヘルセルのものとされている。クラクフのポーランド科学アカデミー図書館所蔵。

b　シュティーヴェによる簡潔な直接の筆記録（プロイセン文化財団ベルリン州立図書館所蔵）。

3　一八二七／二八年冬学期からは、

a　ヒュックによる直接の筆記録（レニングラード公立図書館所蔵）。

b　ヴェルトリヒによる筆記録。H・グロックナーが所有していた。ホフマイスターの報告によれば、これはヒュックの筆記録とほぼ一致している。[28] 今日では、ヴェルトリヒの筆記録は破棄されたものとみなされる。

4　一八二九／三〇年冬学期からは、

a　ヴェルナーによる筆記録。おそらくは口述筆記だと思われる。詳細なのだが、欠けている部分も多い。

b　匿名の人物による筆記録。同様に口述筆記だと推定される。これについての証拠は、講義の時間の終わり頃にそのつど走り書きされた雑な筆跡があることである。プロイセン文化財団図書館所蔵。

かくして、ホフマイスターは全部で九つの筆記録を利用できたのである。

ミシュレと比べて、ホフマイスターはどれほど前進したのだろうか。前進したにもかかわらず制約があるとするならば、それはどこなのだろうか。

ホフマイスターは二つの序論と「東洋哲学」を新たに転写した。さらに彼は、ホトーとフーベの筆記録（一八二三

／二四年冬学期）、グリースハイム、ヘルセル、シュティーヴェの筆記録（一八二五／二六年冬学期）、ヒュックの筆記録（一八二七／二八年）を転写した。彼は、ベルリンの匿名の筆者ならびにヴェルナーのテキストから一八二九／三〇年冬学期の序論を復元した。彼の復元は疑う余地がないというわけではない。それは立ち入って精査されるべきであろう。

しかしながら、ホフマイスターは、思想発展の順序においては、ミシュレと同様、異なる学期の筆記録を組み合わせている。もっとも、これらの筆記録は、互いに区切られ、年代順に配列されてはいる。

ジャン＝ルイ・ヴィエイヤール＝バロン版(29)に関しては、グリースハイムの筆記録の一部の複写、フランス語への翻訳が問題となる。この箇所は、プラトン哲学についてのヘーゲルの叙述に関係したものである。このテキストの復元には欠陥もある。

ホフマイスター版の『哲学史講義』（一九四〇年）が出版されたことで、いかなる資料が新たに発見されたのだろうか。

1　一八一九年夏学期については、ヘニングの行方不明のノートに由来する、カリエール（ボーフム大学ヘーゲル文庫所蔵）とユルゲン・ボナ・マイヤー（ミュンヒェン大学図書館所蔵）の筆記録。

2　一八二〇／二一年冬学期については、エバンストン（米国）のノースウェスタン大学図書館に保存されている匿名の筆者の清書稿。この筆記録の信憑性は、序論部分の原稿をヘーゲルの手稿と比較することで確かめられるだろう。

3　一八二五／二六年冬学期については、

a　ピンダーによる口述筆記（ボーフム大学ヘーゲル文庫所蔵）。ヘルセルの筆記録よりも多くの欠落個所があるが、そうは言っても、哲学的にはかなり質の高いものである。

b　レーヴェによる清書稿（プロイセン文化財団ベルリン州立図書館所蔵）。これは部分的にはグリースハイムの完成稿と近い関係にある。これらの部分は質の点で異なっている。

4　一八二七／二八年冬学期については、ディエックスによる要約原稿（個人所蔵）。

5　一八二九／三〇年冬学期については、

a　ダーフィット・フリードリヒ・シュトラウスによる要約原稿（マールバッハのドイツ文庫所蔵）。シュトラウスは、ヘーゲルが予告した一八三一／三二年冬学期の哲学史講義を聴講しようとした。ヘーゲルの死後、彼は一八二九／三〇年冬学期のヘーゲルの哲学史講義のある筆記録を入手し、これを要約した。彼がどの筆記録を利用したかは分かっていない。彼の要約原稿は二つの部分からなっている。すなわち、ギリシア哲学とキリスト教哲学である。しかしながら、この二区分はヘーゲルに由来するものではない。というのも、この学期の講義を扱っているもっとも関係の近い講義録は、通常の三区分を示しているからである。この講義録は、この点において、ベルリンの筆者不明の筆記録とも一致している。少なくとも、この人物は三区分を示唆している。

b　筆者不明の完成稿（シカゴ大学図書館所蔵）。かくして十六の筆記録がある。もっとも私たちは、カリエールによる筆記録とマイヤーによる筆記録の代わりに、それらの元となったヘニングの筆記録を保有しているので、十五冊のみを保持している。

ピエール・ガルニロンとヴァルター・イェシュケ版の『哲学史講義』が提示したのは、「全体の一部[30]」、すなわち一八二五／二六年冬学期の講義である。そうなったのは、この講義がすべての講義の中でもっとも資料上の裏付けがあるから、すなわち、五つの筆記録によって確証されているからだが、それだけではなく、この学期の講義が他の大部分の講義と少なくともその基本的特質において一致しているからでもある。テキストはすでに挙げた五つの資料を統合して構成されている。このことは、グリースハイム、レーヴェ、ヘルセル、ピンダーによる四つの筆記録が、広範囲にわたって一致するかたちでテキストを伝えていることによって可能となった。テキストは全般的にはグリースハイムの完成稿に従っている。こうしたやり方で作られたテキストは、材料の点ではミシュレのテキストほど豊かではない。しかしながらこのテキストは、一八二五／二六年冬学期にヘーゲルが実際に行った講義をはじめて伝えることができる、という利点を持っている。

ミシュレ版にもとづくフランス語訳『哲学史講義』の第六巻で、[31] ピエール・ガルニロンは、W・イェシュケといっしょに行った、一八二五／二六年冬学期講義のテキストの再構成を引き継いでいる。[32] この翻訳の序言で、ガルニロンは、ヘーゲルの実際の言葉に近づくために引き続いて尽力したことを伝えている。ミシュレのテキストは、哲学書の原作者からドイツ語に翻訳された多数の長い引用文を含んでいる。ミシュレによれば、それらの表現はヘーゲル自身に由来する。講義の筆記録はこれらの引用文からそのつど部分的な影響を残している。これらの残響を組み合わせると、あたかもジクソーパズルのように、その引用文全体が明らかとなる。ミシュレはおそらくグリースハイムの完成稿のうちに聴こえる残響を聞き取っていた。というのも、彼はたいてい、部分的な残響の代わりに完全な形の引用文を再現しているからである。これらの引用文は通常、ヘーゲルの手記を明るみに出す。すなわち、それらは原文の語句に忠実であることはめったになく、しばしば短縮されていたり、原典の要素から自由に組み立てられたりしている。また、外国語からの引用文は自由な仕方で翻訳されている。同様のことは哲学者たちの伝記にも当てはまる。ヘーゲルはそれらの伝記を伝記作家または哲学史家から借用したのであり、それらからは同様に、五つの筆記録の中の残響も明らかとなる。

ミシュレ版のうちには、哲学史の発展に関するヘーゲルの見解を叙述した箇所が見出される。この箇所に関係するのはイェーナ時代のノートからの抜粋だろうか。ミシュレ版は七つのテキスト部分を含んでいるが、それらの一部はそれ自体が、イェーナ時代へ引き戻すものであり、一部は、彼が脚注でイェーナ時代を参照するように指示している。[33] もちろん、彼はこれらのテキスト部分を正確には区切ってはいない。『哲学史講義』の末尾「結び」[34] にある八つ目のテキスト部分は、ローゼンクランツの『ヘーゲル伝』のうちに同様に見出される。しかもそこでローゼンクランツは一八〇五／〇六年冬学期のヘーゲルの哲学史講義を問題にしており、[35] それによって、このテキスト部分がイェーナ時代に由来していることが証される。しかし、ミシュレ版がそのうえさらに、イェーナ時代に由来する、もしかしたらそれ以前の時期に由来する、他のテキストを含んでいることは確実である。今日まで伝わっているすべてのテキスト断片と筆記録を原本に戻って見直す作業は、これらの資料をより精確に切り取ることではじめて可能となる。

校訂版の『哲学史講義』は、年代順に行われなければならないだろう。その場合、各学期の講義はそれぞれ独立に提示されなければならない。提示の仕方は一貫したものとはならないかもしれない。その形態がどのようなものになるかは、各学期の講義を私たちが自由に利用できる記録文書という性質から明らかである。一八一九年夏学期については、私たちは二冊のノートを所持している。それらは互いに似通っており、いやそれどころか、ほとんど同じである。カリエールのノートは、それがヘニングのノートから筆記したものであるということを示唆している。これに対してマイヤーのノートは、ヘニングのノートにもカリエールのノートにも依拠していない。それゆえ、これら二冊のノートは聴講者の筆記録ではない。さらに、ヘニングのノートは聴講者の筆記録なのか、あるいはたんに聴講者のノートから筆記されたものなのかも問題となる。ヘニングのノート、ならびに他の二冊のノートの信憑性にかんして有益な証拠となるのは、つぎのような事実である。すなわち、ピエール・ガルニロンが「近代哲学への序論[36]」に関して立証したように、[37] ミシュレ版の『哲学史講義』には、これらのノートの箇所と見たところ近縁関係にある、重大なテキスト箇所が見出せるということである。そうした類似したテキストが、校訂版のテキストを作るうえでの基準となりうるだろう。その際、ひとはおそらくカリエールのノートを中心テキストと受け取らざるをえないだろう。この筆記録の価値は、結局のところ、後の時代のノートよりもイェーナ時代の直接的な影響を残しているという点によるのではなかった。そのうえ、この筆記録は、哲学史全体の回顧を、とりわけ哲学的に高度な質をもつギリシア哲学の回顧を含んでいる。このような綿密なテキストは、後の時期のヘーゲルの講義からはもはや提出されていない。ヘーゲルのベルリン時代の講義がイェーナ時代の講義よりもむしろ価値の低いものだったということはありうる。ミシュレのテキストがすでに挙げた筆記録以外の新たなテキストを、もしかすると複数のテキストを含んでいるのか、それともヘーゲルのイェーナ時代のノートとハイデルベルク時代のヘーゲルの概略のみを含んでいるのかは問題である。いずれにせよ、ミシュレのテキストが諸々のノートの原文よりも内容が豊富で、より詳細であることは、彼がさらに資料を利用することができたのを物語っている。この問題については引き続き調べられなければならない。

一八二〇／二一年冬学期の講義については、たった一つの筆記録しか伝えられていない。この筆記録の信憑性は、それが伝えている序論のテキストとベルリン時代のヘーゲルの序論の文面とを比較することで確かめられうるだろう。

一八二三／二四年冬学期の講義については現存する資料を統合することで再構成しうるだろう。ミシュレのノートもまたその資料の一部に数えられる。このノートはたしかに行方不明ではあるが、もしかするとベルリン版のテキストから取り出すことができるかもしれない。その場合、この仕事から得られる多くの知識が、編集上の決定において指導的なものとなるにちがいない。主要なテキストはフーベの筆記録となるだろう。ホトーとミシュレのテキストはそれに置き換えられねばならないだろう。校訂版テキストの資料は、それに応じて大量のものとなるだろう。

一八二五／二六年冬学期の講義については、ガルニロンとイェシュケの仕事がどのくらい校訂されなければならないかが問題となる。この講義の編集に際して答えられるべき核心的問いは、グリースハイムの完成稿をどのように評価するかという点である。これについて若干のことを述べておく。この完成稿に関わるのは全部でおおよそ六五〇ページであり、それらはそれぞれ約千九百の符号を含む。したがって、この完成稿は、三五〇から四三〇ほどのページ数からなる残りの筆記録よりも、五十パーセントほど分量が多い。この完成稿は清書という形で書かれており、複数の資料をまとめたものだと推定される。この完成稿は、この講義の二つの良質な口述筆記（ヘルセルならびにピンダーのもの）によって十分に確証されるのであり、したがって信頼性の高いものである。この完成稿に含まれるわずかな誤りは重大なものではない。むしろ、この完成稿が明確で、平明なうえに長大なものであることによって、かえってヘーゲルの思考のもつ力がしばしば弱められ、皮相化されている、という事実だけでも重大である。とはいえ、ガルニロンとイェシュケは、この完成稿に対するホフマイスターの否定的な判断には同調できないことを強調している。この完成稿はミシュレ版の主要な資料となっており、ミシュレ版の三分の一はこの完成稿から構成されている。ただし、重要さの程度では異なっている。すなわち、ギリシア哲学（タレスからキュニコス派まで）では本文全体の四十二パーセント、中世では三十八パーセント、「最近のドイツ哲学」では二十五パーセントを占めている。

一八二七／二八年冬学期の講義については、現存する三つの資料が非常に異なっている。主要な資料はヒュックの口述筆記であり、これが中心テキストと見なしうるし、そう見なされるべきである。ただし、この口述筆記は不明瞭で、要領を得ず、他にも欠陥があるので、それらの点についてはディエックスの要約原稿をもとにして多少とも修正されなければならない。とはいえ、校訂版テキストの原典資料の中でこれら二つの資料が言及されていないのは、ヒュックのテキストの信憑性を立証するものとみなしてよいかもしれない。というのも、このテキストが立証されていないとすれば、原典資料において当然そのように書かれているだろうからである。この講義の場合、三つの資料の統合についてはほとんど何も言われていない。

一八二九／三〇年冬学期の講義については、事情が異なっている。この講義については統合が企てられうるかもしれない。その場合、ベルリンの筆者不明の筆記録が、解読困難なものではあるにせよ、中心テキストとみなされるだろう。この中心テキストはヴェルナーの筆記録（?）を介して確認され、注釈を加えられ、訂正されうるだろう。その確認は、シュトラウスの要約原稿から行うことができるし、また同様に、ミシュレ版の『哲学史講義』の中でこの講義に由来するものと判定されうる箇所を通じて行なうこともできるだろう。

ベルリン大学での各学期の哲学史講義の校訂版を作り上げると、ミシュレ版のうちで、ベルリン大学での講義に由来しないが、哲学的に見てより質の高い箇所を確定することができる。このことはとくに、聴講者によってたんに部分的に、そして不完全な仕方で再現されている引用文に対して当てはまる。したがって、ミシュレ版が代替のきかないものであることがわかる。もちろん、この代替のきかない残りの部分はつねに、そのように確定されると同時に、ミシュレによって寄せ集められ、混合された他の要素から区別されなければならない。というのも、第一にこれらの要素は多くの場合、たいへん短いものであり、他の要素と結び付けられているからである。またそれに加えて、ヘーゲルの手稿、とりわけイェーナ時代のノート、および筆記録から伝えられている材料が、互いに組み合わされているからである。

したがって最後に、校訂版『ヘーゲル全集』の最終部として、厳密なテキスト批判によってミシュレ版を校訂した、『哲学史講義』を作成するのが適切ではないかどうか、それどころか必要なことではないかどうかが問われる。

（小井沼広嗣 訳）

終章　ヘーゲル学派の講義

エリーザベト・ヴァイサー＝ローマン

ヘーゲルの伝記作家であるカール・ローゼンクランツは、一八一八年のヘーゲルのベルリンへの転居を、プロイセン精神の進歩的な傾向による産物と解している。「ヘーゲル哲学は実際のところカント哲学の完成であるのだから、ヘーゲルのプロイセンへの招聘、および当地でヘーゲル哲学が急速に浸透したことはきわめて必然だったことが分かる[1]」。改革の準備が進むプロイセンで学問が評価されるという並々ならぬ境遇は、ヘーゲル本人にとってベルリンでの自分の仕事に大いに期待するきっかけとなる。「ここでは国家の暮らしの中でもっとも主要な契機の一つである学問が形成されて隆盛している。中心地である当地の大学で、あらゆる精神形成およびあらゆる学問と真理の中心である哲学も、その地位とすぐれた醸成を得なければならない[2]」。ただしヘーゲルは自分の今後の仕事を決してもっぱら大学に限ることはせず、むしろ進歩する時代のためには、大学で哲学を教えるという「やっかいな役目」を、今後の「他の活動」のことを考えて放棄しても構わないと望んでいる[3]。ヘーゲルはベルリンと交渉する際に、大学で教える代わりに別の立場からプロイセンの改革運動そのものを共同構築して実現させることができると約束されたのだろうか[4]。

この機会は、（もしそうした機会があったならばだが）流れている。ベルリンでもヘーゲルは自分の創作活動のじきじきの活動範囲を、主として大学で哲学に関心がある聴衆に限る必要がある。「やっかいな役目」に縛られているにもかかわらず、ヘーゲルはベルリンでも当時の出来事の批判的な観察者および評論家であり続ける。政治問題が背後に退くことはなく、改革下で教育そのものが政治問題と化したのである。

しかしヘーゲルが教育を「やっかいな役目」と呼んだ、バーデンの文化省宛ての辞職願は何がきっかけとなったのか。あるいはベルリン大学の歴史家マックス・レンツが記すように、「他の活動」に対する願望は、ヘーゲルがベルリンへの異動時には自身の哲学の発展をすでに完了していたことを暗示するのか。ニートハンマー宛ての書簡は、別の事情を彷彿させる。ヘーゲルは一八一九年三月に次のように記している。「私は教授としては端くれにすぎない。しかし私にはまだする事がたくさん残っている」[5]。

こうした事情は同時代人たちの印象と一致している。ベルリンでのヘーゲルの最初の登場は決して華々しいものではない。「誰も彼を話題にしない。彼は物静かで勤勉だからだ」。ゾルガーは、同情を込めて書き留めている。聴講者数からもこの印象は確認される。ヘーゲルは最初に一〇二人の聴衆を集めて、しかも第二学期には一七〇人になったが、その後マックス・レンツが伝えるところでは、関心が「しだいに衰えている」のが認められる。ふたたび「ようやく一八二二年の冬学期から学生数が増加している」[6]。ついこの間まで関心が衰えていた理由を確認するのは難しい。レンツが推測するように、ヘーゲルが学生組合の集団から距離をとったために、教育の提供に対して結果として学生の無関心を伴ったのかもしれない。しかし受講者数の減少は、決してヘーゲルの政治参加不足のせいではない。復習講師がヘーゲルの講義に関して面談もするはずであったが、そのような復習講師の導入をヘーゲルが文化省のもとに支持したことから説明されるのは、ヘーゲルが支持者と弟子を通じて思弁哲学をできるかぎり広く普及させようとしたことである。これは、大学教員としての自分の活動の背景には改革への尽力があるという、就任後の初講義で展開されたプログラムとも一致している。ヘーゲルは哲学を拡充して醸成することを通じて、「思想の自由な王国」の拡充に貢献しようと思っている[7]。ただし影響力のある拡充によって思弁哲学の普及がおのずから生ずるわけでも、「内的な必然性」の仕業であるわけでもない。そうではなく、この拡充は広範な教育の提供を通じて、思弁哲学をベルリン大学でより多くの聴衆に到達可能なものにしたヘーゲルの尽力による。その間にヘーゲルはここから刊行された著作、『学的批判年報』に所収の批評、および講義を通じて活動していた。つぎにヘーゲルの学説の普及について述べるならば、おそらく弟子たちの仕事が顧慮されただろうことは無視できない。ヘーゲルの弟子たちも、刊行された著作と『学的批判年報』での共同研究のほかに、大学の講義を通じて活動した。講義を考慮に入れるならば、教員と弟子たちとの親密な協力があったのがわかる。たとえばヘーゲルは美学講義で詳細にロマン派のイロニーに取り組んでいる。親密であったホトーはその後、クライストの著作をベルリンの『学的批判年報』で批評している。ホトーにとってクライストはロマン派の代表的人物であり、ホトーの評論はヘーゲルが講義で展開した原理をそのまま焼き直したものである。一八二九／三〇年冬学期にホトーはゾルガーの著作を講読しているが、ヘーゲルは一八二八年にゾルガーの『遺稿集』に対する批判をしたためていたのだった。

教育を通じて大学にヘーゲル哲学を広く浸透させようとする願望は、文相アルテンシュタインとりわけヘーゲル哲学の支持者である枢密顧問官ヨハネス・シュルツェ[8]によるきわめて広範な支援に見られる。たしかに文化省はプロイセンの大学の人事体制を左右しない。しかし学部構成員は同じように自分たちの影響力を主張しており、場合によっては文化省のもくろみに抵抗して、[9]多様な思潮や運動を通じて大学政治への自分たちの影響力を権威づけている。文相アルテンシュタインがヘーゲル哲学を偏向して特別に推進したという見解は、ローゼンクランツ[10]によって根本的に誤りだと論証されている。プロイセンの大学でのヘーゲル学派の総数について言えば、一八五〇年頃には哲学教授の合計二十九人中二十人はヘーゲル学派ではなく、どちらかと言えばヘーゲル哲学の敵対者であった。[11]似た様相はドイツの他の州の哲学教授三十人に示されるが、その際にオーストリアは無視してもかまわない。というのはローゼンクランツによれば、「オーストリアには本来哲学がない」（一九七ページ）からだ。エアランゲンではフィッシャーがヘーゲル哲学を代表し、テュービンゲンではヴィッシャーとシュヴェーグラーがヘーゲル学派、ギーセンではカリエール、マールブルクではバイアホーファー、ゲッティンゲンではボッツがヘーゲル学派の支持者である。ローゼンクランツは、ライプツィヒのヴァイセをテュービンゲンのフィヒテやハレのウルリヒと同じように「偽ヘーゲル学派」に数えている。ライプツィヒではマールバッハが、ロストックではヴィルブラントがヘーゲル哲学を代表している。これら八人のヘーゲル学派に、二十二人の他の哲学の学派と学説（アリストテレス学者、フィヒテ学者、ヤコービ学者、神秘主義者、折衷主義者など）の支持者が対立している。たとえプロイセンでヘーゲル哲学に偏向した助長がもくろまれて改革者たちがそれを望んでいたとしても、この数字では実証することができない。ヘーゲルがベルリンに着任したときにはプロイセンの政治状況はすでに改革路線と対立しており、困難になった状況下で自分たちの政治的目標を転換したのだった。(12) ヘーゲルは自分の体系の発展と学派の活動に、決して自分の哲学にとって有利ではない情勢を対抗させた。

ハイデルベルクからヘーゲルが発ったのち、当地で教育計画からヘーゲル哲学もすっかり姿を消したわけではない。ヒンリックスとダウプは、大学の教育計画でヘーゲル哲学を支持している。ヒンリックスは、ヘーゲルの『エンチクロペディー』にならって「思弁哲学」の講義をしている。ヘーゲルの哲学をハイデルベルクで教えるというヒンリックスの無謀な要求は、むろんにべもない返事で却下されている。「総じてどの哲学も絶対的なものの概念把握であることは、私の哲学についての話のはずはなく、哲学そのものについての話である」(13)。しかしベルリン大学では哲学の普及はどのような状況であるのか、そしてどのような構想をヘーゲルは大学での哲学講義のために展開するのか。

学長がヘーゲルに照会しているように、ヘーゲルのベルリン招聘は質と「講座の完璧さ」を向上させるもくろみと結びついている。ヘーゲルが回答するには、「通常の入門」では、理論哲学に関する講義と実践哲学に関する講義に完璧さを認めることができるので、ヘーゲル自身は「論理学と形而上学」をある学期に講読し、また同年の他学期には「自然法と国家学あるいは法の哲学」を講義する。学問的な完璧さのためにこれ以外の部門として、「同時に宗教哲学に関係する」人間学と心理学および美学を含めた「自然哲学」と「精神哲学」に専念する。ベルリンでのヘーゲルの計画は、学長に対する彼の説明では、各学期にこれら四部門のうちの一部門を交互に講義することである。「哲学史」は全体に引き続いていて、二年以内に全サイクルが終了する。[14] ヘーゲルがはっきりと強調するように、理論哲学と実践哲学の区分は「通常のもの」にすぎない。『大論理学』第一部の序文で述べられたように、この区分は決してヘーゲルの体系構想を再現していない。むろんヘーゲルは基本的に「哲学の二年計画」にこだわっている。たとえばヘーゲルは夏学期に「論理学と形而上学」についての講義を始めて、同時に「哲学史」の講座も開講する。その後、つぎの冬学期には「自然哲学」を講義すると同時に「法哲学」を開講する。それからヘーゲルは二回目の夏学期に再び「論理学と形而上学」を教えて、「哲学史」に代わって精神哲学（人間学と心理学、のちには宗教哲学ないし芸術哲学）からテーマを取り上げる。冬学期には「法哲学」講義が続き、「自然哲学」が新たになされる。あるいはヘーゲルがベルリンで新たに自分の講義計画に加えたが、まだ学長への話では言及していなかった、世界史の哲学についての講義が新たに開講されている。ヘーゲルは一八二二／二三年の冬学期以来、この講義を冬学期ごとに「哲学史」と交互にくり返している。[15] ヘーゲルの広範な講義計画は体系的・教育的な構想に従っているので、決して自分ひとりによる構想ではなく、弟子たちの講義のおかげでもある。それゆえにベルリンでのヘーゲルの活動は、彼自身の講義だけから検討することはできない。これはとくに法哲学の分野に当てはまる。ヘーゲルは広大な世界史の講義のために、法哲学講義を自分の弟子たちに委ねたのだった。それゆえに、さしあたり模範となるこの分野でヘーゲルの弟子たちの活動を、具体的に説明しなければならない。どのようにヘーゲルの弟子たちが講義を通じて他の体系部分の普及を促進したのかは、終わりに示す。[16]

レンツが的確に述べるように、一八一一年から一八四六年までベルリンでシュライアーマッハーと専門分野の同僚であったフィリップ・コンラート・マールハイネッケとともに、ヘーゲルはさしあたり神学部で「突破口を開く」ことに成功した。[17] マールハイネッケは、カール・ダウプと親しくなったエアランゲンとハイデルベルクを経て、ベルリンへやって来た。神学者としての彼の経歴のうえで、ヘーゲル哲学は決して最初から中心を占めるわけではない。むしろ彼の教義学の背後には、ダウプのように、アウグスティヌスおよびルターへの根本的な取り組みが認められると、カール・バルトが強調している。[18] 一八一八年にベルリンに来てすぐにヘーゲルと交際したことは、教義学に関するマールハイネッケの解釈およびシュライアーマッハーに対する対抗心から説明がつく。[19] 法学部ではサヴィニーが「最初から学部の創設者として独裁者だったのであり、権力をもって毅然としていた」。[20] その結果、同様の結果として当地では神学が長い間拒絶されていた。さしあたりヘーゲル学派を法学部にひそかに送り込むことはできなかったが、それにもかかわらず思弁哲学をこの専攻の学生たちに聴講させる方策が見出された。一方では、法学部生には論理学講義の受講が必修に課せられ、ヘーゲルの「論理学と形而上学」講義でこの課程を満たすことができた。他方では、ヘーゲルは復習講師と面談によって、大学生全般に対して哲学へのアプローチを易しくしようとする。ヘーゲルの有名な弟子であるカール・ローゼンクランツは、ヘーゲル哲学をこのような仕方で知ることになる。ローゼンクランツが伝えるように、「ヘーゲルはまったく理解できない、あるいは理解するのがきわめて難しいという世間一般の断定に対して」、若い教授「レオポルド・フォン・ヘニングは講師として称賛されており、ヘーゲルを初心者に理解できるようにさせる才能を備えている」。次いでハレでヒンリクスが当地では最初の教授としてヘーゲル哲学を講義して、ローゼンクランツが決定的にヘーゲル哲学を自分のものにする。[21] ヘーゲルは導入された取り組みの実施を、最初の弟子たちの世代に意のままにさせた。ヘーゲルといっしょにハイデルベルクからベルリンへやって来たフリードリヒ・ヴィルヘルム・カローヴェは、すでにハイデルベルクでヘーゲルの法哲学の復習講師をしていた。先述したレオポルド・フォン・ヘニングはプロイセンの行政官として一八一七年にエルフルトで国家学の勉学を再開していたが、ヘーゲルとほとんど同時期の一八一八年にベルリンへ転居した。ヘーゲルはヘニングを経験豊かな弟子として評価した。カローヴェは学生組合の過去があったために大学の復習講師の担当を拒絶されたので、ヘーゲルはこの任務をヘニングに割り当てた。しかしながらヘニングも決してこの職を支障なく終えたわけではなかった。[22] ヘーゲルはようやく一八二一／二二年の冬学期に、復習講師を公式な講義要綱で自分の講義に予告することができた。一八二一／二二年の冬学期にヘニングは、ヘーゲルの二つの講義で復習講師をしており、一八二二年の夏学期と一八二二／二三年の冬学期に補足的に面談を担当している。(23)

ヘニングは自分の計画を実行することで、公式な任用までの待機期間を切り抜けた。彼はジェファーソンの「議会法の手引き」を翻訳し、ドイツの読者のために解説した内容を補足している。ヘニングは『封建制度の概念について』という論文で、一八二〇年八月二日に博士号を申請し、少しのちに教授資格を付与された。(24)

すでに一八二一年の夏学期に、ヘニングは最初の独立した講義を予告している。「ヘニング博士が、思弁哲学の科目で導入としての哲学入門を無料で開講する」。ヘニングが推測するように、異例に多い「五十人あまりの」受講者数をすぐに彼が得ているのは、師であるヘーゲルの名声によるものだ。冬学期の半年間にヘニングは、追加でヘーゲルの『エンチクロペディー』（第十二節から第一九一節）に従って「論理学と形而上学」を講義している。一八二二年の夏学期にヘニングは、「ヘーゲルの『綱要』に従った法と政治の哲学」の講義を開始し、一八三〇年の夏学期まで定期的に開講した。(25) これによって、ヘーゲルの法哲学について毎学期に講義が行われたことになる。冬学期にはヘーゲル自身が行い、夏学期には弟子のヘニングが行った。ヘーゲルが一八二四／二五年の冬学期に「自然法と国法」についての講義をさしあたり最後の回まで（一八三〇／三一年の冬学期まで）行ったので、ヘニングもこの講座を冬学期の半年間、講義している。一八二五／二六年の冬学期からはミシュレの「自然法と国法」についての講義が付け加わって強化される。

ヘニングは大学の活動でヘーゲルのためにたいへん尽力しており、一八二四年に公刊した『歴史の展開における倫理の原理』という研究書を、明らかにヘーゲルに捧げている。著者は、「本質的な内容は自分が学んだことによる成果であることを」「快く感謝して」賞賛するという意味で、「はっきりとオリジナリティーの誉れを」放棄すると序文で述べている。(26) ヘーゲルの立場からの離反やヘーゲルの立場への批判も、ヘニングの講義から予想することはできない。『歴史の展開における倫理の原理』は、ヘニングの一八二三／二四年冬学期の「倫理学の原理」についての講義の基礎を成している。この講義は一回限りにとどまり、一八二四年冬学期からヘニングはふたたび法哲学をテーマとしたまた別の領域に取り組んでいる。「法の認識と妥当性の多様な原理について」の講義（一八二四／二五年冬学期、一八二五年夏学期、一八二五／二六年冬学期）に、ヘニングはサヴィニーの歴史法学派の議論を探究している。ヘニングは官房学部門で、一八二六／二七年の冬学期に初回の講義として「プロイセン一般国法」についての講義を予告しており、その後一八二七／二八年の冬学期に「刑法の哲学的基礎づけ」と「プロイセン一般国法と州法」についての講義を続けている。ヘニングは一八二八年の夏学期に「プロイセン国法のプロイセン君主制の統計との関連」について講義し、続いて一八二八／二九年の冬学期に「政治経済学あるいは国家経済学」を予告している。プロイセン法の周辺テーマが、疑問の余地なく二十年代の終わりにヘニングの講義題目の基調となっている。ヘニングは一八二九年の夏学期に「プロイセン国法とプロイセンの統計」について講義し、一八二八／二九年の冬学期に「公法の発達を考慮した十七世紀初頭以来のプロイセン国家史」、一八三〇／三一年の冬学期に「刑法の哲学的基礎づけ」についての講義を行っている。一八三一年の夏学期に、彼は「プロイセンにおける公法と行政法」、一八三一年の冬学期に「国民経済と国家財政の基本的特徴」を予告している。「プロイセン国法についてのヘニング教授による講義内容の概要」が、アルテンシュタインの遺稿にある。W・ボンジーペンが言うように、この概要は一八三五年のヘニングの正教授への昇進にあたって、要求されていたものかもしれない(27)。

講義題目は全体として、疑問の余地なくヘニングの核心を反映している。ヘーゲルが『法哲学綱要』で扱って詳述するように、法哲学の問題と政治問題は、彼が二十年代末のプロイセンでの同時代人たちの政治問題に取り組む発展基盤を成している。こうした関心を持つのはヘニング一人ではない。まさにアクチュアルな問題とごく最近の出来事を引き合いに出すことで、学生の側の最大の関心に合致している。F・フォン・ラウマーの「十八世紀とフランス革命」についての講義は、ガンスによる同様のテーマの講義と同じくらい多数の聴衆を引き寄せている。

ベルリン出身のカール・ルートヴィヒ・ミシュレ（一八〇一―一八九三年）の講義題目も、これまでに記したヘーゲルの弟子たちによる講義の様子と合致している。一八二五／二六年の冬学期に、真っ先に「自然法と国法、あるいは法の哲学」についての講義で、彼は教職を開始している。一八二七年の夏学期に彼は「哲学的倫理学」と「カント以降の最新の体系史」というテーマで授業を続けている。ミシュレは「道徳の哲学」と「プロイセン・ラント法の法哲学への関係[28]」についての講義でも、二十年代という時代のアクチュアルな問題への方向転換を提示している。ミシュレはこのテーマを継続的に繰り返しており、さらに一八二八年の夏学期には「アリストテレスのニコマコス倫理学」についての講義を付け加えている。[29] ミシュレは一八二九年以降、ベルリン大学の員外教授である。ミシュレは哲学的・政治的経歴のために、ローゼンクランツと同じように、ヘーゲル学派と呼ばれている。ミシュレはヘーゲル学派内部で「左派よりの右派」の一人であり、典型的な老ヘーゲル派と青年ヘーゲル派の橋渡しである。[30]

一八二六／二七年の冬学期に、ヘーゲルのもっとも有名な弟子であるエドゥアルト・ガンスを法学部教授とする許可が下りる。[31] アルテンシュタインはついにこの学期に、サヴィニーの抵抗に対抗してガンスを学部に押し込む方法を手にした。サヴィニーは学部運営からの完全な撤退という対応に出て、自分の講義だけを相変わらず行った。

ガンスは学生時代（一八一六―一九年）をベルリン、ゲッティンゲン、ハイデルベルクで過ごしたのだった。ガンスはすでにハイデルベルク時代にティボーによる法比較の手法を身につけていたので、歴史法学派の「瑣末主義」と「重箱の隅をつつく」やり方に反対した。ガンスが一八一八／一九年の冬学期にハイデルベルクで入学手続きをしたとき、ヘーゲルはすでにハイデルベルクを後にしていた。「一八一八／一九年冬学期のハイデルベルクではすでに、ヘーゲルからガンスへの精神的な影響ははっきりとしない」と、伝記作者ハンス・ギュンター・ライスナーが言った具合である。[32] 今後は学術活動をするもくろみで、一八一九年の春にガンスは博士号を取得した法学者としてベルリンへ戻った。博士論文「後悔権について」に続く著作は、「ローマの債権法について」（一八一九年）と「ガイウス評注」（一八二一年）であり、これはニーブールが一八一六年にヴェローナで発見したガイウスの『法学提要』写本についての批判的分析である。すでに一八一九年の終わりに大学でのキャリアを承認されるための長く続く尽力が始まり、文化省が引き延ばして長引かせたために、ようやく一八二七／二八年の冬学期に彼が望んだ目標を達成することになる。そうこうするうちにガンスは『世界史的発展における相続権』の最初の二巻（第一巻、一八二四年、第二巻、一八二五年）を刊行しており、序文にあるようにこの著作の方法論はヘーゲル哲学にならっている。一八二五年にガンスはパリに滞在して、中世の写本研究と一八二九年刊行の第三巻の準備に役立てている。それから一八三五年に『相続権』の最終巻である第四巻を刊行する。

ガンスは一八二七年の夏学期にさしあたり「法典」と「相続法」についての講義を予告するとき、先行する自分の研究の範囲で大学教師としての第一歩を進めている。一八二六／二七年の冬学期にこれらの古典的なテーマと並んで、はじめて明確な形でヘーゲルのテーマ設定である「世界史との関連における自然法と法哲学」を始めている。一八二八年の夏学期に「公法との特別な関係における一七八九年以降の現代史」についての講義を続けている。この講義は筆記録に残されている。ガンスも当時の慣習にならって、述べ上げた題材の要約を学生たちに口述筆記させるために、ときどき講義を中断していた。[33]現存する手稿はフェリックス・メンデルスゾーンによるものであり、ガンスを口述筆記することによって作り上げられた。[34]

現代史の叙述はもっぱらフランス革命の他国への影響に限定しなければならないという計画を立てて、ガンスはこの講義を開始している。というのはガンスの説明によれば、「フランス革命の時代に、他のあらゆる歴史は中断している」[35]からである。一八二八／二九年の冬学期と一八二九年の夏学期にガンスはこの講義を継続している。一八二八／二九年の冬学期の講義目録では、「公法への特別な関係における一七八九年から一八一四年までの現代史」が予告されており、一八一四年以降の夏学期に同じテーマ設定で取り扱っている。この講義は、一八三三年と一八三四年にラウマーが編集した『歴史年鑑』で公表されている。[36]

すでにガンスは、先立つ一八二八／二九年の冬学期にも「世界史との関連における自然法と法哲学」について講義している。[37]ガンスは同じ学期に国家学と官房学の部門で、「両大陸における今日の国法あるいは国家制度」についての講義を予告している。それにより官房学部門の講義題目は、もっぱらヨーロッパのアクチュアルな制度に割り当てられる。[38] アクチュアルな制度問題はむろん法学部門の講義題目でも、歴史法学派の支配のもとで純理論的にローマ法に方向づけられた教材と比較して、次第に勢力を増している。たとえばフィリップス教授は、一八三〇年の夏学期に「今日のイギリス制度」について講義しており、ガンスがその冬学期に国家学部門で予告した「今日の国法について」の講義は、やはり法学の講義題目としても提供してかまわない。すでに挙げたテーマのほかに、ガンスは一八三一／三二年の冬学期に「プロイセンのラント法」について講義している。雑誌『プロイセン立法の改正論集』を通じて、公的な議論のために重要な問題について討論する場を設定するガンスの試みは、専門分野の同僚による支持を欠き、検閲の側からの見解が課せられたという制約のために失敗していた。[39]

ガンスの講義は、学生と教養ある市民からなるきわだって多数の聴講者を大学の講堂に引き寄せている。大学のもっとも広い講堂でさえ十分な席がないために、一八三〇年冬学期にはガンスは講義を二部門で行わざるをえない。[40] 一八三一／三二年の冬学期には八〇〇人を超える学生がガンスに登録したとレンツは伝えている。当時の状況下で異例の聴講者数として考慮されるのは、少なからぬ一七〇人の聴講者でヘーゲルがベルリンでスタートしたことだ。[41]

ヘーゲル学派による講義の提供と聴講者数は、紛れもない事実を物語っている。学生や公衆の関心が法と体制の改革についてのアクチュアルな問題であることは疑いの余地がなく、これは激しい社会変化という趨勢のなかでいっそう逼迫した問題となる。ヨーロッパの隣国での国内政治と外交政策の緊張から、すでに不穏な空気と革命への直面という結果が生じている。フランスの七月革命は、ヨーロッパ諸国で反体制派勢力を力づけて、高まる圧迫のもとで政権の座につかせている。一八三〇年にベルギーでは、請願が不首尾に終わった後に反乱に至っている。同時代人たちの間では、イギリスの改革法案についての論争が似たような革命運動へともたらされるのではないかという不安、あるいは希望が主調をなしている。プロイセンの状況は、逼迫して改革が求められており、「プロイセン修正都市法」によって時流にかなった新体制のための最初の努力が顕わになる。この問題についての議論は相応に激しく同時代人たちの間で決議され、ガンスの『プロイセン立法の改正論集』の運命が示すように、改正当局の側からの指導が入っている。それ以上にヘーゲルの法哲学に対する論難のために、ヘーゲルの法哲学はプロイセンの保守反動勢力を支持して具体化しているという非難に対して、ヘーゲルを擁護する解釈をプロイセン政府に伝えるという難しい状況に弟子たちを陥らせている。弟子たちによる分析では、プロイセン政府には進歩主義のきざしと展望が強調されなければならなかったのであり、あるいはこれから現実化されなければならないものとして要請されている。

ベルリン大学の法学専門教育の範囲で伝統的な講義題目と必修科目は、ヘーゲルがその地で講義を開始したとき、立法の制定やプロイセンで施行されている法の解釈にはまったく沿っていなかった。この状況は、まずはサヴィニー在任のせいであった。基本的な哲学予備知識のほかに、法学部生の専門教育のための必修科目としてプロイセン法のうちに独自の講座が、すでに一七八八年に所轄省から要請されていた。しかし大学創立の際にプロイセン法はみじんも考慮されず、その代わりに、現代は法の発見においてローマ法だけに沿わなければならないという働きかけと見解を、「文献学的・骨董法学派」はさらに強化したのだ。特定地域における法の慣例に対して、「一般ラント法」に調整を加えて徹底するために至急必要とされる提言は、ベルリンでは法学に期待することができなかった。サヴィニーは一八一〇年という創立年に招聘されて、一八一九年にはじめて「プロイセン法」のテーマを取り上げ、この講義を合計して三回繰り返した。しかしその際に、サヴィニーが「一般ラント法の精神を理解」するのに妨げとなっているのは、匿名の批評家「S」が『ハレ年報』で指摘するように(42)、ユスティニアヌス法典に先立つ遺物にもっぱら関心を抱いたせいであった。立法の権能に関して当代を軽視するサヴィニーに対して、また「老朽化した時代と置き換えること」に対しては、ガンスも嘲りを披露している。批評家がどの皮肉でも変えずにこだわるのは、一般ラント法には何も学問的側面が認められないという理由で、「文献学的・骨董法学派」がプロイセン法に取り組むのを拒絶してしまったことだ。アルテンシュタインは、ヘーゲルの弟子ガンスのサヴィニーとの相違を、皇太子のための所見で次のようにまとめている。「歴史学派は法令ではなくて、慣例を法の主要な源泉とみなしている。慣例は、法令を補足する効力を持つだけである。ガンス教授が思うには、いずれの原始国家の場合でも、なるほど情勢が発展するとすぐに法令がたんに法の主要な源泉ではなく、法のほとんど唯一の源泉となり、慣例は習俗や言葉の中で廃れるのと同じように法の中でも廃れてしまう」[43]。それゆえに、歴史法学派にとって現在の政治的課題は、存続していた王政復古である。匿名の著者も一八〇六年以来、「プロイセン法にはまったく何も行われなかった」と『ハレ年報』で批判している[44]。ベルリンで法学者に拒絶された後も一般ラント法の議論は続き、地方で通用している法の調整については実務法律家に委託された。この点で模範となったのはカンプツの仕事であり、「一八〇七年以降のプロイセン法の文献」で彼がまとめた叙述と、一八一四年に彼が創刊した『プロイセン立法・法学・法務省年報』である。ようやく一八二六年に大学でプロイセン法についての講義が設置され、プロイセン法が試験科目として指定された。ヘーゲルの弟子たちが進んで取り上げたのが、この新しい規定である。

一般ラント法はフリードリヒ大王の遺産として、総じて十九世紀プロイセンの課題に対処するのにふさわしい手立てであるのか。ラント法を徹底させることで、未回答の問いに対する返答となるのか。一般ラント法が「ヤヌスの顔」（トライチュケ）を持つにもかかわらず、匿名「S」は、その進歩的な意義を見逃さない。スヴァレツが公式化した国内法は少なくとも後代には身分制度を廃止しており、そこで公式化された国法の前提が市民に適用される法秩序を導き出した。そしてその際に改革の流れを定めるのは所有権の保証と国家による公用徴収権であり、改革の速度によって財産を没収された所有主への補償金債務が定まる。R・コゼレックが要約しているように、「ラント法は国家の法であっただけではなく、同じようにかつての階級的な市民社会の法でもあった」[45]。

判例の実務問題だけから、法学の局面での解決と論究を激烈に要求されたのではない。同じく急激に変化を遂げる経済状況から求められたのは、きわめて多様な領域と社会的利害関係における規則変更であり、また所有権制度や地方自治体の自治行政、市民による共同決定についての規則変更である。これらの問題の背後では、遅れて生じてきた議論と大きな反響が見られたに違いなく、そこにベルリン大学の学生たちがアクチュアルなテーマを見出したのである。

これらの法学の講義と並んで、哲学史のテーマと「論理学と形而上学」についての講義は、ヘーゲル学派の講義計画のうちで主要分野である。たとえば、L・フォン・ヘニングは、一八二四／二五年の冬学期以来、一八三〇／三一年の冬学期まで、冬学期ごとに論理学について講義している。この講義は、ヘニングがのちに「あらゆる哲学研究の導入」と組み合わせている。ヘニングは「論理学と形而上学」についての講義のほかに、一八二二／二三年の冬学期以来、「思弁哲学入門とエンチクロペディー」についての講義（一八二三年夏学期、一八二四年夏学期、および一八二五／二六年冬学期）を行っている。しかし、ヘニングによるこの講義提供の充実はこれでおしまいではない。一八二三年の夏学期以来、彼は員外教授の地位を占めて、定期的に「ゲーテの色彩論」について講読している。(46) だがこの自然科学的な講義は、特例にとどまる。それに加えてヘニングは三十年間、一般士官学校で論理学の教師として講義していた。(47) ヘニングとミシュレの講義提供の多彩さと比べると、ハインリヒ・グスタフ・ホトーの教育活動はどちらかと言えば異例である。ホトーはほとんどもっぱら、美学と芸術史の問題設定に専念している。ホトーの講義活動は一八二七／二八年の冬学期に組み込まれて、「哲学のエンチクロペディーと美学体系の歴史」が、文献学部門で予告されている。一八二八年の夏学期にホトーは、「レッシングから近代に至るまでのドイツ戯曲詩の歴史」について、一八二八／二九年の冬学期に「一般文学史」について教えている。ホトーは、一八二九／三〇年に「一般文学史」を繰り返し、「フリードリヒ・シュレーゲル、ノヴァーリス、L・ティーク、ゾルガーの著作」について付け加えて講義している。そして一八三〇年の夏学期にホトーは、「詩人としてのゲーテとその文芸作品について」の講義をはじめて予告している。ホトーはその後何年もこのテーマに取り組むことになる。(48) 同時にホトーは、この学期に「一般文学史」についての講義を繰り返している。一八二九／三〇年の冬学期にホトーは、哲学の専門分野で、「古代・中世・近代の一般文学史」についてと、「文芸と美学におけるイロニーと神秘主義の最新の時代について、あるいはフリードリヒ・フォン・シュレーゲル、ノヴァーリス、L・ティーク、ゾルガーの著作について」を講義している。そして一八三〇年の夏学期に「詩人および美学者としてのフリードリヒ・フォン・シラー」について講義を続けている。引き続き冬学期にホトーは、「古代・中世・近代詩の一般史との関連の中での詩学」について講義を行っており、一八三一年の夏学期に「詩人および美学者としてのレッシングについて」を講義している。一八三一／三二年の冬学期に「ギリシアとローマにおける美学のもっとも気高い体系について」議論を続けている。引き続く年月では、ホトーの研究の中で絵画にその後の重点が置かれることになる。

一八二八年の夏学期に、ヘーゲルの別の弟子であるハインリヒ・テオドア・レッチャーは、「思弁哲学一般の研究を特別に考慮したプラトンとアリストテレスの哲学について」という講義で、大学教員としての講義活動を開始した[49]。ヘーゲルの存命中に大学で教えたヘーゲル学派の学問研究では、法学的・政治的なテーマ設定に重点が置かれていることは疑いの余地がない。一八二四／二五年以降もはやヘーゲルは体系のこの部分を教えないことで、法哲学について弟子への配慮を行っている。このときに自立した研究を継続することが可能となった。ヘーゲルは弟子のガンスにこの講義を正式に委ねていたとJ・E・エルトマンは推定しているが、ただしその手がかりはない[50]。

ヘーゲル学派による講義のなかでもガンスの講義には、ヘーゲル流の法哲学に対する修正と彼の成功があったために、学生たちの間ではヘーゲルとガンスの表向きの軋轢についてあれこれ推測する要因が幾度もあった。ガンスは『法哲学綱要』に書かれている根拠と帰結を引き出してヘーゲルの矛盾に挑まずにはいられず、ヘーゲルに「反論」を強いた。「反ガンス講義」をヘーゲルは一八三〇／三一年冬学期に行うつもりでいたし、行うはずであった。詳しく言うとヘーゲルはこの講義を「体調がすぐれない」ために取り止めたので次の冬学期に持ちこされるはずであった。マンフレート・リーデルはこのような推測を批判的に検討している。イマヌエル・ヘーゲルによって伝えられたガンスの一八三二／三三年冬学期の「自然法と世界史」についての講義筆記録では、リーデルが指摘するように、ヘーゲルが手本として描いた概念の範囲をガンスが著しく超えてしまったのが示されている。とりわけ国家の説明では、代表機関と市民社会が明らかになっており、D・F・シュトラウスの宗教批判ではなくて、ガンスによる修正が、ヘーゲル学派が解体する発端を開いている。しかしガンスによる修正は、決して師と弟子の間でも合意ができなかったほど深刻なものではない。ついにヘーゲルの病床でヘーゲルとガンスは和解している。ヘーゲルの弟子たちが編集したベルリン版『ヘーゲル全集』でも、ガンスの仕事は師であるヘーゲルへの恩義によるものであることが分かっており、ガンスの補遺には決して、意図的に主旨変更をしようと努める補足を指摘することができない。ガンスの補遺はほとんど完全にホトーとグリースハイムによる筆記録に帰されている。[51] どのような修正があるにせよ、ガンスは決してフォン・ヘニングが行ったようには、ヘーゲル思想の前提を放棄してはいないのである。[52]

ヘーゲルが一八三〇／三一年に法哲学の講義を取り止めるように計らったのは、ガンスとの相違であったり対決を恐れたりしたからではないし、あるいはそれが第一の理由であったわけではない。「体調がすぐれない」ためにヘーゲルの代講をミシュレが行ったが、この学期に二番目に予告された講義は、「体調がすぐれない」にもかかわらず、ヘーゲルは講義できている。[53] その次の冬学期にヘーゲルが法哲学について新たに講義しようとしたとき、ヘーゲルは亡くなっている。ヘーゲルの構想と相いれずに、ヘーゲルの選択を最終的には、現在では現実に即さない過去のものへと組み入れたのが、プロイセンの政治展開ではなかったのか。職業団体への賛同の意思表示は、「プロイセン修正都市法」（一八三一年）で最終的に放棄された。ヘーゲルはこの展開を注視しており、彼の蔵書には法律の文言もラウマーの見解もあった。ヘーゲルの講義がこの展開に直面してささいな訂正をしたとすれば、自分の構想の失敗をきっと認めているだろうか。緊迫した経済変革によって変容するのは個人の地位だけではない。都市と地方自治体も新しい法と権限を容認しなければならず、将来的な問題を克服することが求められる。ヘーゲルの弟子たちはこの問題を首尾よく講義で取り上げて、時代の危機を題材にしてヘーゲル主義の学説方法にもとづいて言葉で表現した。ヘーゲル学派がそのつど選択する異なった方法は、ヘーゲルの法哲学が読者に提示するさまざまなきっかけをいろいろな仕方で表している。もちろんヘーゲルの構想は全体として、アクチュアルな問題に対して未来を先取りした回答にはならなかったようである。

（小島優子　訳）

原注

序章

（1） Vgl. Ernst Behler: Henry Crabb Robinson und Hegel. In: *Hegel-Studien*. 15 (1980), 51 ff, 60.

（2） Vgl. Otto Pöggeler: Der Geschichtsschreiber Johannes von Müller im Blickfeld Hegels. In: *Johannes von Müller – Geschichtsschreiber der Goethezeit*. Hrsg. von C. Jamme und O. Pöggeler. Schaffhausen 1986. 277ff, 298f; Otto Pöggeler: Hegels Begegnung mit Preußen. In: *Hegels Rechtsphilosophie im Zusammenhang der europäischen Verfassungsgeschichte*. Hrsg. von H.-C. Lucas und O. Pöggeler. Stuttgart 1986. 311ff, 342f.

（3） Vgl. Otto Pöggeler: Der Philosoph und der Maler. Hegel und Christian Xeller. In: *Kunsterfahrung und Kulturpolitik im Berlin Hegels*. Hrsg. von O. Pöggeler und A. Gethmann-Siefert. Bonn 1983. 351ff, 373ff.

（4） この意味でマルクスは、博士論文の準備稿でアリストテレスに続く哲学者について語っているが、しかし同時に、ヘーゲルの弟子たちとの比較も行っている。Vgl. Karl Marx: *Frühe Schriften I*. Hrsg. von H.-J. Lieber und P. Furth. Stuttgart 1962. 103 f.

（5） Vgl. Wilhelm Dilthey: *Gesammelte Schriften*. Bd. 15. Göttingen 1970. 310 ff; Bd. 19. Göttingen 1982. 392.

（6） Vgl. *Der Philosoph Franz Rosenzweig (1886–1926). Internationaler Kongreß Kassel 1986*. Hrsg. von W. Schmied-Kowarzik. Freiburg, München 1988. Bd. 2. 831 ff.

（7） Vgl. Walter Asmus: *Richard Kroner (1884–1974). Ein Philosoph und Pädagoge unter dem Schatten Hitlers*. Frankfurt. a. M. 1990. 141.

(8) Vgl. Friedhelm Nicolin: *Hegels Bildungstheorie*. Bonn 1955. 161 ff, 67 f.

(9) Vgl. Friedhelm Nicolin: Die Neue Kritische Hegel-Ausgabe. In: *Johannes Hoffmeister zum Gedächtnis*. Hrsg. von F. Nicolin und O. Pöggeler. Hamburg 1956. 31 ff. Friedhelm Nicolin: Die neue Hegel-Gesamtausgabe. Voraussetzungen und Ziele. In: *Hegel-Studien*. 1 (1961), 295 ff.

(10) Vgl. Otto Pöggeler: Das Hegelwerk Hermann Glockners. In: *Philosophische Rundschau*. 8 (1960), 28 ff.

(11) Jürgen Gebhardt: *Politik und Eschatologie*. München 1963. 53.

(12) Vgl. *Idee und Wirklichkeit einer Universität. Dokumente zur Geschichte der Friedrich-Wilhelms-Universität zu Berlin*. Hrsg. von Wilhelm Weischedel. Berlin 1960. 419 ff.

(13) ヘーゲルの蔵書目録に注釈を付けて再現したものと、ヘーゲルの遺稿についてのローゼンクランツとカール・ヘーゲルの往復書簡は、『ヘーゲル研究』別冊の第五巻と第九巻で公表される予定だったが、まだ公刊されてはいない。同様に、二十五年前に発見されたディーツの遺稿もまだ出版されてはいない〔その後一九九七年に公刊された〕。Vgl. Dieter Henrich und Johann Ludwig Döderlein: Carl Immanuel Diez. Ankündigung einer Ausgabe seiner Schriften und Briefe. In: *Hegel-Studien*. 3 (1965), 276 ff.

(14) Vgl. Otto Pöggeler: *Preußische Kulturpolitik im Spiegel von Hegels Ästhetik*. Opladen 1987. 9 ff.

(15) Vgl. Horst Fuhrmann: Die Sorge um den rechten Text. In: *Archiv für Erforschung des Mittelalters*. 25 (1969), 1 ff; *Geisteswissenschaft als Aufgabe*. Hrsg. von H. Flashar, N. Lobkowicz, O. Pöggeler. Berlin, New York 1978.

(16) Vgl. Otto Pöggeler: Das Wort Hegels. In: *Die Sammlung*. Hrsg. von H. Nohl. 11 (1956), 370 ff.

(17) Vgl. Wolfgang Kluxen: Der Geist lebt vom Buchstaben. Über Texte und Texteditionen als Träger geschichtlicher Kontinuität der Philosophie. In: *Allgemeine Zeitschrift für Philosophie*. 1980. 7 ff. ここにはまた、講義録の編集に関連する他の論文がある。

(18) Vgl. *Musikalisches Erbe und Gegenwart*. Hrsg. von H. Bennwitz u. a. Kassel, Basel, Tours, London 1975. VII.

(19) Vgl. Bericht von Felix Meiner. In: *Johannes Hoffmeister zum Gedächtnis*. Hrsg. von F. Nicolin und O. Pöggeler. Hamburg 1956. 51.

(20) ギュンター・ブレナーは『ヘーゲル全集』について取り決めるのはアカデミーだと主張したが、私はアカデミーとは別の可能性をドイツ研究振興協会に残しておいた。Vgl. Otto Pöggeler: Die Förderung der Editionen durch die DFG. Entwicklungen und Möglichkeiten. In: *Philosophisches Jahrbuch*. 80（1973）, 11 ff, 24; Otto Pöggeler: Die historisch-kritische Edition in der Wissenschaftsorganisation. In: *Buchstabe und Geist. Zur Überlieferung und Edition philosophischer Texte*. Hrsg. von W. Jaeschke u. a. Hamburg 1987. 27 ff; Günther Brennen: Akademienprogramm – Die Lage der Editionen nach der Überleitung. In: *Buchstabe und Geist*. 39 ff.

（21） Vgl. Hermann Lübbe: Philosophische Editionen – kulturpolitisch von hohem Rang, wissenschaftlich ohne Präferenz. In: *Wirtschaft und Wissenschaft*. 2/1976, 2 ff; Hermann Krings: Wohin mit den Editionen? Zur Lage der langfristigen Forschungsvorhaben im Bereich der Geisteswissenschaften. In: *Geisteswissenschaft als Aufgabe*. Hrsg. von H. Flashar, N. Lobkowicz, O. Pöggeler. Berlin, New York 1978. 54 ff; Wolfgang Kluxen: Der Geist lebt vom Buchstaben. Über Texte und Texteditionen als Träger geschichtlicher Kontinuität der Philosophie. In: *Allgemeine Zeitschrift für Philosophie*. 1980. 7 ff; Otto Pöggeler und Heinz Breuer: *Fragen der Forschungspolitik*. Opladen 1980.

（22） Vgl. Otto Pöggeler: Zwischen Philosophie und Philologie. Das Hegel-Archiv der Ruhr-Universität Bochum. In: *Ruhr-Universität Bochum. Jahrbuch 1970*. 137 ff; Otto Pöggeler: Hegel Editing and Hegel Research. In: *The Legacy of Hegel*. Ed. by J. O'Malley etc. The Hague 1973. 6 ff.

（23） Vgl. *Hegel in Jena*. Hrsg. von D. Henrich und K. Düsing. Bonn 1980. 106.

（24） Vgl. Hegel: *Nürnberger Schriften*. Hrsg. von J. Hoffmeister. Leibzig 1938. 448 ff, XXIII f.　ヘーゲルの講義予告はすべてつぎのものに再現されている。*Briefe von und an Hegel*. Bd. 4, Teil 1. Hrsg. von F. Nicolin. Hamburg 1977. 110 f, 114 ff.

（25） Vgl. Otto Pöggeler: *Heidegger und die hermeneutische Philosophie*. Freiburg, München 1983. 306 ff.

（26） Vgl. Karl-Heinz Ilting: *Naturrecht und Sittlichkeit. Begriffsgeschichtliche Studien*. Stuttgart 1983. 22, 30; Karl-Heinz Ilting: Anerkennung. Zur Rechtfertigung praktischer Sätze. In: *Probleme der Ethik zur Diskussion gestellt*. Hrsg. von G.-G. Grau. Freiburg, München 1972. 83 ff; Otto Pöggeler: Die ethische-politische Dimension der hermeneutischen Philosophie. In: *Probleme der Ethik zur Diskussion gestellt*. 45 ff.

（27） Vgl. Karl-Heinz Ilting: *Naturrecht und Sittlichkeit. Begriffsgeschichtliche Studien*. Stuttgart 1983. 7, 22; Otto Pöggeler: *Études hégéliennes*. Paris 1985. 87 ff.　シュテファン・シュトラッサーは、イタリアの人文主義をレヴィナスのヘーゲル批判に

結びつけている。Vgl. Otto Pöggeler: Denkt Hegel bürgerlich und humanistisch? In: *Hegel-Studien*. 19 (1984), 346 ff.

(28) Vgl. Otto Pöggeler: *Hegels Idee einer Phänomenologie des Geistes*. Freiburg, München 1973. 231 ff; Ludwig Siep: *Anerkennung als Prinzip der praktischen Philosophie. Untersuchungen zu Hegels Jenaer Philosophie des Geistes*. Freiburg, München 1979. イルティングは、ヘーゲルの『法哲学』を自由の意識の現象学として解釈しようとした。この試みからわかるように、イルティングは『法哲学』の発展史をまったく理解していないばかりか、『精神現象学』を使って早まった方法を押し通そうとしていることも理解していない。Vgl. *Hegels Philosophie des Rechts. Die Theorie der Rechtsformen und ihre Logik*. Hrsg. von D. Henrich und R.-P. Horstmann. Stuttgart 1982. 225 ff. 255 ff. イルティングは、自由の意識の現象学という構想に「国家教育学についての本」の概略が実現していると見る。このとき彼は、この本についてヘーゲルが立てた一時的な計画を完全に誤解しているのである。Vgl. Otto Pöggeler: Hegels Bildungskonzeption im geschichtlichen Zusammenhang. In: *Hegel-Studien*. 15 (1980), 241 ff, 256 f; Norbert Waszek: Hegels schottische Bettler. In: *Hegel-Studien*. 19 (1984), 311 ff.

(29) イルティングはヘーゲルの文章をホッブズから曲解して、テンニースにヘーゲル化された視点を投影している。Vgl. Ferdinand Tönnies: *Thomas Hobbes. Leben und Lehre*. Neudruck: Stuttgart 1971. 38, 85. イルティングの編集と解釈への批判についてはつぎのものを参照。Vgl. Wolfgang Bonsiepen: Philologisch-textkritische Edition gegen buchstabengetreue Edition? In: *Hegel-Studien*. 19 (1984), 259 ff; Hans-Christian Lucas und Udo Rameil: Furcht vor der Zensur? Zur Entstehung und Druckgeschichte von Hegels Grundlinien der Philosophie des Rechts. In: *Hegel-Studien*. 15 (1980), 63 ff.

(30) ブレヒトの生前にはまだ、ハイデガーの講義録はトマス・シーハンによって有効に活用されていた。Vgl. *Dilthey-Jahrbuch*. 4 (1986–87), 11 ff. ヘーゲルの講義録の歴史についてはつぎのものを参照。Vgl. Otto Pöggeler: Einleitung zu Hegel: *Vorlesungen über Naturrecht und Staatswissenschaft Heidelberg 1817/18*. Hrsg. von C. Becker u. a. Hamburg 1983. XV.

(31) Vgl. Otto Pöggeler: Hegels Option für Österreich. Die Konzeption korporativer Repräsentation. In: *Hegel-Studien*. 12 (1977), 83ff, 104 ff. 一九五〇年代にホフマイスターは、この筆記録を転写して照合する計画を立てた。しかし個々の講義を個々の学期ごとに発表すると、かえって一面的なものになって使いづらくなるばかりか、長期的な出版計画にも反することになる。

(32) Vgl. Eduard Gans: *Naturrecht und Universalrechtsgeschichte*. Hrsg. von M. Riedel. Stuttgart 1981. 102 f; Eduard Gans: *Beiträge zur Revision der Preußischen Gesetzgebung*. Berlin 1830–1832; Otto Pöggeler. Hegels Begegnung mit Preußen. In: *Hegels*

Rechtsphilosophie im Zusammenhang der europäischen Verfassungsgeschichte. Hrsg. von H.-C. Lucas und O. Pöggeler. Stuttgart 1986. 330 f.

（33） 注2を参照。

（34） ヘーゲルは最初の序文に講義の開始日「一八二二年十月三十一日」と「一八二八年十月三十日」を書き入れている。ヘーゲルが一八二八／二九年の講義にも最初の序文を入れたのかどうかは、筆記録によっては確認できないから、いまのところはわからない。わかっているのは、この中で晩年のヘーゲルがガンスに対抗せざるをえなかったということだけである。ヘーゲルのこの対抗心も、一八三〇／三一年の講義を仕上げるときにはなくなっていたので、確証はなく仮説でもって推測することしかできない。ヘーゲルは法哲学を休講にして「世界史の哲学、第一部」を講義すると予告したが、このときヘーゲルがガンスを念頭に置いてそれに対抗しようとしたのならば、講義の重点を近世に置かなければならなかっただろう。そこでヘーゲルは、『エンチクロペディー』の第五五二節への注で、宗教と国家に適合するプロテスタントの原理を強調しているのである。このことは、ゾルガーとハーマンについての大部の批評のなかでヨーロッパとドイツの啓蒙思想以来の歴史の運動を分析したのと同じように、撤回されることはなかった。

（35） Vgl. Otto Pöggeler: Geschichte, Philosophie und Logik bei Hegel. In: *Logik und Geschichte in Hegels System*. Hrsg. von H.-C. Lucas und G. Planty-Bonjour. Stuttgart 1989. 101 ff.

（36） Vgl. Karl-Otto Apel: Faktische Anerkennung oder einsehbar notwendige Anerkennung? In: *Zur Rekonstruktion der praktischen Philosophie. Gedenkschrift für Karl-Heinz Ilting*. Hrsg. von K.-O. Apel. Stuttgart 1990. 67 ff; Karl-Otto Apel: *Zerstörung des moralischen Selbstbewußtseins: Chance oder Gefährdung? Praktische Philosophie in Deutschland nach dem Nationalsozialismus*. Hrsg. vom Forum für Philosophie Bad Homburg. Frankfurt a. M. 1988. 123, 262 ff, 268.

第一章

（1） Vgl. G. W. F. Hegel: *Vorlesungen. Ausgewählte Nachschriften und Manuskripte*. Bd. 3–5: *Vorlesungen über die Philosophie der Religion*. Hrsg. von W. Jaeschke. Hamburg 1983–85. Bd. 3. XXX–XXVIII.

（2） ヴェルナーの講義録はすでに出版されている。Vgl. G. W. F. Hegel: *Vorlesungen über die Beweise vom Dasein Gottes*. Hrsg.

von G. Lasson. Leipzig 1930, Nachdruck Hamburg 1973.

（3） Vgl. *Briefe von und an Hegel*. Bd. 4, Teil 2. Hrsg. von F. Nicolin. Hamburg 1981. 128ff.

第二章

（1） ヘーゲルがイェーナ大学の講義目録に掲載したすべての講義予告は以下に収録されている。Dokumente zu Hegels Jenaer Dozententätigkeit（1801–1807）. Hrsg. von H. Kimmerle. In: *Hegel-Studien*. 4（1967）, 53–56. また、つぎのものにも掲載されている。*Briefe von und an Hegel*. Bd. 4, Teil 1. Hrsg. von F. Nicolin. Hamburg 1977. 80–85. 教授資格の取得経緯については、以下では扱うことができない。ヘーゲルは一八〇一年八月二十八日に教授資格を取得するための口頭試問を受けており、一八〇一年十月十九日に模擬講義を行っている（vgl. ebd. 28–44）。

（2） つぎのものに聴講者リストの写しがある。Dokumente zu Hegels Jenaer Dozententätigkeit（1801–1807）. Hrsg. von H. Kimmerle. In: *Hegel-Studien*. 4（1967）, 62, 64, 65.

（3） K. Rosenkranz: *G. W. F. Hegels Leben*. Berlin 1844. 190–192〔カール・ローゼンクランツ『ヘーゲル伝』中埜肇訳、みすず書房、一九八三年、一七五―一七六ページ〕. このテキストは明らかに、ヘーゲルの特定の講義に対応する部分についてしか言及していない。

（4） Vgl. *Schellings und Hegels erste absolute Metaphysik (1801–1802). Zusammenfassende Vorlesungsnachschriften von I. P. V. Troxler*. Hrsg., eingeleitet und mit Interpretationen versehen von K. Düsing. Köln 1988. 14ff, 16–21. 講義ノートは六三―七七ページに収録されている。この箇所についての注解は九三―九八ページを参照。

（5） Vgl. Dokumente zu Hegels Jenaer Dozententätigkeit（1801–1807）. 59, 78.

（6） Rosenkranz: *Hegels Leben*. 161〔ローゼンクランツ『ヘーゲル伝』、一五二ページ〕. ローゼンクランツは、一八〇一／〇二年の哲学討論が行われなかったと考えているが、これは誤りである。この哲学討論については以下の注15を参照。

（7） Vgl. Hertha Marquardt: *Henry Crabb Robinson und seine deutschen Freunde*. Bd. 1. Göttingen 1964. 84. 著者のドイツ語には間違いが見られるため、単数形の「予告していた講義」が本来は複数形であるのかもしれないという推測は的外れではない。

（8） *Der Briefwechsel zwischen Ignaz Paul Vital Troxler und Karl August Varnhagen von Ense. 1815–1858.* Veröffentlicht und eingeleitet durch I. Belke. Aarau 1953. 352, 471. *Schellings und Hegels erste absolute Metaphysik.* 13 f. 最後に引用された報告で考えられているのは、一八〇一／〇二年の「論理学・形而上学」講義以外のものではありえない。この講義にトロクスラーとシュロッサーの二人ともが出席していたことは証明できるが、しかし「それ以降は」彼らの「人生の方向は離ればなれに」なってしまった。

（9） *Schelling und Hegels erste absolute Metaphysik.* 77, 12 f, 179 f.

（10） Vgl. ebd. 71.

（11） Rosenkranz: *Hegels Leben.* 214〔ローゼンクランツ『ヘーゲル伝』一九二ページ〕. 一八〇六年九月十八日にこの講義が終了したことについては、同書二一四ページを参照。おそらく二一二ページから二一四ページの引用も、この講義からのものであろう。

（12） Vgl. Dokumente zu Hegels Jenaer Dozententätigkeit（1801–1807）. 71. この著作の成立史については以下を参照。Hegel: *Gesammelte Werke.* Bd. 9. Hrsg. von W. Bonsiepen und R. Heede. Hamburg 1980. 456–464.

（13） Vgl. Dokumente zu Hegels Jenaer Dozententätigkeit（1801–1807）. 53.

（14） Vgl. Rosenkranz: *Hegels Leben.* 179〔ローゼンクランツ『ヘーゲル伝』一六六ページ〕.

（15） 哲学入門講義のためのヘーゲルの講義草稿については、以下に収録された編集報告を参照。Hegel: *Gesammelte Werke.* Bd. 5. Hrsg. von M. Baum und K. R. Meist. Hamburg 1998. 655–657. さらに言及されるべきは、ヘーゲルがシェリングとともに、一八〇一／〇二年冬学期に哲学討論を予告していたことである。これもまた実際に行われた。これは、討論のためのゼミナールであり、講義ではなかった。このことについては以下も参照。F. Nicolin: Aus Schellings und Hegels Disputatorium im Winter 1801–02. In: *Hegel-Studien.* 9（1974）, 43–48.

（16） ヘーゲルが、一八〇二／〇三年冬学期に「彼の予告した講義を実施しなかった」というH・クラップ・ロビンソンの指摘については先に言及したが、これは場合によっては自然法講義のことを言っているのかもしれない。注7とこれに対応するテキストを参照。ローゼンクランツ（*Hegels Leben.* 132–141〔『ヘーゲル伝』一三〇—一三六ページ〕）が引用し、参照している部分は、今日は失われてしまったこの自然法講義のためのヘーゲルの草稿の一部であったかもしれない。

（17） Vgl. Dokumente zu Hegels Jenaer Dozententätigkeit（1801–1807）. 56ff, 78 f. 『人倫の体系』のための編集報告を参照。

Vgl. Hegel: *Gesammelte Werke*. Bd. 5. 660–669。

（18） Vgl. Dokumente zu Hegels Jenaer Dozententätigkeit（1801–1807）. 54.

（19） Rosenkranz: *Hegels Leben*. 161〔ローゼンクランツ『ヘーゲル伝』、一五二ページ以下も参照〕. Vgl. Dokumente zu Hegels Jenaer Dozententätigkeit（1801–1807）. 45, 78. 一八〇三／〇四年冬学期および一八〇四／〇五年冬学期に関する資料については六〇ページ以下を参照。

（20） Hegel: *Gesammelte Werke*. Bd. 6. Hrsg. von H. Kimmerle und K. Düsing. Hamburg 1975. 付録についての指示はここでは断念する。以下も同様。

（21） Hegel: *Gesammelte Werke*. Bd. 7. Hrsg. von R.-P. Horstmann und J. H. Trede. Hamburg 1971.

（22） Vgl. Dokumente zu Hegels Jenaer Dozententätigkeit（1801–1807）. 55 f. 一八〇六年夏学期の聴講者リストについては六三ページ以下を参照。少なくとも一八〇三／〇四年の講義草稿が証明しているように、自然哲学と精神哲学について、ヘーゲルは彼の体系講義の中でも語っていた。

（23） Hegel: *Gesammelte Werke*. Bd. 8. Hrsg. von R.-P. Horstmann. Hamburg 1976. ローゼンクランツは『ヘーゲル伝』のなかで、一八〇六年夏の講義について手短に報告している。Vgl. Rosenkranz: *Hegels Leben*. 192, 214〔ローゼンクランツ『ヘーゲル伝』、一七六ページ、一九二ページ〕. 一七六から一七七ページの引用はおそらくより初期の講義の文脈に属する。Vgl. Rosenkranz: *Hegels Leben*. 192 f.

（24） Vgl. Dokumente zu Hegels Jenaer Dozententätigkeit（1801–1807）. 55 f.

（25） Vgl. Dokumente zu Hegels Jenaer Dozententätigkeit（1801–1807）. 69.

（26） Vgl. Düsing: Die Bedeutung des antiken Skeptizismus für Hegels Kritik der sinnlichen Gewissheit. In: *Hegel-Studien*. 8（1973）, 125. 本書で以下に収録されているベルリンにおけるヘーゲルの「哲学史」講義についての解説も参照。

（27） Vgl. Dokumente zu Hegels Jenaer Dozententätigkeit（1801–1807）. 69 f. Rosenkranz: *Hegels Leben*. 217, 201f.〔ローゼンクランツ『ヘーゲル伝』、一九五ページ、一八三―一八四ページも参照〕.

（28） Vgl. Dokumente zu Hegels Jenaer Dozententätigkeit（1801–1807）. 70 f.

（29） Hertha Marquardt: *Henry Crabb Robinson und seine deutschen Freunde*. Bd. 1. Göttingen 1964. 84.

（30） Vgl. Rosenkranz: *Hegels Leben*. 160〔ローゼンクランツ『ヘーゲル伝』、一五一ページ〕.

（31） Vgl. *Hegel in Berichten seiner Zeitgenossen*. Hrsg. von G. Nicolin. Hamburg 1970. 39.

（32） *Briefwechsel zwischen Schiller und Goethe*. Hrsg. von P. Stapf. Berlin, Darmstadt 1960. 805, 806.　一八〇三／〇四年冬学期の彼の体系講義の聴講者は、聴講生リストによれば三〇名であった。Vgl. Dokumente zu Hegels Jenaer Dozententätigkeit (1801–1807). 60.

（33） Vgl. Dokumente zu Hegels Jenaer Dozententätigkeit (1801–1807). 84.

（34） 一八一六年四月十四日のフロムマン宛てのヘーゲルの書簡。In: *Briefe von und an Hegel*. Hrsg. von J. Hoffmeister, Hamburg 1952–1954. 3. Aufl. Hamburg 1969. Bd. 2. 73.

第三章

（1） グッド家の伝記的な細部についてはつぎの報告を参照。Beat Wyss: Fund einer Hegel-Nachschrift aus dem Jahr 1871. In: *Hegel-Studien*. 19 (1984), 469f.　この報告は本章で、グッド博士が提供してくれた報告と証言によって補われる。

（2） *Neues Tagblatt aus der östlichen Schweiz* vom 28. Juli 1866, Nr. 168, S. 682.

（3） In: *Geschichte der Gemeinde Mels*. Hrsg. von P. Good. Mels 1973. 172–174.

第四章

（1） イェーナ大学でのヘーゲルの講義予告についてはつぎのものを参照。Dokumente zu Hegels Jenaer Dozententätigkeit (1801–1807). Hrsg. von H. Kimmerle. In: *Hegel-Studien*. 4 (1967), 21–111, bes. 53–56.

（2） *Schellings und Hegels erste absolute Metaphysik (1801–1802). Zusamenfassende Vorlesungsnachschriften von I. P. V. Troxler*. Hrsg., eingeleitet und mit Interpretationen versehen von K. Düsing. Köln 1988.（ヘーゲルの講義自体は六三―七七ページ）。

（3） 本書の第二章を参照。

（4） F. Nikolin：Hegel als Professor in Heidelberg. Aus den Akten der philosophischen Fakultät 1816–18. In: *Hegel-Studien*. 2 (1963), 71–98.

(5) 本書の第三章を参照。

(6) F. Nikolin：Hegel als Professor in Heidelberg. Aus den Akten der philosophischen Fakultät 1816–18. In: *Hegel-Studien*. 2 (1963), 96 f.　一八一七／一八年冬学期にヘーゲルは、明らかにスウェーデンのグスタフ王子にエンチクロペディーの個人講義も行ったようだ。Vgl. *Briefe von und an Hegel*. Bd. 4, Teil 1. Hrsg. Von F. Nicolin. Hamburg 1977. 328.

(7) Unveröffentlichte Diktate aus einer Enzyklopädie-Vorlesung Hegels. Eingeleitet und hrsg. Von F. Nicolin. In: *Hegel-Studien*. 5 (1969), 9–30.

(8) Unveröffentlichte Vorlesungsmanuskripte Hegels. Hrsg. und erläutert von H. Schneider. In: *Hegel-Studien*. 7 (1972), 9–59.

(9) Hegel: *Gesammelte Werke*. Bd. 19: *Enzyklopädie der philosophischen Wissenschaften im Grundrisse (1827)*. 419–435.

(10) Hegels Vorlesungs-Ankündigungen in Berlin. In: *Briefe von und an Hegel*. Bd. 4, Teil 1. 114–125.　聴講者数についてはつぎの報告を参照。G.W.F. Hegel: *Berliner Schriften 1818–1831*. Hrsg. von J. Hoffmeister. Hamburg 1956. 743–749.

(11) Hegel: *Werke. Vollständige Ausgabe durch einen Verein von Freunden des Verewigten*: Ph. Marheineke, J. Schulze, Ed. Gans, Lp. v. Henning, H. Hotho, K. Michelet, F. Förster. Bd 6: *Encyclopädie der philosophischen Wissenschaften im Grundrisse*. Teil 1: *Die Logik*. Berlin 1840. V.

(12) Ebd.

(13) Ebd. VI.

(14) Ebd.

(15) Vgl. Hegel: *Philosophie des Rechts. Die Vorlesung von 1819/20 in einer Nachschrift*. Hrsg. von D. Henrich. Frankfurt a. M. 1983. 11, 19. Hans-Christian Lucas: Altes und Neues zu Hegels Rechtsphilosophie. In: *Hegel-Studien* 20 (1985), 291–302.

(16) Hegel: *Werke*. Bd. 6. VI.

(17) Ebd. VII.　またこのあと注21で取り上げた引用も参照。

(18) Ebd. VIII.

(19) Ebd. VI f.

(20) Ebd. VII.

(21) Ebd. VII.

(22) Hegel: *Gesammelte Werke*. Bd. 19. 462.

(23) さらに一八二四年夏学期のジュール・コルヴォンによる筆記録が知られているが、ここでは考慮に入れられていない。

(24) Hegel: Berliner Schriften 1818–1831. Hrsg. von J. Hoffmeister. Hamburg 1956. 748.

(25) Hegel: *Gesammelte Werke*. Bd. 19. 419.

(26) Hegel: *Gesammelte Werke*. Bd. 19. 52.

(27) Hegel: *Gesammelte Werke*. Bd. 19. 419 ff, 473 f, 476.

(28) Hegel: Berliner Schriften 1818–1831. Hrsg. von J. Hoffmeister. Hamburg 1956. 748.

(29) このことはかつてH・F・フルダが「予備概念」をむしろ過小評価したことと相いれない。H. F. Fulda: *Das Problem einer Einleitung in Hegels Wissenschaft der Logik*. Frankfurt a. M. 1965. 17 f. これと関連してついでに言えば、B・ラーケブリンクは「予備概念」を扱っていない。B. Lakebrink: *Kommentar zu Hegels »Logik« in seiner »Enzyklopädie« von 1830*. Bd. 1: *Sein und Wesen*. Freiburg, München 1979. それに対してはつぎのものを参照。W. Flach: Zum »Vorbegriff« der Kleinen Logik Hegels. In: *Der Idealismus und seine Gegenwart*. Hrsg. von U. Guzzoni, B. Rang, L. Siep. Hamburg 1976. 133–146. W. Flach: Die dreifache Stellung des Denkens zur Objektivität und das Problem der spekulativen Logik. In: *Die Wissenschaft der Logik und die Logik der Reflexion*. Hrsg. von D. Henrich. Bonn 1978. 3–18. H.-C. Lucas: Der »Vorbegriff« der enzyklopädischen »Logik« als Einleitung im emphatischen Sinne. In: *Die Wissenschaft der Logik und die Logik der Reflexion*. 218–224.

第五章

(1) イェーナ大学でのヘーゲルの講義活動については、本書の第二章を参照。

(2) Vgl. W. Bonsiepen: Hegels Raum-Zeit-Lehre. Dargestellt anhand zweier Vorlesungs-Nachschfriten. In: *Hegel-Studien*. 20 (1985), 11ff.

(3) Vgl. *Briefe von und an Hegel*. Bd. 1. Hrsg. von J. Hoffmeister. Hamburg 1969. 398.

(4) Vgl. Hegel: *Nürnberger Schriften*. Hrsg. von J. Hoffmeister. Leipzig 1938. 3 ff.

(5) Vgl. *Briefe von und an Hegel*. Bd. 4, Teil 1. Hrsg. von F. Nicolin. Hamburg 1977. 110.

(6) Vgl. Dietrich von Engelhardt: Naturphilosophie im Urteil der »Heidelberger Jahrbücher der Literatur« 1808–1832. In: *Heidelberger Jahrbücher*. 19 (1975), 65.

(7) 注23を参照。

(8) 以下のラテン語およびドイツ語の講義告示を参照。Vgl. *Briefe von und an Hegel*. Bd 4, Teil 1. Hrsg. von F. Nicolin. 114–125. さらに，今日入手できない原典資料を自由に使えたホフマイスターの報告は，以下を参照。Hegel: *Berliner Schriften (1818–1831)*. Hrsg. von J. Hoffmeister. Hamburg 1956. 743–749.

(9) Hegel: *Werke*. Bd. 7, Abt. 1.: *Vorlesungen über die Naturphilosophie als der Encyclopädie der philosophischen Wissenschaften im Grundrisse*. Theil 2. Hrsg. von C. L. Michelet. Berlin 1842. XVIII f.

(10) Ebd. XIX, XXI f.

(11) Hegel: *Werke*. Bd. 13.: *Vorlesungen über die Geschichte der Philosophie*. Hrsg. von K. L. Michelet. Berlin 1833. XI–XIII.

(12) 注1を参照。

(13) Vgl. Hegel: *Jenaer Realphilosophie*. Hrsg. von J. Hoffmeister. Leipzig 1931, Hamburg 1967. 279 ff.

(14) Vgl. H. Schneider: Unveröffentlichte Vorlesungsmanuskripte Hegels. In: *Hegel-Studien*. 7 (1972), 20 ff, 50.

(15) Vgl. Hegel: *Naturphilosophie*. Bd. 1: *Die Vorlesung von 1819/20*. Hrsg. von M. Gies. Neapel 1982.

(16) 第五章第二節を参照。

(17) Vgl. M. Lenz: *Geschichte der Königlichen Friedrich-Wilhelms-Universität zu Berlin*. Halle 1910. Bd. 2 1. Hälfte. 57 f; Hegel: *Berliner Schriften*. 598ff.

(18) Vgl. W. Bonsiepen: Hegels Raum-Zeit-Lehre. Dargestellt anhand zweier Vorlesungs-Nachschfriten. In: *Hegel-Studien*. 20 (1985), 61–78. 空間と時間に関する最初の部分の文章が重要である。

(19) Vgl. *Briefe von und an Hegel*. Bd. 2. Hrsg. von J. Hoffmeister. Hamburg 1969. 297 f, 300.

(20) Vgl. K. Rosenkranz: *G. W. F. Hegels Leben*. Berlin 1844, Darmstadt 1969. 303. B. Uxkull: *Armeen und Amouren. Ein Tagebuch aus napoleonischer Zeit*. Bearbeitet und hrsg. von J.-D. Freiherr v. Uexküll. Reinbeck bei Hamburg 1965. 9 f, 161 ff,

227.

(21) Vgl. W. Bonsiepen: Hegels Raum-Zeit-Lehre. Dargestellt anhand zweier Vorlesungs-Nachschriften. In: *Hegel-Studien*. 20 (1985), 39–61.

(22) Vgl. *Hegel in Berichten seiner Zeitgenossen*. Hrsg. von G. Nicolin. Hamburg 1970. 649 (Nr. 543).

(23) Vgl. F. Nicolin: Unveröffentliche Diktate aus einer Enzyklopädie-Vorlesung Hegels. In: *Hegel-Studien*. 5 (1969), 9–30, 28 f, 10 f.

(24) Vgl. Hegel: *Naturphilosophie*. Bd. 1: *Die Vorlesung von 1819/20*. Hrsg. von M. Gies. Neapel 1982.11f.

(25) Vgl. Ebd. 27 ff, 31.

(26) Vgl. Ebd. 54ff. W. Neuser: Dokumente einer Entwicklung – Zu Hegels Naturphilosophie. In: *Dialektik*. 8 (1984), 245–257.

(27) Vgl. Anonymus–1. 19; Uexküll. 38.

(28) Vgl. Anonymus–1. 36 ff.

(29) Vgl. Anonymus–2. 68 v.

(30) Vgl. Uexküll. 121.

(31) Vgl. Anonymus–1. 52; Uexküll. 119.

(32) Vgl. Uexküll. 172 (Randnotizen).

(33) Vgl. Anonymus–1. 51, 80 (Randnotiz); Anonymus–2. 190 v.

(34) Vgl. Uexküll. 204 (Randnotizen).

(35) Vgl. Anonymus–1. 32 f (Randnotiz); Anonymus–2. 117 r, 122 v.

(36) Vgl. Anonymus–1. 70.

(37) Vgl. Anonymus–2. 301.

(38) Vgl. Uexküll. 325, 330, 338 (Randnotizen).

(39) 本書の一一一ページを参照。

(40) Vgl. W. Bonsiepen: Hegels kritische Auseinandersetzung mit der zeitgenössischen Evolutionstheorie. In: *Hegels Philosophie der Natur. Beziehungen zwischen empirischer und spekulativer Naturerkenntnis*. Hrsg. von R.-P. Horstmann und M. J.

Petry. Stuttgart 1986. 155 f.

第六章

（1）ここには、エドゥアルト・ガンスの一八三三年の版が（ヘーゲルの弟子たちの編集したベルリン版『ヘーゲル全集』第七巻として、『エンチクロペディー』の巻と同じように、講義ノートおよびヘーゲル本人のメモ書きを「補遺」として取り込んで）公刊されたのに始まって、ラッソンおよびホフマイスターの部分出版（モルデンハウアー／ミヒェル編のズーアカンプ版『ヘーゲル全集』第七巻、五二七―五二九ページを参照）から、イルティングとヘンリヒによる『法哲学講義』の編集や、C・ベッカー、W・ボンジーペンらによるヴァンネンマンの筆記録の編集にいたるまでが含まれる。

（2）一八一一年十月十日のヘーゲルのニートハンマー宛書簡を参照。*Briefe von und an Hegel*. Bd. 1. Hrsg. von J. Hoffmeister. Hamburg 1969. 389.

（3）Vgl. *Dokumente zu Hegels Entwicklung*. Hrsg. von J. Hoffmeister. Stuttgart 1936. 55ff, 101ff, 115ff. また今日では、ヘーゲルが利用した原典テキストの覆刻版もあわせて参照。Vgl. G.W.F. Hegel: *Frühe Exzerpte*. Hrsg. von F. Nicolin. Hamburg 1991. 6ff, 100ff, 126ff.

（4）Ein Manuskript zur Psychologie und Transzendentalphilosophie（1794）. In: G.W.F. Hegel: *Frühe Schriften I*. Hamburg 1989. 165ff.

（5）G.W.F. Hegel: *Nürnberger Schriften*. Hrsg. von J. Hoffmeister. Leipzig 1938. 11ff, 122ff, 199ff, 235ff.

（6）ここでは以下のものを挙げる。R.-P. Horstmann: *Hegels vorphänomenologische Entwürfe zu einer Philosophie der Subjektivität in Beziehung auf die Prinzipien Reflexionsphilosophie*. Diss. Heidelberg 1968. H. Kimmerle: *Das Problem der Abgeschlossenheit des Denkens. Hegels »Systems der Philosophie« in den Jahren 1800–1804*. Bonn 1970. K. Düsing: *Das Problem der Subjektivität in Hegels Logik*. Bonn 1976. M. J. Petry: Introduction. In: *Hegel's Philosophy of Spirit*. Ed. and transl. by M. J. Petry. Dordrecht, Boston 1978. *Hegels philosophische Psychologie*. Hrsg. von D. Henrich. Bonn 1979. R.-P. Horstmann: Über das Verhältnis von Metaphysik der Subjektivität und Philosophie der Subjektivität in Hegels Jenaer Schriften. In: *Hegel in Jena*. Hrsg. von D. Henrich u. K. Düsing. Bonn 1980. 181ff.

（7） F. Nicolin: Ein Hegelsches Fragment zur Philosophie des Geistes. In: *Hegel-Studien*. 1 (1961), 9ff. また現在は校訂版『ヘーゲル全集』第十六巻、二〇七ページ以下にも所収。

（8） この点について補うものとして、同書およびつぎのものを参照。Vgl. F. Nicolin: Hegels Arbeiten zur Theorie des subjektiven Geistes. In: *Erkenntnis und Verantwortung. Festschrift für Theodor Litt*. Hrsg. von J. Derbolav und F. Nicolin. Düsseldorf 1960. 356ff.

（9） 校訂版『ヘーゲル全集』第十二巻、一九七―一九八ページ。この複合的な問題の全体に関しては、つぎのものを参照。U. Rameil: Bewußtseinsstruktur und Vernunft. Hegels propädeutischer Kursus über Geistslehre von 1811/12. In: *Psychologie und Anthropologie oder Philosophie des Geistes*. Hrsg. von F. Hespe und B. Tuschling. Stuttgart, 1991. 155ff.

（10） G.W.F. Hegel: *Werke*. Bd. 7, Abt. 2. Berlin 1845. 『エンチクロペディー』第二版については現在、つぎのものを利用できる。G.W.F. Hegel: *Enzyklopädie der philosophischen Wissenschaften im Grundrisse (1827)*. Hrsg. von W. Bonsiepen und H.-C. Lucas. Hamburg 1989.

（11） ヘーゲルがハイデルベルク大学とベルリン大学で、人間学および心理学ないしは精神哲学の講義を行った学期をすべて挙げると、以下のとおりである。すなわち、一八一七年夏学期、一八二〇年夏学期、一八二二年夏学期、一八二七／二八年冬学期、一八二九／三〇年冬学期である。これについてはハイデルベルク大学とベルリン大学での講義目録の抜粋を参照。Vgl. *Briefe von und an Hegel*. Bd. 4, Teil 1. Hrsg. von F. Nicolin. Hamburg 1977, 110ff, 114ff.

（12） Hegel: *Werke*, Bd. 7, Abt. 2. Berlin 1845. VI.

（13） 注7を参照。

（14） F. Nicolin: Unveröffentlichte Diktate aus einer Enzyklopädie-Vorlesung Hegels. In: *Hegel-Studien*. 5 (1969), 9ff.

（15） H. Schneider: Unveröffentlichte Vorlesungsmanuskripte Hegels. In: *Hegel-Studien*. 7 (1972), 9ff.

（16） Ebd. 50, 54.

（17） F. Nicolin und H. Schneider: Hegels Vorlesungsnotizen zum subjektiven Geist. In: *Hegel-Studien*. 10 (1975), 11 ff.

（18） 注6を参照。

（19） 原本はトルンのグロワナ図書館にある（登録番号 III R 514）。

（20） 原本はワルシャワのナロドワ図書館にある（登録番号 Akc. 2288）。

(21)「以下を私的に講義する。(1)哲学史、週五回、十二時から一時。(2)心理学および人間学あるいは精神哲学(自著『哲学的諸学のエンチクロペディー』(第二版)第三巻第一部を手引きとする)週四回(月・火・木・金)五時から六時」。
(22)以下の4を参照。
(23)以下の4を参照。
(24)ちなみに、ヴァルターが他の同級生のノートを援用したことについては、ヴァルター自身が伝えているところである(以下の4を参照)。
(25)J. E. Erdmann: *Vorlesungen über akademisches Leben und Studium*. Leipzig 1858. 264.
(26)Ebd. 264 f.
(27)Vgl. *Hegel in Berichten seiner Zeitgenossen*. Hrsg. von G. Nicolin. Hamburg 1970. Nr.280, 385, 421, 558, 654, 764.
(28)先掲のエルトマンの報告の他にも、つぎのなかに匿名の報告がある。*Jahrbücher der Gegenwart*, 1847. Vgl. *Hegel in Berichten seiner Zeitgenossen*. Nr. 435. 他に、ホトーとクレマーによる報告も参照。Vgl. ebd. Nr. 385, 558.
(29)J. E. Erdmann: *Vorlesungen über akademisches Leben und Studium*. Leipzig 1858. 265.

第七章

(1)講義録から描き出されるヘーゲルのイェーナ時代の発展については、本書の第二章を参照。
(2)Vgl. Die Zusammenstellung von Hegels Vorlesungskündigungen in: *Briefe von und an Hegel*. Bd. 4, Teil 1. Hrsg. von F. Nicolin. Hamburg 1977. 110f, 114–125.
(3)アーノルド・ルーゲを参照。Vgl. *Hegel in Berichten seiner Zeitgenossen*. Hrsg. von G. Nicolin. Hamburg 1970. 437.
(4)G.W.F. Hegel: *Berliner Schriften 1818–1831*. Hrsg. von J. Hoffmeister. Hamburg 1956. 744.
(5)G.W.F. Hegel: *Vorlesungen. Ausgewählte Nachschriften*. Bd. 1: *Vorlesungen über Naturrecht und Staatswissenschaft. Heidelberg 1817/18 mit Nachtragen aus der Vorlesung 1818/19 nachgeschrieben v. P. Wannenmann*. Hrsg. von C. Becker u. a. Hamburg 1983. この筆記録は、K・H・イルティングが編集した版の中で、追加で提示された。G.W.F. Hegel: *Die Philosophie des Rechts in der Mitschrift Wannenmann (Heidelberg 1817/18) und Homeyer (Berlin 1818/19)*. Eingeleitet und erläutert

von K.-H. Ilting. Stuttgart 1983. W・ボンジーペンによるイルティング版の批判的検討も参照。W. Bonsiepen: Philosogisch-textkritische Edition gegen buchstabengetreue Edition? In: *Hegel-Studien*. 19 (1984), 259–269.

(6) F. W. Carove: Hegel, Schubarth und die Idee der Personlichkeit in ihrem Verhältnis zur preussischen Monarchie. In *Hallische Jahrbucher für deutsche Wissenschaft und Kunst*. Jg. 1841, Nr. 68, Sp. 269f. Mitgeteilt und kommentiert von F. Nicolin: Hegel über konstitutionelle Momarchie. Ein Splitter aus der ersten Rechtsphilosophie-Vorlesung. In: *Hegel-Studien*. 10 (1975), 79–86.

(7) G. W. F. Hegel: *Die Philosophie des Rechts in der Mitschrift Wannenmann (Heidelberg 1817/18) und Homeyer (Berlin 1818/19)*. Eingeleitet und erläutert von K.-H. Ilting. Stuttgart 1983.

(8) この筆記録は、D・ヘンリヒによって編集され刊行された。G. W. F. *Hegel: Philosophie des Rechts. Die Vorlesung von 1819/20*. Stuttgart 1983.

(9) したがって、一八一九／二〇年の筆記録の場合、実際に、W・R・バイヤーが推定するような「ヘーゲルに近い筆跡」がどの程度のものなのかは疑問である。ここで、ある「熱狂的なヘーゲル主義者」（三八三ページ）が筆記録を作り上げたという、バイヤーの評価に同意するにしても、しかし、ヘーゲルに近いこと（バイヤー）と『法哲学綱要』の体系とは異なるもの」（ヘンリヒ）は、どのように一致するのだろうか。Vgl. W. R. Beyer: Eine Nachschrift zu den Veröffentlichungen hegelscher Rechtsphilosophie-Nachschriften. In: *Archiv für Rechts- und Sozialphilosophie*. 69 (1983), 364–390. W. R. Beyer: Die Genese der Hegelischen Rechtsphilosophie. In: *Philosophische Rundschau*. Tübingen 30 (1983), 3/4, 161–209.

(10) 執筆時期については以下を参照。H. Schneider: Unveröffentlichte Vorlesungsmanuskripte Hegels. In: *Hegel-Studien*. 7 (1972), 51.

(11) Vgl. Vorhandlungen in der Versammlung der Landstande. In: G. W. F. Hegel: *Gesammelte Werke*. Bd. 15: *Schriften und Entwurfe I (1817/18)*. Hrsg.von F. Hogemann und C. Jamme. Hamburg 1990. 30–125, 289–292.

(12) O. Pöggeler: Die Heidelberger Jahrbucher im wissenschaftlichen Streitgespräch. In: *Heidelberg im säkularen Umbruch*. Hrsg. von F. Strack, Stuttgart 1987. 175.

(13) ヘーゲルはどのくらい集中してこの憲法論争の「非哲学的」な細部について議論したのか、そして『法哲学綱要』をどのようにさまざまな形でこの問いのなかに位置づけたのか。このことをG・リュッベ＝ヴォルフは明らかにした。G. Lübbe-

Wolff: *Hegels Staatsrecht als Stellungnahme* im ersten preußischen Verfassungskampf. In: *Zeitschrift für Philosophische Forschung*. 35（1981）, 476–501.

（14） 憲法問題の事例においてH・C・ルーカスが示したのは、プロイセンにおけるヘーゲルの「適応」の主張がどの程度正当化できるのかということである。Vgl. H.-C. Lucas: Wer hat die Verfassung zu machen? In: *Hegels Rechtsphilosophie im Zusammenhang der europäischen Verfassungsgeschichte*. Hrsg. v. H.-C. Lucas und O. Pöggeler. Stuttgart 1986. 175–220.

（15） ヘーゲルによる一八一九年三月二十六日のニートハンマーへの手紙と一九一九年十月三十日のクロイツァーへの手紙は、相変わらずこの主張を支える証拠となっている。Vgl. M. Riedel: Vorwort. In: *Materialien zu Hegels Rechtsphilosophie*. Bd. 1. Frankfurt a. M. 1975. 15 f. これらの議論の欠陥を具体的に指摘したものにつぎのものがある。U. Rameil und H.-C. Lucas: Furcht vor der Zensur? In. *Hegel-Studien*. 15（1980）, 63–93.

（16） Hegel: *Berliner Schriften 1818–1831*. Hrsg. von J. Hoffmeister. Hamburg 1956. 749.

（17） このようにエドゥアルト・ガンスは、自ら編集したヘーゲル『法哲学綱要』の序文の中で書いている。Vgl. Hegel: *Werke*. Bd. 8. Berlin 1833. XV.

（18） D. Henrich: Vernunft in Verwirklichung. In: G. W. F. *Hegel: Philosophie des Rechts. Die Vorlesung von 1819/20*. Stuttgart 1983. 9.

（19） 周知のように、ヨハネス・ホフマイスターがはじめてガンスの補遺を批判的に吟味して取り除いた。Vgl. Vorwort zur vierten Auflage. In: G.W.F. Hegel: *Grundlinien der Philosophie des Rechts*. Hrsg. von J. *Hoffmeister. Hamburg 1955.*

（20） Friedhelm Nicolin: *Hegels Bildungstheorie*. *Grundlinien* geisteswissenschaftlicher Pädagogik in seiner Philosophie. Bonn 1955.

（21） Hegel: *Vorlesungen über Rechtsphilosophie. 1819–1831. Edition und Kommentar in sechs Bänden*. Hrsg. von K.-H, Ilting. Bde 3 und 4. Stuttgart 1974.

（22） Vgl. Edition in: Hegel: *Vorlesungen über Rechtsphilosophie 1818–1831*. Hrsg. von K.-H. Ilting. Bd. 4. Stuttgart 1974. 917–925.

（23） 本書の第八章を参照。

（24） Johannes Hoffmeister: Vorrede zur vierten Auflage. In: Hegel: *Grundlinien der Philosophie des Rechts*. Hamburg 1955. XII.

（25）たしかにこの版は、イルティング版が示していたように、『法哲学綱要』からの数多くの引用や引用の断片を含んでいる。しかしこれらのものは、他のテキストと異なるものではない。したがって、これらの引用やその断片は、たとえばヴァンネンマンの筆記録にあるように、ヘーゲルの口述と明確に同一視できるであろう。欄外に表した見出しの欠如、「性急な」筆跡、各節の要約は、ヘーゲルの講義の口述筆記があることの跡を証している。

（26）Vgl. K.-H. Ilting: Einleitung des Herausgebers. In: Hegel: *Vorlesungen über Rechtsphilosophie 1818/1831*. Bd. 3. Stuttgart 1974. 81 ff.

（27）たとえば、「Forderung」ではなくて「Foderung」、「c」ではなくて「k」、「u.s.f.」ではなくて「pp」というように、一貫してつづられている。おそらく口述できなかったであろう括弧記号も筆記録の中には入れられている。ヘーゲルによるギリシア語の分類記号の代わりに、筆記者は一貫してアラビア数字を使っている。

（28）したがって二六〇節は、グリースハイムの場合、『法哲学綱要』のテキストと一致した文面になっていて、「普遍は特殊な関心なしに……妥当する」と読んでいる。これに対してイルティングは「普遍もしくは特殊な関心は……妥当する」と読んでいる。

（29）たとえば第二四五節と第二五五節を参照。

（30）「キール筆記録」には、第三十一節、第三十二節、第三十三節は後から読むように、という指摘がある。

（31）ヘーゲルは学期ごとに補習講師の仕事について文化省に報告しなければならなかったから、補習がどのように行われていたかはよく知られている。ヘーゲルによる週五時間の二つの講義のために、それぞれ週二時間の補習授業が定められていた。ヘーゲル自身ときおり補習授業を訪ねては、「論じられる対象についての目的にかなった、秩序づけられた……正確な把握と思考を通した再現」に納得していた。講義の性格を持った補習授業に加えて、口述の討議において質問や意見を出したい人や解説を求める人に対しては、補完的に「面談」が提供されていた。G. W. F. Hegel: *Berliner Schriften 1818–1831*. Hrsg. von J. Hoffmeister. Hamburg 1956. 602.

（32）Vgl. *Hegel in Berichten seiner Zeitgenossen*. Hrsg. von G. Nicolin. Hamburg 1970. 245–250, 273–276, 376ff.

（33）しかしこのようなやり方が「編集方針」として理解されるのだろうか。Vgl. Christoph Jamme: Editionspolitik. Zur Freundesvereinsausgabe der Werke Hegels. In: *Zeitschrift für philosophische Forschung*. 38 (1984), 83–99.

（34）Vgl. Editionsprinzipien der Gesammelten Werke. In: G. W. F. Hegel: *Frühe Schriften I*. Hrsg. von Friedhelm Nicolin und

Gisela Schüler. Hamburg 1989. 414 f.

（35） 『ゲッティンゲン学術雑誌』にあるフーゴーの批評へのヘーゲルの返答は、法哲学の影響史へのより包括的な直接的証拠である。Vgl. *Allgemeine Literatur-Zeitung*. Mai 1821. In: *Hegel-Studien*. 5 (1969), 38f.

（36） カローヴェの経歴についてはつぎのものを参照。Friedhelm Nicolin: Hegel als Professor in Heidelberg. In: *Hegel-Studien* 2 (1963), 89.

（37） これらの講義の一つは、「自然法」のタイトルを持つ匿名の筆記録で伝えられている。Vgl. E. Gans: *Philosophische Schriften*. Hrsg. und eingel. von H. Schröder. Glashütten im Taunus 1971. 38–154. さらに、ゲオルク・ヴァイツの筆記録のなかで、一八三四年夏学期の講義「ドイツの国家法」が伝えられている。Vgl. Op.cit., 155–181.

（38） 一八三二／三三年の冬学期のものとしては、ガンスの講義の筆記録がイマヌエル・ヘーゲルによって伝えられている。Vgl. Eduard Gans: *Naturrecht und Universalgeschichte*. Hrsg. von M. Riedel. Stuttgart 1981.

第八章

（1） 聴講者数は、すでにホフマイスターによって報告されている。Vgl. Hegel: *Berliner Schriften*. Hrsg. von J. Hoffmeister. Hamburg 1956. 744.

（2） つぎのものに掲載されている「講義要綱」の告知を参照。*Briefe von und an Hegel*. Bd. 4, Teil 1. Hrsg. von F. Nicolin. Hamburg 1977. 120. Vgl. Hegel: *Berliner Schriften*. 601ff.

（3） Hegel: *Vorlesungen über Rechtsphilosophie 1818–1831*. Hrsg. von K.-H. Ilting. Bd. 3. Stuttgart 1974. 82ff.

（4） Vgl. Werner Stark: Eine neue Quelle zu Hegels Berliner Vorlesungen. Mitteilungen über einen Fund. In: *Hegel-Studien*. 20 (1985), 122f.

（5） Vgl. *Edinburgh Review*. Vol. 29 (Nov. 1817 – Feb. 1818). February, 1818. No. LVIII – Art. I Report from the Select Committee on the Poor-Laws, with the Minutes of Evidence taken before the Committee. Ordered by the House of Commons to be printed, July 4, 1817. *The Quarterly Review*. January, 1818. Art. I. 1, 2. Reports from the Select Committee on the Poor Laws. July, 1817. March, 1818. ヘーゲルがこの二つの記事を読んでいたことについては、つぎのものも参照。Vgl. Hegels

Exzerpte aus der »Edinburgh Review« 1817–1819. Mitgeteilt und erläutert von Norbert Waszek. In: *Hegel-Studien*. 20 (1985), 79–112. Hegels Exzerpte aus der »Quarterly Review« 1817–1818. Mitgeteilt und erläutert von Norbert Waszek. In: *Hegel-Studien*. 21 (1986), 9–25.

（6） Hegel: *Vorlesungen über Rechtsphilosophie 1818–1831*. Hrsg. von K.-H. Ilting. Bd. 3. 269f.

（7） Hegel: *Vorlesungen über Rechtsphilosophie 1818–1831*. Hrsg. von K.-H. Ilting. Bd. 4. 253.

第九章

（1） ヘーゲル文庫に所蔵されている世界史の哲学講義の筆記録を見せてくれたＨ・シュナイダーに感謝する。

（2） この手稿については、本書の第六章で説明されている。

（3） Vgl. J. E. Erdmann: *Vorlesungen über akademisches Leben und Studium*. Leipzig 1858. 264.

（4） Vgl. *Polski Slovnik Biograficzny*, *Encyklopedia of Social Siences*. 二人の兄弟の名は、以下の関連論文にはまったく言及がない。Walter Kühn: Die Polen und die Philosophie Hegels. In: *Hegel bei den Slaven*. Hrsg. von Dmitrij Tschizewskij. Reichenberg 1934. 7–145.

（5） Vgl. *Handschriften en Oude Drukken van de Utrechtse Universiteitsbibliothek*. Utrecht 1984. 286f, Nr. 140 f.

（6） Vgl. G. W. F. Hegel: *Vorlesungen über die Philosophie der Weltgeschichte*. Hrsg. von E. Gans. 2. Auflage besorgt von K. Hegel. Berlin 1840. XV ff.

（7） Ebd. XIV.

（8） Ebd. XVIII.

（9） Ebd. XVII.

（10） Ebd. XX.

（11） Ebd. XXII f.

（12） G.W.F. Hegel: *Werke in 20 Bänden*. Auf der Grundlage der Werke von 1832–1845 neu edierte Ausgabe. Hrsg. von E. Moldenhauer und K.-M. Michel. Frankfurt a. M. 1970 ff.

（13）G.W.F. Hegel: *Vorlesungen über die Philosophie der Weltgeschichte*. Hrsg. von G. Lasson. Leipzig 1917.
（14）G.W.F. Hegel: *Die Vernunft in der Geschichte*. Hrsg. von J. Hoffmeister. Hamburg 1955.
（15）このことにはすでにガンスも気づいていた。Vgl. Hegel: *Vorlesungen über die Philosophie der Weltgeschichte*. XVII.
（16）本書の第十章を参照。
（17）ヘーゲルの遺稿の使用を許可してくれたプロイセン文化財団ベルリン州立図書館に感謝する。
（18）Vgl. Hegel: *Die Vernunft in der Geschichte*. 41, 45, 48. Hegel: *Werke in 20 Bänden*. Bd. 12. 27 ff.
（19）Vgl. Hegel: *Die Vernunft in der Geschichte*. 122. Hegel: *Werke in 20 Bänden*. Bd. 12. 71 ff.
（20）Hegels Begegnung mit Preußen. In: *Hegels Rechtsphilosophie im Zusammenhang der europäischen Verfassungsgeschichte*. Hrsg. von H.-C. Lucas und O. Pöggeler. Stuttgart 1986, 311 ff, insbesondere 342 f.
（21）Vgl. Hegel: *Werke in 20 Bänden*. Bd. 12. 67. Hegel: *Vorlesungen über die Philosophie der Weltgeschichte*. 142, 144.
（22）Vgl. Franz Hespe: »Die Geschichte ist der Fortschritt im Bewußtsein der Freiheit«. Zur Entwicklung von Hegels Philosophie der Geschichte. In: *Hegel-Studien*. Bd. 26（1991）. 177–192.

第十章

（1）G. W. F. Hegel: *Vorlesungen. Ausgewählte Nachschriften und Manuskripte*. Bd. 12: *Vorlesungen über die Philosophie der Weltgeschichte (1822/23)*. Hrsg. von K. Brehmer und H. N. Seelmann. Hamburg 1995.
（2）編集作業が終了したのちに、バーゼルで第一回講義の別の新たな手稿が発見されたことが判明した。編集において、この手稿を顧慮することはもはやかなわなかった。
（3）Vgl. G.W.F. Hegel: *Werke*. Bd. 9: *Vorlesungen über die Philosophie der Geschichte*. Hrsg. von E. Gans. Berlin 1837. XXI.

第十一章

（1）Hegels Notizen zum absoluten Geist. Eingeleitet und herausgegeben von H. Schneider. In: *Hegel-Studien*. 9（1984）, 9–38.

（2） Hegel: *Werke*. Bd. 10. Berlin 1835. VII.

（3） *Briefe von und an Hegel*. Bd. 4, Teil 1. Hrsg. von F. Nicolin. Hamburg 1977. 115, 120.

（4） この講義のいくつかの部分は、ヘーゲルの弟子であるフリードリヒ・フェルスターがすでに一八二一年に月刊誌『ノイエ・ベルリーナー』において匿名で発表した論文に、じかに表れている。Vgl. *Neue Berliner Monatsschrift für Philosophie, Geschichte, Literatur und Kunst*. Berlin 1821. Faksimile-Neudruck in zwei Bänden. Mit einem Nachwort von H. Schneider. Stuttgart 1987/88.（ヘーゲル美学との関係については、翻刻版の第二巻にある「あとがき」一七ページから三七ページを参照）。

第十二章

（1） G.W.F. Hegel: *Werke*. Bd. 10, Abt. 1: *Vorlesungen über die Ästhetik*. Hrsg. von H. G. Hotho. Bd. 1. Berlin 1835. VII.

（2） Vgl. Hegel über die Objektivität des Kunstwerks. Ein eigenhändiges Blatt zur Ästhetik. Mitgeteilt und erörtert von Lucia Sziborsky. In: *Hegel-Studien*. 18 (1983), 9–22; Neue Quellen zu Hegels Ästhetik. Mitgeteilt und erläutert von Helmut Schneider. In: *Hegel-Studien*. 19 (1984), 9–46.

（3） 一八二一年五月のクロイツァー宛の手紙の下書きを参照。Vgl. *Briefe von und an Hegel*. Hrsg. von J. Hoffmeister. Bd. 2. Hamburg 1953. 266.

（4） これについては本書の第十一章を参照。

（5） *Briefe von und an Hegel*. Bd. 4, Teil 1: Dokumente und Materialien zur Biographie. Hrsg. von F. Nicolin. Hamburg 1977. 116, 121.

（6） Ebd. 117, 123.

（7） 本書の一九八ページ以下を参照。ホトーは自分自身の美学講義でこの部分を拡大させ、自らの体系の三詩脚の重要な一歩に引き上げた。

（8） Vgl. Annemarie Gethmann-Siefert und Barbara Stemmrich-Köhler: Faust: die »absolute philosophische Tragödie« und die »Gesellschaftliche Artigkeit« des Westöstlichen Divan. Zu Editionsproblemen der Ästhetikvorlesungen. In: *Hegel-Studien*. 18

(1983), 23–64; Von Hammer, Goethe und Hegel über Firdausi. Literaturkritik, Geschichtsbild und kulturpolitische Implikation der Ästhetik. In: *Welt und Wirkung von Hegels Ästhetik*. Hrsg. von A. Gethmann-Siefert und O. Pöggeler. Bonn 1986. 295–326. ホトーによる一八二三年の講義録は、ゲーテの詩『マホメットの歌』の指摘以外では、欄外に完全なかたちで付加される詳細な引用に依拠した大がかりなシェイクスピア論のみを伝える。

（9）名前は切り取られているが、この筆記録は、同じ筆跡で、名前が記載されたサヴィニーの講義の筆記録といっしょに束ねられている。

（10）*Briefe von und an Hegel*. Bd. 4, Teil 1. 118, vgl. 124.

（11）これについてはヘーゲル『美学講義』（初版）の「序文」を参照。ホトーはA・ヴェントの『芸術の最盛期あるいは世界史における芸術』の書評で、シェリングを引き合いに出している（ヘーゲル『美学講義』のホトーによる「序文」、五ページも参照）。ホトーがヘーゲル美学をもってシェリングを凌駕しようとするとき、ヘーゲルによる「補題的」でしかない検討を、すみずみまで区分を整えた美学体系によって改善することが必要となるだろう。個別箇所での実施がこの嫌疑を裏付ける。これがまずいことだとホトー自身は思ってなかったらしい。つまり「序文」には以下のようにある。「これを不当と考える人に対して、私は確認のために、三〇年以上ヘーゲル哲学になじみ、不断にこの哲学の原著者と親交を深め、彼の講義のニュアンスすべてを何らあやふやになることなく記憶していることを対置することができる」（一五ページ）。

（12）ホトーの見解では、ヘーゲルは、ホトーが自分の思弁的芸術史で展開した仕方では、芸術哲学を体系に完成させることに成功しなかったという。この連関では、芸術史が芸術審判となり、芸術哲学が芸術と非芸術とを裁く最終審判者となるわけである。Vgl. Annemarie Gethmann-Siefert: H. G. Hotho: Kunst als Bildungserlebnis und Kunsthistorie in systematischer Absicht – oder die entpolitisierte Version der ästhetischen Erziehung des Menschen. In: *Kunsterfahrung und Kulturpolitik im Berlin Hegels*. Hrsg. von O. Pöggeler und A. Gethmann-Siefert. Bonn 1983. S. bes. 244 f.

（13）本書の第七章を参照。

（14）G. W. F. Hegel: *Die Idee und das Ideal*. Nach den erhaltenen Quellen neu herausgegeben von G. Lasson. Leipzig 1931. ラッソンの仕事は研究にはほとんど生かされなかった。テキストの確かな部分とそうでない部分を分けるように、ラッソンは説いたのであるが、印刷されたテキストへの信頼はゆるぎなく、ヘーゲル美学の馴染みある形式から離れようとする人はいなかった。ル・ド・フォスだけがヘーゲル・コロキウムで、ラッソンが批判的に精査した資料を手がかりに、「理想」の新たな構想の叙述を展開した。

（15） Vgl. Hegel: *Vorlesungen über die Ästhetik*. Hrsg. von H. G. Hotho. Bd. 1. V. また、注11および注12も参照。

（16） ヘーゲル・コロキウムにおいてル・ド・フォスは、ラッソンの批判的編集を手がかりに、美学の論理と不確かな理想の規定とのこのような関連を批判した。Vgl. Annemarie Gethmann-Siefert: *Die Funktion der Kunst in der Geschichte. Untersuchungen zu Hegels Ästhetik*. Bonn 1984. 256 ff.

（17） この関連はヘーゲル美学講義についての論文で詳しく扱われる。Vgl. Annemarie Gethmann-Siefert: Das »moderne« Gesamtkunstwerk: die Oper. In: *Phänomen versus System*. Bonn 1992. A. Gethmann-Siefert: Die Kritik an der Düsseldorfer Malerschule bei Hegel und den Hegelianern. In: *Düsseldorf in der deutschen Geistesgeschichte*. Hrsg. von G. Kurz. Düsseldorf 1984; Gregor Stemmrich: Hegels Kügelgen-Rezension und die Auseinandersetzung um den »eigentlichen historischen Stil« in der Malerei. In: *Welt und Wirkung von Hegels Ästhetik*. Hrsg. von A. Gethmann-Siefert und O. Pöggeler. Bonn 1984.

第十三章

（1） 本書の第二章を参照。

（2） *Briefe von und an Hegel*. Bd. 4, Teil 1. Hrsg. von F. Nicolin. Hamburg 1977. 110f.

（3） Ebd. 114–125: Hegels Vorlesungs-Ankündigungen in Berlin. 講義期間ならびに聴講者の人数についてはつぎの報告も参照。Vgl. Hegel: *Berliner Schriften 1818–1831*. Hrsg. von J. Hoffmeister. Hamburg 1956. 743ff.

（4） 本書の二一四ページも参照。

（5） この情報については、マールバッハのドイツ文学館による。

（6） Vgl. *Hegel in Berichten seiner Zeitgenossen*. Hrsg. von G. Nicolin. Hamburg 1970. Nr. 727（480, 482）, Nr. 739（499）; Hegel: *Berliner Schriften*. 749; *Briefe von und an Hegel*. Bd. 4, Teil 1. 125. 哲学史の講義のほかに「自然法と国家法あるいは法哲学」の講義が行われていた。

（7） Vgl. Otto Pöggeler: Geschichte, Philosophie und Logik bei Hegel. In: *Logik und Geschichte in Hegels System*. Hrsg. von H.-C. Lucas und G. Planty-Bonjour. Stuttgart 1989. 101–126.

（8） G.W.F. Hegel: *Werke*. Bd. 13–15. *Vorlesungen über die Geschichte der Philosophie*. Hrsg. von K. L. Michelet. Bd. 1–2. Berlin 1833. Bd. 3. Berlin 1836. Bd. 15. 689.

（9） Vgl. G.W.F. Hegel: *Gesammelte Werke*. Bd. 9. *Phänomenologie des Geistes*. Hrsg. von W. Bonsiepen und R. Heede. Hamburg 1980. 431.

（10） この当時の論理学のスケッチはつぎのものにある。G.W.F. Hegel: *Gesammelte Werke*. Bd. 8. *Jenaer Systementwürfe III*. Hrsg. von R.-P. Horstmann. Hamburg 1976. 286.

（11） Vgl. *Werke*. Bd. 13. VII.

（12） G.W.F. Hegel: *Gesammelte Werke*. Bd. 21. *Wissenschaft der Logik*. Erster Teil. Die objektive Logik. Erster Band. Die Lehre vom Sein (1832). Hrsg. von F. Hogemann und W. Jaeschke. Hamburg 1985. 76.「学問の始まりが何であるかは、歴史的に、始まりとして示されなければならなかった」。

（13） Vgl. *Werke*. Bd. 13. VI f.

（14） Ebd.

（15） 以下、資料を特徴づけるためにつぎの語を用いる。

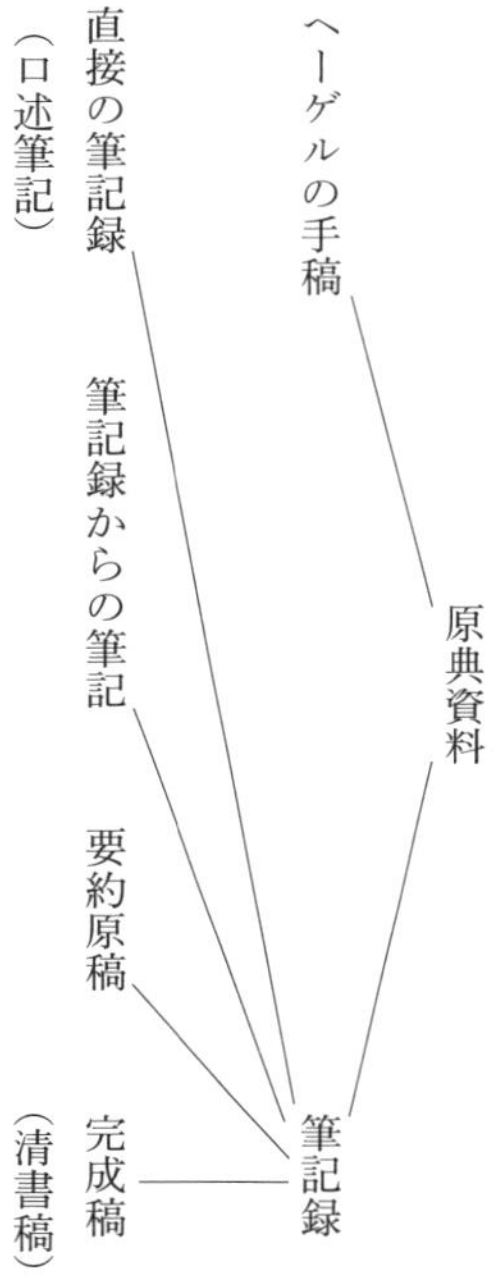

（16） *Werke*. Bd. 13. VII.

（17） Ebd.

(18) Ebd.

(19) Ebd. XII.

(20) Ebd.

(21) Kuno Fischer: *Hegels Leben, Werke und Lehre*. Teil 2. 2. Aufl. Heidelberg 1911. 1246. Anhang.

(22) G.W.F. Hegel: *Sämtliche Werke*. Bd. 15a: *Vorlesungen über die Geschichte der Philosophie*. Einleitung: System und Geschichte der Philosophie. Vollständig neu nach Quellen. Hrsg. von J. Hoffmeister. Leipzig 1940. XXIII–XXXI.

(23) 全三巻からなるミシュレ版の第二版はベルリンにて、一八四〇年、一八四二年、一八四四年に出版された。

(24) Hegel: *Sämtliche Werke*. Bd. 15a: *Vorlesungen über die Geschichte der Philosophie*. XLIII f.

(25) Ebd. XVII.

(26) Vgl. Eine Übersetzung Hegels zu De anima III, 4–5. Mitgeteilt und erläutert von Walter Kern. In: *Hegel-Studien*. 1 (1961), 49–88. この手稿はヘーゲルの子孫が所有している。In: G.W.F. Hegel: *Gesammelte Werk*. Bd. 10: *Nürnberger Schriften*.

(27) Hegel: *Sämtliche Werke*. Bd. 15a: *Vorlesungen über die Geschichte der Philosophie*. XLIII.

(28) Ebd. XX.

(29) Hegel. *Leçon sur Platon. Texte inédit 1825–1826*. Edition, traduction et notes par Jean-Louis Vieillard-Baron. Paris 1976.

(30) G.W.F. Hegel: *Vorlesungen über die Geschichte der Philosophie*. Teil 4: Philosophie des Mittelalters und neueren Zeit. Hrsg. von P. Garniron und W. Jaeschke. Hamburg 1986. VIII f.

(31) G.W.F. Hegel: *Leçon sur l'histoire de la philosophie. Tome 6. La Philosophie moderne*. Traduction, annotation, reconstitution du cours de 1825–26 par P. Garniron. Paris 1985. いま挙げた二作品に対するロベルト・サッソによる批評を参照。In: *Les Etudes Philosophiques*. 4 (1978). 465–479.

(32) Vgl. Hegel: *Leçon sur l'histoire de la philosophie*. 1233 ff.

(33) *Werke*. Bd. 14. 144, 248, 431; Bd. 15. 227, 650, 680, 681.

(34) *Werke*. Bd. 15. 689.

(35) Karl Rosenkranz: *G.W.F. Hegels Leben*. Berlin 1844. 202.

(36) *Werke*. Bd. 15. 265–277.

（37） Vgl. Pierre Garniron: Hegels Geschichte der Philosophie der Moderne. Eine Untersuchung auf der Grundlage verschiedener Berliner Nachschriften. In: *Logik und Geschichte in Hegels System*. Hrsg. von H.-C. Lucas und G. Planty-Bonjour. Stuttgart 1989.

終　章

（1） Karl Rosenkranz: *G. W. F. Hegels Leben*. Berlin 1844, 317.

（2） G.W.F. Hegel: *Berliner Schriften 1818–1831*. Hrsg. von J. Hoffmeister. Hamburg 1956. 4.

（3） このためにヘーゲルは，辞職願をバーデンの文化省に宛てている。Vgl. *Briefe von und an Hegel*. Hrsg. von J. Hoffmeister. Hamburg 1969. Bd. 2. 182.

（4） 枢密顧問官シュルツェは，ヘーゲルが招聘時に学士院会員への任命を約束されていたことに注意を喚起する。Vgl. C. Varrentrapp: *Johannes Schulze und das Preussische Unterrichtswesen in seiner Zeit*. Leipzig 1889. 435; O. Pöggeler: Hegels Begegnung mit Preußen. In: *Hegels Rechtsphilosophie im Zusammenhang der europäischen Verfassungsgeschichite*. Hrsg. von H.-C. Lucas und O. Pöggeler. Stuttgart 1986. 327. *Hegel in Berlin. Preußische Kulturpolitik und idealistische Ästhetik*. Hrsg. von O. Pöggeler. Wiesbaden 1981. 16.

（5） *Briefe von und an Hegel*. Bd. 2. 213.

（6） Max Lenz: *Geschichte der Königlichen Friedrich-Wilhelms-Universität zu Berlin*. Bd. 2, 1. Hälfte: Minisiterium Altenstein. Halle 1910. 205.

（7） Vgl. Rede zum Antritt des philosophischen Lehramtes an der Universität Berlin. In: Hegel: *Berliner Schriften 1818–1831*. 3–21.

（8） 生涯と作品はつぎのものを参照。C. Varrentrapp: *Johannes Schulze und Preussische Unterrichtswesen in seiner Zeit*. Leipzig 1889.

（9） ガンス事件の影響によるものと説明される。シュルツェは他の候補者に説明している。「大臣は学部の希望と提案を無視してはならない」。Vgl. Hoffmann von Fallersleben: *Mein Leben II*. Hrsg. von H. Gerstenberg. Berlin 1894. 273.

（10） Vgl. Das historisch-statistische Verhältnis der Philosophie in Preußen und Deutschland 1851. In: K. Rosenkranz: *Neue Studien*. Bd. 2. Leipzig 1875. 186–206.

（11） プロイセンの大学で当時教えていたヘーゲル学派の哲学者は、つぎに挙げる教授たちである。ベルリンでは、ヘニング、ガーブラー、ホトー、ミシュレ、ヴェルダーであり、グライフスヴァルトでは、マティースであり、ケーニヒスベルクでは、ローゼンクランツであり、ハレでは、ヒンリックス、エルトマン、シャラーであった。ボンとミュンスターでは、ヘーゲル学派の支持者は教えていなかった。

（12） Vgl. O. Pöggeler: Hegels Begegnung mit Preußen. In: *Hegels Rechtsphilosophie im Zusammenhang der europäischen Verfassungsgeschichte*. Hrsg. von H.-C. Lucas und O. Pöggeler. Stuttgart 1986. 328ff.

（13） *Briefe von und an Hegel*. Bd. 2. 216.

（14） ヘーゲルの所見はホフマイスターのまえがきによって伝えられている。G. W. F. Hegel: *Nürnberger Schriften*. Leipzig 1938. XXIV.

（15） Vgl. *Briefe von und an Hegel*. Bd. 4, Teil. 1: Dokumente und Materialien zur Biographie. Hrsg. von F. Nicolin. Hamburg 1977. 114 ff.

（16） ここに挙げられたヘーゲルの弟子たちの講義は、ベルリン大学の講義目録から取られている。Vgl. das Verzeichnis der Vorlesungen, welche von der Universität zu Berlin im Sommerhalben/Winterhalbenjahre...gehalten werden.

（17） Max Lenz: *Geschichte der Königlichen Friedrich-Wilhelms-Universität zu Berlin*. Bd. 2, 1. Hälfte: Minisiterium Altenstein. Halle 1910. 209.

（18） *Die protestantische Theologie im 19. Jahrhundert. Ihre Vorgeschichte und Geschichte*. 3. Aufl. Zürich 1960. 442–444. マールハイネッケはアウグスティヌスとルターの影響から、シュライアーマッハーによる定式の裏返しとして、意識の中での神の啓示を教義学の原理としてヘーゲルから説明する。歴史的試練ではなく、イエス・キリストの内に啓示されたロゴスの承認が教義学の課題であり、ヘーゲルのもとで回復すると思うマールハイネッケの事である。

（19） シュライアーマッハー『教義学』第二版は、一八一八年の第一版に比べて、すでにマールハイネッケがヘーゲル学派であることを証明している。これについてはカール・バルトの著作を参照。

（20） Max Lenz: *Geschichte der Königlichen Friedrich-Wilhelms-Universität zu Berlin*. Bd. 2, 1. Hälfte: Minisiterium Altenstein.

Halle 1910. 209.

（21） K. Rosenkranz: *Von Magdeburg bis Königsberg*. Berlin 1873. 186, 280.

（22） 「扇動政治の容疑」のために、ヘニングは十週間拘留された。公式の大学教授資格を持たないヘニングは、さしあたり自分の住居での復習授業を余儀なくされていたが、ようやく一八二〇年八月にベルリン大学の「公式の復習講師」になった。ゲーテの色彩論への尽力は、彼の復職にかなり役立った。注46を参照。

（23） Vgl. *Briefe von und an Hegel*. Bd. 4. Hrsg. von F. Nicolin. Teil 1. 120; Teil 2. 42.

（24） Vgl. G.W.F. Hegel: *Berliner Schriften 1818–1831*. Hrsg. von J. Hoffmeister. Hamburg 1956. 600.

（25） ヘニングは、一八二五年秋に教授資格を取得するまでは、明らかにヘーゲルの綱要に従って講義をしていた。その後の一八二八年の夏頃には、ヘーゲルの綱要は参照されるだけになった。

（26） Leopold von Henning: *Principien der Ethik in historischer Entwicklung*. Berlin 1824. Vorrede, XV.

（27） W. Bonsiepen: L. v. Hennings Parteinahme in der preußischen Verfassungsfrage. In: *Hegels Rechtsphilosophie im Zusammenhang der europäischen Verfassungsgeschichte*. Hrsg. von H.-C. Lucas und O. Pöggeler. Stuttgart 1986, 361ff. この論文には、アルテンシュタインの「内容概要」も再録されている。

（28） ミシュレはこの講義を官房学の専門分野で予告している。

（29） このテーマ設定は文献学の専門分野に分類された。

（30） Karl Rosenkranz: *Aus einem Tagebuch*. Leipzig 1854. 140. ミシュレの詳細な経歴については、以下も参照。Hermann Lübbe: *Die politische Theorie der Hegelschen Rechten*. Basel, Stuttgart 1963. 71ff.

（31） 経緯については以下を参照。Max Lenz: *Geschichte der Königlichen Friedrich-Wilhelms-Universität zu Berlin*. Bd. 2, 1. Hälfte: Ministerium Altenstein. Halle 1910. 216 ff.

（32） Hanns Günther Reissner: *Eduard Gans. Ein Leben im Vormärz*. Tübingen 1965. 46.

（33） このようにA・フォン・フンボルトが伝えている。Vgl. Hanno Beck: *Gespräche mit A. v. Humboldt*. Berlin 1959.

（34） ハンス・ギュンター・ライスナーは、この手稿を自由に使うことができた。Vgl. Hanns Günther Reissner: *Eduard Gans. Ein Leben im Vormärz*. 126ff.

（35） Ebd. 126.

（36）*Historisches Taschenbuch*. Jg. 4 und 5. Leipzig 1833–1834.

（37）ただしこの講義も筆記者不明の筆記録で伝わっている。Vgl. Eduard Gans: *Philosophische Schriften*. Hrsg. und eingeleitet von H. Schröder. Glashütten im Taunus 1971. 37–154.

（38）ガンスとヘニングに並んで、ラウマーは「国法と政治」の講義を予告している。

（39）Vgl. Eduard Gans: Vorrede. In: *Beiträge zur Revision der Preußischen Gesetzgebung*. Hrsg. von E. Gans. Berlin 1830–32.「一八三一年以降のプロイセン都市法」と「立法の改正」という二つの論文が拒絶されたことについては、ガンスが伝えている「序文」（一八三二年六月三日）を参照。

（40）Saint-Marc Girardin: Erinnerungen an Eduard Gans. In: *Zeitung für die elegante Welt*. Nr 14–16, 20.–23. Januar 1840.

（41）ベルリン当局はガンスによる講義の人気が高まるのを懸念しつつ監視して、しまいにはガンスに講義をやめるように要請している。ガンスは講義を中断したのち、一八三八／三九年の冬学期にようやく重要な成果を加えたうえで改めてこのテーマについて講義している。

（42）Schule und Wissenschaft des preußischen Rechts. Dritter Artikel. In: *Hallische Jahrbücher für deutsche Wissenschaft und Kunst*. Red. A. Ruge und Th. Echtermeyer. Nr. 278, 20. November 1838. 2218.

（43）この所見はK・R・マイストによって公表された。Kurt Rainer Meist: Altenstein und Gans. Eine frühe politische Option für Hegels Rechtsphilosophie. In: *Hegel-Studien*. 14 (1979), 46–49.

（44）Schule und Wissenschaft des preußischen Rechts (Fortsetzung). In: *Hallische Jahrbücher*. Nr. 279, 21. November 1838. 2226.

（45）Reinhart Koselleck: *Preußen zwischen Reform und Revolution. Allgemeines Landrecht, Verwaltung und soziale Bewegung von 1791 bis 1848*. 2. Aufl. Stuttgart 1975. 37.

（46）このテーマについて著述したのは、つぎのL・フォン・ヘニングの論文である。*Über Göthes Farbenlehre*. Berlin 1822. Vgl. G.W.F. Hegel: *Berliner Schriften 1818–1831*. Hrsg. von J. Hoffmeister. Hamburg 1956. 607.

（47）Carl Ludwig Michelet: Leopold von Henning. In: *Der Gedanke. Zeitschrift für wissenschaftliche Forschung und Kritik*. Hrsg. von C. L. Michelet und J. Bergmann. 7 (1867), 77.

（48）Vgl. A. Gethmann-Siefert: H. G. Hotho: Kunst als Bildungserlebnis und Kunsthistorie in systematischer Absicht – oder die entpolitisierte Version der ästhetischen Erziehung des Menschen. In: *Kunsterfahrung und Kulturpolitik im Berlin Hegels*. Hrsg. von O. Pöggeler und A. Gethmann-Siefert. Bonn 1983. 231 ff, Anm. 3, 14.

(49) 一八二五年に大学教授の資格を取得した。ムスマンもベルリン大学でヘーゲルから大学教授の資格を得た。ベルリン大学の講義要項では、講師としての彼の活動について何も挙がっていない。だが、ムスマンも正式の講義をしていたことが、つぎのものに示されている。Johann George Mußmann: *Grundlinien der Logik und Dialektik zum Gebrauch bei mündlichen Vorträgen*. Berlin 1828.

(50) J・E・エルトマンのヘーゲルについての記事を参照。Vgl. Johann Eduard Erdmann: Hegel. In: *Allgemeinen Deutschen Biographie*. Bd. 11. Leipzig 1880. 272.

(51) ミシュレが伝えるところでは、ガンスの死後カール・ヘーゲルは、ヨハネス・シュルツェとマールハイネッケによる『法哲学綱要』の増刷版にあたっては、ガンスによる補遺のいくつかの「自由な思想」の箇所を削除してもらったという。Carl Ludwig Michelet: *Wahrheiten aus meinem Leben*. Berlin 1884. 171 参照。

(52) ヘニングは、存命中は師であるヘーゲルに無批判に従ったが、ヘーゲルの死後はプロイセンの君主制に順応して、身分制による協議的な君主制を支持し、ヘーゲル流の法による和解の主張が強調されるという自由主義の含意を抹消している。Vgl. Leopold von Henning: *Zur Verständigung über die Preußische Verfassungsfrage*. Berlin 1845. Vgl. Wolfgang Bonsiepen: L. v. Hennings Parteinahme in der preußischen Verfassungsfrage. In: *Hegels Rechtsphilosophie im Zusammenhang der europäischen Verfassungsgeschichte*. Hrsg. von H.-C. Lucas und O. Pöggeler. Stuttgart 1986, H. Lübbe: *Die politische Theorie der Hegelschen Rechten*. Basel, Stuttgart 1963. 27–84.

(53) Vgl. J. Hoffmeister: Vorwort zur 4. Auflage. In: Hegel: *Grundlinien der Philosophie des Rechts*. Hamburg 1955. IX.

あとがき

歴史的なテキスト批判を経た校訂版『ヘーゲル全集』は、一九六八年からドイツ研究振興協会の支援のもと、ノルトライン＝ヴェストファーレン州のアカデミーによって編集され、ハンブルクのフェリックス・マイナー社から出版されている。『ヘーゲル全集』の成立史が、州立のルール大学ボーフムにあるヘーゲル文庫に、つぎのように語られている。

ヘーゲルの哲学はいまでもまだ、数多くの哲学的な論争の中心点をなしている。ちょうど百年前、ヘーゲルがすでに「死んだ人」のように扱われていた数十年ののちに、いわゆる「新ヘーゲル学派」があらためてヘーゲル哲学を哲学の議論の中へと導き入れた。ヘーゲルの哲学はまだ彼が生きている時代には大きな影響を及ぼしていたが、それにもかかわらず、ヘーゲルの作品は、まったくもって不十分な仕方でしか私たちに伝えられていなかった。ヘーゲルが生前に発表した著書はたったの五冊（『差異論文』『精神現象学』『大論理学』『エンチクロペディー』『法哲学綱要』）だけで、ヘーゲルは数少ない主要な著書と論文を発表していたにすぎなかった。

ヘーゲル哲学の世間一般への影響の大部分は、ハイデルベルク大学とベルリン大学でのヘーゲルの講義にもとづいていた。なぜなら、ヘーゲルの講義が、彼の「体系」のさまざまな学問分野のための唯一の原典資料をなしていたからである。ヘーゲルの講義は、彼の死後、ヘーゲルの友人たちと弟子たちによって、不完全なかたちで、一部はヘーゲルの自筆草稿から編集され、一部は学生たちの講義筆記録から編集され、そして公刊されてしまったのである。ヘーゲルの広範な、彼の哲学を理解するために不可欠な初期の草稿は、ようやく二十世紀のはじめに知られるようになった。しかし、それもまた同じように、今日の哲学的な解釈への要求にとっては、いまだ十分なかたちをなしてはいなかった。

ヘーゲル哲学の意義と、第二次世界大戦後に世界的に新しく生まれてきたヘーゲル哲学への関心を考慮すると、このような困った出版状況も、過去五十年のあいだに変わってきたように思われる。それというのも、一九五七年にドイツ研究振興協会が、『ヘーゲル全集』を新たに編集して出版するよう、指示を出してきたのである。これによって、アカデミー版『カント全集』のレベルに匹敵するような、『ヘーゲル全集』の編集出版が要求された。しかし、新たな『ヘーゲル全集』を出版するためには、まずもって、膨大な準備が必要となってくる。すなわち、もっとも大事なのはヘーゲルの自筆草稿を確保することであり、つぎに大事なのは、ヘーゲルが生きていた時代すべての、ヘーゲルの草稿の執筆時期を確定することであり、そして最後に、批判的な編集方法をヘーゲルの作品の編集作業に適用することである。この課題を解決するための方法はただひとつ、「ヘーゲル文庫」という研究機関を設立することであった。ヘーゲル文庫は最初、フリードヘルム・ニコリンのもと、大学からは独立してボンにあったが、一九六八年に戦後はじめての新制大学がルール地方のボーフムに設立されると、オットー・ペゲラーのもと、ボーフム大学に移っていった。同年の一九六八年にはまた、『ヘーゲル全集』の最初の巻である第四巻の『イェーナ批評集』がハンブルクにあるフェリックス・マイナー社から出版された。そして一九九八年からは、ヴァルター・イェシュケがボーフム大学ヘーゲル文庫の所長となり、今日にいたるまで『ヘーゲル全集』の編集作業を率いている。

当初『ヘーゲル全集』の編集と出版を指示したのはドイツ研究振興協会であったが、ノルトライン＝ヴェストファーレン州にアカデミーが設立されると、その業務はデュッセルドルフにあるアカデミーに引き渡された。それからというもの、一九五七年に出版企画が立てられ、最初の巻が一九六八年に出版され、そしてついに二〇一四年になって、『ヘーゲル全集』の第一部（著作集）全二十二巻が完成したのである。

ここで、校訂版『ヘーゲル全集』の正式タイトルと、完成した第一部（著作集）の内容目次を挙げておく。

G. W. F. Hegel: Gesammelte Werke. In Verbindung mit der Deutschen Forschungsgemeinschaft. Hrsg. von der Nordrhein-Westfälischen Akademie der Wissenschaften. Hamburg: Felix Meiner Verlag, 1968 ff.

GW 1: Frühe Schriften I. Hrsg. von Friedhelm Nicolin und Gisela Schüler. 1989.
GW 2: Frühe Schriften II. Hrsg. von Walter Jaeschke. 2014.
GW 3: Frühe Exzerpte. Hrsg. von Friedhelm Nicolin. 1991.
GW 4: Jenaer kritische Schriften. Hrsg. von Hartmut Buchner und Otto Pöggeler. 1968.
GW 5: Schriften und Entwürfe（1799–1808）. Hrsg. von Manfred Baum und Kurt Rainer Meist. 1998.
GW 6: Jenaer Systementwürfe I. Hrsg. von Klaus Düsing und Heinz Kimmerle. 1975.
GW 7: Jenaer Systementwürfe II. Hrsg. von Rolf-Peter Horstmann und Johann-Heinrich Trede. 1971.
GW 8: Jenaer Systementwürfe III. Hrsg. von Rolf-Peter Horstmann. 1976.
GW 9: Phänomenologie des Geistes. Hrsg. von Wolfgang Bonsiepen und Reinhard Heede. 1980.
GW 10,1: Nürnberger Gymnasialkurse und Gymnasialreden（1808–1816）. Hrsg. von Klaus Grotsch. 2006.
GW 10,2: Nürnberger Gymnasialkurse und Gymnasialreden（1808–1816）. Beilagen und Anhang. Hrsg. von Klaus Grotsch. 2006.
GW 11: Wissenschaft der Logik. Erster Band. Die objektive Logik（1812/13）. Hrsg. von Friedrich Hogemann und

Walter Jaeschke. 1978.

GW 12: Wissenschaft der Logik. Zweiter Band. Die subjektive Logik (1816). Hrsg. von Friedrich Hogemann und Walter Jaeschke. 1981.

GW 13: Enzyklopädie der philosophischen Wissenschaften im Grundrisse (1817). Hrsg. von Wolfgang Bonsiepen und Klaus Grotsch. 2001.

GW 14,1: Naturrecht und Staatswissenschaft im Grundrisse. Grundlinien der Philosophie des Rechts. Hrsg. von Klaus Grotsch und Elisabeth Weisser-Lohmann. 2009.

GW 14,2: Grundlinien der Philosophie des Rechts. Beilagen. Hrsg. von Klaus Grotsch und Elisabeth Weisser-Lohmann. 2010.

GW 14,3: Grundlinien der Philosophie des Rechts. Anhang. Hrsg. von Klaus Grotsch und Elisabeth Weisser-Lohmann. 2012.

GW 15: Schriften und Entwürfe I (1817–1825). Hrsg. von Friedrich Hogemann und Christoph Jamme. 1990.

GW 16: Schriften und Entwürfe II (1826–1831). Hrsg. von Friedrich Hogemann. 2001.

GW 17: Vorlesungsmanuskripte I (1816–1831). Hrsg. von Walter Jaeschke. 1987.

GW 18: Vorlesungsmanuskripte II (1816–1831). Hrsg. von Walter Jaeschke. 1995.

GW 19: Enzyklopädie der philosophischen Wissenschaften im Grundrisse (1827). Hrsg. von Wolfgang Bonsiepen und Hans-Christian Lucas. 1989.

GW 20: Enzyklopädie der philosophischen Wissenschaften im Grundrisse (1830). Hrsg. von Wolfgang Bonsiepen und Hans-Christian Lucas. 1992.

GW 21: Wissenschaft der Logik. Erster Teil. Die objektive Logik. Erster Band. Die Lehre vom Sein (1832).

Hrsg. von Friedrich Hogemann und Walter Jaeschke. 1985.
GW 22: Exzerpte und Notizen (1809–1831). Hrsg. von Klaus Grotsch. 2013.

ヘーゲル文庫で行われている校訂版『ヘーゲル全集』の編集作業は、二〇一四年に第一部（著作集）が完成してから、現在では、第二部（講義録）の編集作業に移っている。著作とは違って、講義録は大部になるため、個々の講義科目はいくつかの分冊に分けられて出版されている。すでにいくつかの巻が分冊のかたちで発行されているので、未刊のものも含めて、予定されている『ヘーゲル全集』第二部（講義録）の内容目次をつぎに挙げておく。

GW 23: Vorlesungen über die Wissenschaft der Logik.
— GW 23,1: Nachschriften zu den Kollegien 1801/02, 1817, 1823, 1824, 1825 und 1826. Hrsg. von Annette Sell. 2013.
— GW 23,2: Nachschriften zu den Kollegien 1828, 1829 und 1830, Sekundäre Überlieferung und Anhang. Hrsg. von Annette Sell. 2016.
GW 24: Vorlesungen über die Philosophie der Natur.
— GW 24,1: Nachschriften zu den Kollegien 1819/20, 1821/22 und 1823/24. Hrsg. von Wolfgang Bonsiepen. 2012.
— GW 24,2: Nachschriften zu den Kollegien 1825/26 und 1828. Hrsg. von Niklas Hebing. 2014.
— GW 24,3: Sekundäre Überlieferung. Hrsg. von Niklas Hebing. 2015.
GW 25: Vorlesungen über die Philosophie des Subjektiven Geistes.
— GW 25,1: Nachschriften zu den Kollegien 1822 und 1825. Hrsg. von Christoph J. Bauer. 2008.

——GW 25,2: Nachschriften zum Kolleg 1827/28 und Sekundäre Überlieferung. Hrsg. von Christoph J. Bauer. 2011.

——GW 25,3: Anhang. Hrsg. von Christoph J. Bauer. 2015.

GW 26: Vorlesungen über die Philosophie des Rechts.

——GW 26,1: Nachschriften zu den Kollegien 1817/18, 1818/19 und 1819/20. Hrsg. von Dirk Felgenhauer. 2014.

——GW 26,2: Nachschriften zu den Kollegien 1821/22, 1822/23. Hrsg. von Klaus Grotsch. 2015.

——GW 26,3: Nachschriften zu den Kollegien 1824/25 und 1831. Hrsg. von Klaus Grotsch. 2015.

GW 27: Vorlesungen über die Philosophie der Weltgeschichte.

——GW 27,1: Nachschriften zum Kolleg 1822/23. Hrsg. von Bernadette Collenberg-Plotnikov. 2014.

GW 28: Vorlesungen über die Philosophie der Kunst.

——GW 28,1: Nachschriften zu den Kollegien 1820/21 und 1823. Hrsg. von Niklas Hebing. 2015.

GW 29: Vorlesungen über die Philosophie der Religion.

——GW 29,1: Nachschriften zu den Kollegien 1821 und 1824. Hrsg. von Manuela Köppe. 2016.

GW 30: Vorlesungen über die Geschichte der Philosophie. In Vorbereitung.

GW 31: Vorlesungen über die Beweise vom Dasein Gottes. Nachträge. In Vorbereitung.

以上が、ドイツにおける校訂版『ヘーゲル全集』第一部（著作集）と第二部（講義録）の編集出版についての現状報告である。さらに第三部として書簡集の編集が予告されているが、しばらくのあいだは第二部の講義録の編集と、それをめぐる研究がヘーゲル研究の中心をなすことには変わりがない。

すでに完成した校訂版『ヘーゲル全集』第一部（著作集）については、オットー・ペゲラー編『ヘーゲルの全体像』（以文社、一九八八年）が最良の入門書であった。第二部（講義録）については、同書の「姉妹編」とも言うべき本書『ヘーゲル講義録研究』が最良のものとなる。

なお、日本においては、ヘーゲルの講義録研究に注目した先駆的な業績として、加藤尚武編『ヘーゲル哲学への新視角』（創文社、一九九九年）がある。これは、多くの改竄が施された古いテキストから解放されて、新しい『ヘーゲル全集』によってヘーゲル思想の原像に迫ろうとする試みである。講義録研究によって「偉大な体系家」というヘーゲル像を解体できたかどうかは別にして、巻末には資料として、ヘーゲルが行ったすべての講義とその原典資料について概観できる表を掲載していて、大いに役立つ。コンパクトにまとめられた、山﨑純「〈偉大な体系家ヘーゲル〉像の終焉」『創文』第四一一号（一九九九年）も、あわせて参照されたい。

最後に、本書の翻訳出版に当たっては、八十五歳になる恩師オットー・ペゲラー先生から快諾のお手紙をいただいた。二十年前にボーフム大学のヘーゲル文庫で博士論文の指導を受けていたときのことを思い出しつつ、ご恩に感謝したいと思う。当初の計画ではお元気な先生の下に本書をお届けするつもりだったが、八十六歳の誕生日を迎える直前に、先生は亡くなられてしまった。翻訳が間に合わなかったことを悔やみながらも、ようやくできあがった本書を先生のご霊前に捧げたいと思う。

また、ドイツ語版『ヘーゲル研究』の出版を引き継いでいるマイナー社からも日本語版の出版について特別の承諾をいただいた。記して感謝の意を表したい。合わせて、本訳書の出版を引き受けて、編集を担当してくれた法政大学出版局編集部長の郷間雅俊氏に、厚くお礼申し上げる。

二〇一五年　冬

寄川条路

著者紹介

編　者

オットー・ペゲラー（Otto Pöggeler, 1928–2014）　ボーフム大学教授、ヘーゲル文庫所長。単著に『ハイデガーと解釈学的哲学』（法政大学出版局、二〇〇三年）、編著に『ハイデガーと実践哲学』（法政大学出版局、二〇〇一年）、『ヘーゲルの全体像』（以文社、一九八八年）、『ヘーゲル、ヘルダーリンとその仲間』（公論社、一九八五年）。

著　者（五十音順）

エリーザベト・ヴァイサー＝ローマン（Elisabeth Weisser-Lohmann）　ヘーゲル文庫所員を経て、デュースブルク＝エッセン大学教授。共著に『続・ヘーゲル読本』（法政大学出版局、一九九七年）。

ピエール・ガルニロン（Pierre Garniron, 1926–2007）　フランス国立科学研究センター研究員。

カーレン・グロイ（Karen Gloy, 1941–）　ルツェルン大学教授。論文に「ヘーゲル『精神現象学』「主と奴」の章の考察」（『梅花女子大学文学部紀要』第二十八号、一九九三年）など。

アンネマリー・ゲートマン＝ジーフェルト（Annemarie Gethmann-Siefert, 1945–）　ヘーゲル文庫所員を経て、ハーゲン大学教授。編著に『ハイデガーと実践哲学』（法政大学出版局、二〇〇一年）、共著に『ヘーゲルの全体像』（以文社、一九八八年）。

ヘルムート・シュナイダー（Helmut Schneider, 1938–）　ヘーゲル文庫所員を経て、トビリシ大学教授。共著に『ヘーゲルの全体像』（以文社、一九八八年）。

フナム・ゼールマン（Hoo Nam Seelmann, 1950–）　『新チューリヒ新聞』通信員。

クラウス・デュージング（Klaus Düsing, 1940–）　ヘーゲル文庫所員を経て、ケルン大学教授。共著に『続・ヘーゲル読本』（法政大学出版局、一九九七年）、『ヘーゲルの全体像』（以文社、一九八八年）。

ブルクハルト・トゥシュリング（Burkhard Tuschling, 1937–2012）　マールブルク大学教授。

フランツ・ヘスペ（Franz Hespe, 1954–）　マールブルク大学講師。共著に『続・ヘーゲル読本』（法政大学出版局、一九九七年）。

フリードリヒ・ホーゲマン（Friedrich Hogemann, 1935–）　ヘーゲル文庫所員。共著に『ヘーゲルの全体像』（以文社、一九八八年）。

ハンスゲオルク・ホッペ（Hansgeorg Hoppe, 1935–）　ザールラント大学教授。

ヴォルフガング・ボンジーペン（Wolfgang Bonsiepen, 1946–2015）　ヘーゲル文庫所員を経て、ボーフム大学教授。共著に『ヘーゲルの全体像』（以文社、一九八八年）。

ハンス・クリスチャン・ルーカス（Hans-Christian Lucas, 1942–1997）　ヘーゲル文庫所員。

訳者紹介

監訳者

寄川条路（よりかわ・じょうじ）　一九六一年、福岡県生まれ。ボーフム大学大学院修了、文学博士。現在、明治学院大学教授。単著に『新版　体系への道』（創土社、二〇一〇年）、『ヘーゲル哲学入門』（ナカニシヤ出版、二〇〇九年）、『ヘーゲル『精神現象学』を読む』（世界思想社、二〇〇四年）など。

訳　者（五十音順）

赤石憲昭（あかいし・のりあき）　一九七四年、東京都生まれ。一橋大学大学院修了、社会学博士。現在、日本福祉大学准教授。論文に「ヘーゲル判断論の論理――ヘーゲル判断論の人間論的解釈の試み」（久保陽一編『ヘーゲル体系の見直し』理想社、二〇一〇年）、「ヘーゲルの「仮言判断」の具体例をめぐって」（『ヘーゲル論理学研究』第九号、二〇〇三年）など。

池松辰男（いけまつ・たつお）　一九八八年、山東省生まれ。東京大学大学院修了、文学修士。現在、千葉県立保健医療大学非常勤講師。論文に「精神と機械――ヘーゲルにおける精神の〈第二の自然〉」（『倫理学紀要』第二十一輯、二〇一四年)、「身体と言語——「精神哲学」における二つの表現」(『ヘーゲル哲学研究』第十九号、二〇一三年)、「承認の条件としての身体——ヘーゲル「人間学」における〈身体〉の意義」(『倫理学年報』第六十二集、二〇一三年)など。

大河内泰樹(おおこうち・たいじゅ)　一九七三年、福岡県生まれ。ボーフム大学大学院修了、哲学博士。現在、一橋大学教授。単著に *Ontologie und Reflexionsbestimmungen. Zur Genealogie der Wesenslogik Hegels*. Königshausen und Neumann, 2008. 共著に西山雄二編『人文学と制度』(未來社、二〇一三年)、共訳にアクセル・ホネット『自由であることの苦しみ——ヘーゲル『法哲学』の再生』(未來社、二〇〇九年)など。

岡崎　龍(おかざき・りゅう)　一九八七年、バーモント州生まれ。一橋大学大学院修了、社会学修士。現在、日本学術振興会特別研究員。論文に「ヘーゲル『精神現象学』における否定性の問題——ヴォルフガング・ボンジーペン『ヘーゲルのイエナ期論考における否定性の概念』を読む」(『クァドランテ』第十六号、二〇一四年)、「ヘーゲル『精神現象学』における行為の二重性——相互承認論における否定性の性格をめぐって」(『唯物論』第八十七号、二〇一三年)、共訳にルドルフ・ハイム『ヘーゲルとその時代』(『ヘーゲル論理学研究』第二十号、二〇一五年)など。

小川真人(おがわ・まさと)　一九六五年、東京都生まれ。東京藝術大学大学院修了、美術博士。現在、東京工芸大学教授。単著に『ヘーゲルの悲劇思想』(勁草書房、二〇〇一年)、共訳にマルティン・ゼール『自然美学』(法政大学出版局、二〇一三年)、G・ベーメ『感覚学としての美学』(勁草書房、二〇〇五年)など。

小井沼広嗣(こいぬま・ひろつぐ)　一九七九年、東京都生まれ。法政大学大学院修了、文学修士。現在、法政大学非常勤講師。論文に「道徳的行為主体による悪とその克服——『精神現象学』における良心論をめぐって」(『ヘーゲル哲学研究』第二十号、二〇一四年)、共訳にロバート・B・ピピン『ヘーゲルの実践哲学——人倫としての理性的行為者性』(法政大学出版局、二〇一三年)など。

片山善博(かたやま・よしひろ)　一九六三年、東京都生まれ。一橋大学大学院修了、社会学博士。現在、日本福祉大学教授。単著に『生と死の倫理——「死生学」への招待』(DTP出版、二〇一四年)、『差異と承認——共生理念の構築を目指して』(創風社、二〇〇七年)、『自己の水脈——ヘーゲル「精神現象学」の方法と経験』(創風社、二〇〇二年)など。

小島優子(こじま・ゆうこ)　一九七三年、神奈川県生まれ。上智大学大学院修了、哲学博士。現在、高知大学准教授。単著に『ヘーゲル——精神の深さ』(知泉書館、二〇一一年)、『最新哲学がよ~くわかる本』(秀和システム、二〇〇六年）、共著に『生命倫理の教科書』（ミネルヴァ書房、二〇一四年）など。

佐山圭司（さやま・けいじ）　一九六七年、東京都生まれ。ハレ＝ヴィッテンベルク大学大学院修了、哲学博士。現在、北海道教育大学札幌校准教授。著書に *Die Geburt der bürgerlichen Gesellschaft. Zur Entstehung von Hegels Sozialphilosophie*, Philo-Verlag, Berlin 2004. 論文に「ヤコービとヘーゲル――フランクフルト期ヘーゲルの隠れた思想的源泉」（『哲学』第六十二号、二〇一一年）など。

瀧本有香（たきもと・ゆか）　一九八八年、福井県生まれ。早稲田大学大学院修了、文学修士。現在、日本学術振興会特別研究員。論文に「シェリングとヘーゲル――その芸術観と芸術の地位」（『哲学世界』第三十七号、二〇一四年）、「ヘーゲル美学における有機体の美しさ」（『哲学世界』別冊第五号、二〇一三年）など。

竹島あゆみ（たけしま・あゆみ）　一九六一年、京都府生まれ。京都大学大学院修了、文学博士。現在、岡山大学准教授。論文に「承認と和解――ヘーゲル社会哲学の二つの原理」（『近世哲学研究』第十七号、二〇一三年）、共訳にJ・G・フィヒテ『道徳についての講義』（『フィヒテ全集』第五巻、哲書房、二〇一四年）など。

竹島尚仁（たけしま・なおひと）　一九六四年、三重県生まれ。京都大学大学院修了、文学博士。現在、岡山大学非常勤講師。論文に「『精神現象学』における学の概念の正当化の問題」（久保陽一編『ヘーゲル体系の見直し』理想社、二〇一〇年）など。

野尻英一（のじり・えいいち）　一九七〇年、東京都生まれ。早稲田大学大学院修了、学術博士。現在、自治医科大学准教授。単著に『意識と生命――ヘーゲル『精神現象学』における有機体と「地」のエレメントをめぐる考察』（社会評論社、二〇一〇年）、共訳にモイシェ・ポストン『時間・労働・支配――マルクス理論の新地平』（筑摩書房、二〇一二年）、エッセイに「美と弁証法」（『エステティーク』創刊号、日本美学研究所、二〇一四年）など。

三重野清顕（みえの・きよあき）　一九七七年、兵庫県生まれ。東京大学大学院修了、文学博士。現在、お茶の水女子大学非常勤講師。論文に「超越論的な過去――初期シェリングの時間論」（『倫理学年報』第五十九集、二〇一〇年）、「共同体の倫理――時間論的視座より」（『理想』六八五号「特集　倫理学の再発見」、二〇一〇年）、「真理の生成――ヘーゲルにおける時間の真理開示機能をめぐって」（『KAWADE道の手帖・ヘーゲル入門』河出書房新社、二〇一〇年）など。

17, 67, 188
トロクスラー，イグナツ・パウル・ヴィタリス　Troxler, Ignaz Paul Vitalis　68, 75–77, 84, 97, 243

ハ 行

ハーゲンバッハ，ルドルフ　Hagenbach, Rudolf　68, 164
ハイマン　Heimann　68, 169, 194–95
バウアー，ブルーノ　Bauer, Bruno　15, 44, 68, 188
パステナツィ，カール　Pastenaci, Karl　68
ヒュック，A　Hueck, A.　68, 119, 135, 212–13, 218
ピンダー，モーリッツ　Pinder, Moritz　68, 118, 213–14, 217
ファトケ，ヨハン・カール・ヴィルヘルム　Vatke, Johann Karl Wilhelm　24, 44, 68, 188
フェルスター，フリードリヒ・クリストフ　Förster, Friedrich Christoph　68, 259
フーベ，ヨーゼフ　Hube, Joseph　68, 165–66, 212, 217
ヘーゲル，カール・フリードリヒ・ヴィルヘルム　Hegel, Karl Friedrich Wilhelm　6, 15, 18, 58–59, 105–06, 169–70, 172–73, 238, 268
ヘニング，レオポルド・ドロテウス・フォン　Henning, Leopold Dorotheus von　8, 38–39, 45, 53–54, 68–69, 98–101, 106, 113–14, 146–47, 150–51, 153, 158, 213–14, 216, 226–28, 234, 236, 265–68
ヘルセル　Helcel　68, 212–14, 217
ベルナー，イグナツィ　Börner, Ignacy　68
ベルンハルディー，ゴットフリード　Bernhardy, Gottfried　68, 113–14
ボウマン，ルートヴィヒ　Boumann, Ludwig　16, 68, 129–30, 133–34
ホーマイヤー，カール・グスタフ　Homeyer, Karl Gustav　6, 21, 44, 68, 145, 150, 153
ホトー，ハインリヒ・グスタフ　Hotho, Heinrich Gustav　8, 16–17, 21, 23, 26, 44, 68–69, 100–02, 111, 129, 133, 148–51, 153, 158, 160–61, 164, 169–70, 175–77, 179, 183, 185–90, 194–95, 197–206, 212, 217, 223, 234–36, 252, 259–60, 265

マ 行

マイヤー　Meyer　45, 68
マイヤー，ユルゲン・ボナ　Meyer, Jürgen Bona　68, 213–14, 216
マールハイネッケ，フィリップ・コンラート　Philipp Konrad Marheineke　45, 225–26, 265, 268
ミシュレ，カール・ルートヴィヒ　Michelet, Karl Ludwig　6, 14, 16, 69, 82, 100, 110–12, 125, 144, 153, 208–13, 215–19, 227–29, 234, 236, 263, 265–66, 268
ミッデンドルフ，ヴィルヘルム　Middendorf, Wilhelm　69, 180–82
ムルラッハ　Mullach　69, 133
ユクスキュル，ボリス・フライヘア・フォン　Üxküll, Boris Frhr. von　69, 114–17

ラ 行

ライホノフ　Reichenow　69
リベルト，カロル　Libelt, Karol　69, 103, 118–19, 194–96
ルーテンベルク　Rutenberg　69
レーヴェ，I・C　Löwe, I. C.　69, 193–94, 213–14
ローリン　Rolin　63, 69, 104, 106, 194, 197

人名索引

ア 行

アッカースダイク　Ackersdijck　66, 168, 173
アッシェベルク，ヴィルヘルム・フォン　Ascheberg, Wilhelm von　66, 69, 180–82, 189
ヴァルター，F　Walter, F.　66, 134–35, 137–40, 167
ヴァンネンマン，ペーター　Wannenmann, Peter　6, 54, 65–66, 144–45, 150, 153, 250, 255
ヴィヒェルン，ヨハン・ヒンリヒ　Wichern, Johann Hinrich　66, 168
ヴェルダー，カール・フリードリヒ　Werder, Karl Friedrich　66, 169, 265
ヴェルトリヒ，K　Weltrich, K.　66, 212
ヴェルナー，A　Werner, A.　63, 66
ヴォルフ，M　Wolf, M.　66, 187
エルトマン，ヨハン・エドゥアルト　Erdmann, Johann Eduard　45, 66, 135–41, 165, 167, 235, 252, 257, 265, 268

カ 行

ガイアー　Geyer　67, 100, 111
ガイアー，ルートヴィヒ　Geyer, Ludwig　67, 187
カリエール　Carrière　67, 213–14, 216, 223
ガルチンスキー，シュテファン・フォン　Garczynski, Stefan von　67, 168, 193
カローヴェ，フリードリヒ・ヴィルヘルム　Carové, Friedrich Wilhelm　8, 67, 113, 145, 153, 226
カンペ，J・F・E　Kampe, J. F. E.　67, 209
グッド，フランツ・アントン　Good, Franz Anton　67, 85–91, 97, 245
グリースハイム，カール・グスタフ・ユリウス・フォン　Griesheim, Karl Gustav Julius von　6–8, 18, 21, 26, 45–46, 51, 58, 67, 69–70, 111–12, 117, 129, 133–34, 148–51, 153, 158, 160–61, 164, 169–70, 176–77, 187, 193–94, 209, 211, 213–15, 217, 236, 255
クロマイヤー　Kromayer　67, 197
ケーラー，ヘルマン・フォン　Kehler, Hermann von　67, 69, 102, 129, 133–34, 164, 170, 176–77, 192–93
コルヴォン，ジュール　Correvon, Jules　67

サ 行

サックス・ファン・テルボルフ，ヴィレム　Sax van Terborg, Willem　67, 180–81
シュティーヴェ，フリードリヒ　Stieve, Friedrich　67, 167, 170, 212–13
シュティーグリッツ，ハインリヒ・ヴィルヘルム・アウグスト　Stieglitz, Heinrich Wilhelm August　67, 187
シュトラウス，ダーフィト・フリードリヒ　Strauß, David Friedrich　44, 65, 67, 148, 153, 207, 214, 218, 235
シュルツェ，ヨハネス　Schulze, Johannes　43, 67, 169, 223, 264, 268

タ 行

ダイタース，P・F　Deiters, P. F.　67
ディエックス　Diecks　67, 214, 218
ドゥリュイ，アンリ　Druey, Henri　63, 67
ドロイゼン，グスタフ　Droysen, Gustav

ヘーゲル講義録研究

2015年11月25日　初版第1刷発行

編　者　オットー・ペゲラー
監訳者　寄川条路
発行所　一般財団法人　法政大学出版局
〒102-0071 東京都千代田区富士見2-17-1
電話03（5214）5540　振替00160-6-95814
組版：HUP　印刷：日経印刷　製本：積信堂

ISBN978-4-588-15074-6

ヘーゲル読本　加藤尚武編　三三〇〇円

続・ヘーゲル読本〈翻訳篇／読みの水準〉　加藤尚武・座小田豊編訳　二八〇〇円

イェーナ体系構想〈精神哲学草稿Ⅰ　精神哲学草稿Ⅱ〉　加藤尚武監訳　五八〇〇円

自然法と国家学講義〈ハイデルベルク大学一八一七・一八年〉　ヘーゲル／高柳良治監訳　八〇〇〇円

惑星軌道論　ヘーゲル／村上恭一訳　二四〇〇円

ヘーゲル伝〈哲学の英雄時代〉　アルトハウス／山本尤訳　［品　切］

ヘーゲルの実践哲学〈人倫としての理性的行為者性〉　ピピン／星野勉監訳　五二〇〇円

ハイデガーと解釈学的哲学　ペゲラー／伊藤徹監訳　四三〇〇円

ハイデガーと実践哲学　ペゲラーほか編／下村鍈二・竹市明弘・宮原勇監訳　五五〇〇円

日本国と日本人　ローゼンクランツ／寄川条路訳　二〇〇〇円

＊表示価格は税別です